普通高等教育“十一五”国家级规划教材
全国高等医药院校药学类专业第五轮规划教材

药品经营质量管理

——GSP实务

第3版

（供药学类专业使用）

主　编　梁　毅（中国药科大学）
副主编　陈玉文（沈阳药科大学）　肖凤霞（广州中医药大学）
　　　　华　文（南京市市场监督管理局）　孟光兴（广东药科大学）
　　　　田丽娟（沈阳药科大学）　于培明（河南大学药学院）
　　　　俞双燕（江西中医药大学）　于　泳（东南大学成贤学院）
编　者（以姓氏笔画为序）
　　　　于　泳（东南大学成贤学院）　于培明（河南大学药学院）
　　　　田丽娟（沈阳药科大学）　华　文（南京市市场监督管理局）
　　　　汤梦璐（中国药科大学）　余明丽（国家药品监督管理局药品审评中心）
　　　　肖凤霞（广州中医药大学）　张永秉（浙江医药高等专科学校）
　　　　陈玉文（沈阳药科大学）　孟光兴（广东药科大学）
　　　　俞双燕（江西中医药大学）　梅　鑫（扬子江药业集团有限公司）
　　　　崔　京［百特（美国）医疗用品有限公司］　梁　毅（中国药科大学）

中国健康传媒集团
中国医药科技出版社

内容提要

本教材是“全国高等医药院校药学类专业第五轮规划教材”之一。全书共 12 章，结合新版 GSP，从药品经营企业的人员、机构、设施设备、体系文件等质量管理要素等方面，对药品的采购、验收、储存、养护、销售、运输、售后管理等环节进行阐述。本教材为书网融合教材，即纸质教材有机融合电子教材、教学配套资源（PPT、图片等）、题库系统、数字化教学服务（在线教学、在线作业、在线考试）。

本教材可供高等医学院校药学类专业及相关专业师生作为教材使用，也可作为药品经营管理等相关行业人员的参考用书。

图书在版编目（CIP）数据

药品经营质量管理——GSP 实务/梁毅主编. —3 版. —北京：中国医药科技出版社，2019. 12
全国高等医药院校药学类专业第五轮规划教材
ISBN 978 -7 -5214 -1462 -2

Ⅰ. ①药… Ⅱ. ①梁… Ⅲ. ①药品－商业经营－质量管理－中国－医学院校－教材 Ⅳ. ①F721. 8

中国版本图书馆 CIP 数据核字（2019）第 295744 号

美术编辑 陈君杞
版式设计 友全图文

出版 **中国健康传媒集团** | 中国医药科技出版社
地址 北京市海淀区文慧园北路甲 22 号
邮编 100082
电话 发行：010 -62227427 邮购：010 -62236938
网址 www. cmstp. com
规格 889 × 1194 mm 1/16
印张 14
字数 310 千字
初版 2003 年 2 月第 1 版
版次 2019 年 12 月第 3 版
印次 2021 年 8 月第 2 次印刷
印刷 三河市航远印刷有限公司
经销 全国各地新华书店
书号 ISBN 978 -7 -5214 -1462 -2
定价 48. 00 元

获取新书信息、投稿、为图书纠错，请扫码联系我们。

数字化教材编委会

主　编　梁　毅（中国药科大学）

副主编

陈玉文（沈阳药科大学）　　肖凤霞（广州中医药大学）

华　文（南京市市场监督管理局）　　孟光兴（广东药科大学）

田丽娟（沈阳药科大学）　　于培明（河南大学药学院）

俞双燕（江西中医药大学）　　于　泳（东南大学成贤学院）

编　者（以姓氏笔画为序）

于　泳（东南大学成贤学院）　　于培明（河南大学药学院）

田丽娟（沈阳药科大学）　　华　文（南京市市场监督管理局）

汤梦璐（中国药科大学）　　余明丽（国家药品监督管理局药品审评中心）

肖凤霞（广州中医药大学）　　张永秉（浙江医药高等专科学校）

陈玉文（沈阳药科大学）　　孟光兴（广东药科大学）

俞双燕（江西中医药大学）　　梅　鑫（扬子江药业集团有限公司）

崔　京［百特（美国）医疗用品有限公司］　　梁　毅（中国药科大学）

常务编委会

出版说明

“全国高等医药院校药学类规划教材”，于20世纪90年代启动建设，是在教育部、国家药品监督管理局的领导和指导下，由中国医药科技出版社组织中国药科大学、沈阳药科大学、北京大学药学院、复旦大学药学院、四川大学华西药学院、广东药科大学等20余所院校和医疗单位的领导和权威专家成立教材常务委员会共同规划而成。

本套教材坚持“紧密结合药学类专业培养目标以及行业对人才的需求，借鉴国内外药学教育、教学的经验和成果”的编写思路，近30年来历经四轮编写修订，逐渐完善，形成了一套行业特色鲜明、课程门类齐全、学科系统优化、内容衔接合理的高质量精品教材，深受广大师生的欢迎，其中多数教材入选普通高等教育“十一五”“十二五”国家级规划教材，为药学本科教育和药学人才培养做出了积极贡献。

为进一步提升教材质量，紧跟学科发展，建设符合教育部相关教学标准和要求，以及可更好地服务于院校教学的教材，我们在广泛调研和充分论证的基础上，于2019年5月对第三轮和第四轮规划教材的品种进行整合修订，启动“全国高等医药院校药学类专业第五轮规划教材”的编写工作，本套教材共56门，主要供全国高等院校药学类、中药学类专业教学使用。

全国高等医药院校药学类专业第五轮规划教材，是在深入贯彻落实教育部高等教育教学改革精神，依据高等药学教育培养目标及满足新时期医药行业高素质技术型、复合型、创新型人才需求，紧密结合《中国药典》《药品生产质量管理规范》（GMP）、《药品经营质量管理规范》（GSP）等新版国家药品标准、法律法规和《国家执业药师资格考试大纲》进行编写，体现医药行业最新要求，更好地服务于各院校药学教学与人才培养的需要。

本套教材定位清晰、特色鲜明，主要体现在以下方面。

1.契合人才需求，体现行业要求 契合新时期药学人才需求的变化，以培养创新型、应用型人才并重为目标，适应医药行业要求，及时体现新版《中国药典》及新版GMP、新版GSP等国家标准、法规和规范以及新版《国家执业药师资格考试大纲》等行业最新要求。

2.充实完善内容，打造教材精品 专家们在上一轮教材基础上进一步优化、精炼和充实内容，坚持“三基、五性、三特定”，注重整套教材的系统科学性、学科的衔接性，精炼教材内容，突出重点，强调理论与实际需求相结合，进一步提升教材质量。

3.创新编写形式，便于学生学习 本轮教材设有“学习目标”“知识拓展”“重点小结”“复习题”等模块，以增强教材的可读性及学生学习的主动性，提升学习效率。

4.配套增值服务，丰富教学资源 本套教材为书网融合教材，即纸质教材有机融合数字教材，配套教学资源、题库系统、数字化教学服务，使教学资源更加多样化、立体化，满足信息化教学的需求。通过“一书一码”的强关联，为读者提供免费增值服务。按教材封底的提示激活教材后，读者可通过PC、手机阅读电子教材和配套课程资源（PPT、微课、视频、图片等），并可在线进行同步练习，实时反馈答案和解析。同时，读者也可以直接扫描书中二维码，阅读与教材内容关联的课程资源（“扫码学一学”，轻松学习PPT课件；“扫码看一看”，即可浏览微课、视频等教学资源；“扫码练一练”，随时做题检测学习效果），从而丰富学习体验，使学习更便捷。

编写出版本套高质量的全国本科药学类专业规划教材，得到了药学专家的精心指导，以及全国各有关院校领导和编者的大力支持，在此一并表示衷心感谢。希望本套教材的出版，能受到广大师生的欢迎，为促进我国药学类专业教育教学改革和人才培养做出积极贡献。希望广大师生在教学中积极使用本套教材，并提出宝贵意见，以便修订完善，共同打造精品教材。

中国医药科技出版社

2019年9月

前 言

GSP 是英文 Good Supplying Practice 缩写，直译为“良好的药品的供应规范”，在我国称为“药品经营质量管理规范”，是指在药品流通全过程中，用以保证药品符合特定的质量标准而制定的针对药品计划采购、购进验收、储存、销售及售后服务等环节的全面质量管理的工作标准，其精神实质是通过法定的全面质量管理标准化管理制度来控制企业的经营管理工作质量，确保药品在流通过程中的质量与质量安全。GSP 的实施，能促进药品进、销、存、用等全过程质量管理水平的提高，有利于保证药品流通质量安全，提高药品经营企业的经营效率。国家颁布的 GSP 对药品的采购、验收、保管、养护、销售、售后服务等全面质量管理工作进行了标准化。

我国从 1959 年开始开展药品经营领域的质量控制，通过多年的实施实践，原国家药品监督管理局成立后，总结了以往经验，重新修订了《药品经营质量管理规范》，并于 2000 年 4 月 30 日由原国家药品监督管理局局令第 20 号颁布，自 2000 年 7 月 1 日起施行，要求药品经营企业强制实施，这是我国 GSP 实施的一个里程碑。为了适应我国药品经营行业迅猛发展的需要，原卫生部于 2012 年 11 月颁布了 2012 版 GSP，并于 2013 年 6 月 1 日实行。和 2000 版 GSP 相比，2012 版 GSP 对药品经营企业在人员、硬件和软件等方面提出了更高要求，突出冷链、现代物流、票据管理等，条款章节编排更加合理，内容更加具体、科学、丰富、实用。这是我国 GSP 和国际通行的 GDP 接轨的标志，也是 GSP 发展的新的里程碑。2015 年 7 月 1 日，国家食品药品监督管理总局又颁布了新版《药品经营质量管理规范》，与 2012 版 GSP 相比，突出了药品监管部门在 GSP 实施过程中的职责。《国家食品药品监督管理总局关于修改（药品经营质量管理规范）的决定》已于 2016 年 6 月 30 日经国家食品药品监督管理总局局务会议审议通过，此版 GSP 提高了对疫苗的配送要求，对三证合一后对相关内容进行了调整，建立了药品追溯体系等。随着社会主义市场经济的不断建设和发展，改革开放的不断深入，尤其是我国发展转型到“新常态”，企业处于空前激烈的市场竞争的环境中，药品经营企业要在激烈竞争的市场中站稳脚跟并得到发展，单纯依靠营销手段是不够的，价格竞争、服务竞争必须以质量竞争为基础。因此，实施 GSP，保证药品质量就关系到企业的生命。同时，药品的特殊性决定企业实施 GSP，保证药品质量也关系到人民的生命健康。

我们根据 2016 年国家食品药品监督管理总局颁布的新版《药品经营质量管理规范》编写了本教材，本教材为书网融合教材，即纸质教材有机融合电子教材、教学配套资源（PPT、图片等）、题库系统、数字化教学服务（在线教学、在线作业、在线考试）。相信会对药学类高等学校的相关教学和药品经营企业实施 GSP 有较大的帮助。由于编者水平有限，书中难免出现不足和疏忽之处，望广大读者指正批评。

编 者

2019 年 9 月

目录

第一章　导　论

GSP 是 Good Supplying Practice（以下简称为 GSP）的缩写，在我国称为“药品经营质量管理规范”，是规范药品经营质量管理的基本准则。GSP 适用于从药品流通环节开始所涉及的采购供应、仓储运输到药品销售等活动，涵盖全供应链管理，实现对药品流通全过程的有效控制。经发达国家的实践证明，GSP 是控制药品流通质量与质量安全的最有效手段。我国于 2000 年开始强制实施 GSP，2000 版 GSP 自颁布实施之后，经过近十几年的实践，对提高药品经营企业素质、规范药品经营行为、保障药品流通质量与质量安全起到了十分重要的作用。随着我国经济的快速发展以及质量管理理念与水平的不断提高，我国于 2016 年颁布了 GSP 修改稿（以下简称为新版 GSP），新版 GSP 于 2016 年 6 月 30 日起正式开始实行。与 2000 版的 GSP 相比，新版的 GSP 的标准有了很大提高，已经与国际上通行的发达国家和地区的 GSP 基本接轨。由于我国药品经营企业仍存在着诸如质量管理理念与管理方式落后、企业规模小、经济效益低等问题，新版 GSP 的有效实施还存在很多障碍。我国药品经营企业只有树立正确的 GSP 与质量管理的理念，并结合自身的发展特点，采用科学的方式方法，才能使新版 GSP 得以有效实施，从而全面提高药品流通质量与质量安全水平，确保人们生命健康与用药安全。

扫码“学一学”

第一节　药品与药品质量

根据我国 2019 年新修订的《药品管理法》中的定义：“药品，是指用于预防、治疗、诊断人的疾病，有目的地调节人的生理机能，并规定有适应证或者功能主治、用法和用量的物质，包括中药、化学药和生物制品等。”由于药品在保障人们生命健康的活动中起着极其重要的作用，因此，世界各国对药品质量与质量安全都做了非常严格的规定，我国也不例外。

一、药品的特殊性

药品是商品，具有商品一般的特性，也就是药物只有在用于交换且成为商品后才成为药品，才具有了使用价值和价值。药品的使用价值体现在预防、治疗和诊断人的疾病等功能上，因为药品的使用价值与人的生命健康密切相关，因此，药品是不同于一般日用商品的特殊商品，其特殊性表现在以下几个方面。

1. 药品使用的专属性　药品具有治病救人的功效，用于治疗、预防、诊断疾病。一般来说，只有经医生的检查诊断，并在正确指导下，对症下药，合理使用药品，才能达到防病、治病的目的，若滥用药物就可能导致中毒或产生药源性疾病。国家对于医疗单位制剂管理，药品流通销售，药品包装、标签、使用说明书都以法律法规形式做了明确规定，用于指导人们用药，保证用药安全有效。药品的专属性还表现在各类药品的作用不一，一般不能互相代替。有些中药材，如杜仲皮，多年生长，一次采摘，要在生长多年之后才能剥离；有些药材是珍稀动物身上的器官（组织或部位），在用药时无法替代。中药材的这种特殊性，决定了国家要通过立法形式对中药品种进行保护，同时对野生药材资源进行保护。

2. 药品功效的两重性 药品可以预防疾病，但大多数药品又同时具有不同程度的毒副作用，所以管理有方，用之得当，就能治病救人，造福于人；反之，使用不当则可能致毒、致病、致残，甚至危及生命。世界卫生组织（WHO）公布的资料表明，世界上有三分之一病患者的死亡并不是由疾病本身导致的，而是由不合理用药导致的。某些药品在可用于治病的同时也具有成瘾性，如鸦片，不仅是镇痛的良药，还是易成瘾的毒品。国务院对麻醉药品、精神药品、医疗用毒性药品、放射性药品、药品类易制毒化学品等实行特殊管理制度。在保证临床用药的同时，防止药品滥用所造成的隐患。

3. 药品需求的及时性 患何种疾病，何时患病是不以人的意志为转移的。人一旦生病，就会立即对某种药品产生强烈的需求。因此，药品的供应必须保证及时、有效、品种规格齐全，只能“药等病”，不能“病等药”。药品的生产和经营要有超前和必要的储备以适应这种需要。

4. 药品质量的严格性 药品关系到人的生命健康乃至生死存亡。为了保证药品质量，世界各国政府对药品科研、生产、经营和使用活动都制定了严格的法律法规，药品科研必须遵照 GLP（药物非临床研究质量管理规范）和 GCP（药物临床试验质量管理规范），药品生产必须遵照 GMP（药品生产质量管理规范），药品经营必须遵照 GSP（药品经营质量管理规范）。与此同时，世界各国政府还实行了与药品生产、经营以及制剂进出口相关的许可制度，对制售假劣药品明确了相关的法律责任等，以保证药品质量。药品的需求弹性相对很小，因为人在患病或生命垂危时，即使某种药品价格再高，只要有能力支付就会购买，所谓“黄金有价，药无价”。而对一个健康人来说，有的药品又变得分毫不值。患者在买药的时候，并不会过分计较药品价格的高低，他们更看重的是药品的质量和疗效。药品质量不仅是药品科研、生产、经营企业的生命所在，也是药品立法管理提出的最基本要求。药品没有一级品、二级品、等外品、副品等，只有合格品和不合格品。

5. 药品质量检测的专业性 患者在用药前一般不知道该药品的质量标准是什么，更无法判断药品的质量好坏。由于患者自己不能鉴别药品的真伪优劣，因此必须由专业检验机构中的专业人员借助相关的仪器和设备对药品质量进行检查。患者的用药安全完全由药品本身的质量决定。因此，对药品质量的专业性检验必须贯彻于药品的研、产、供、用等环节中。

二、质量与药品质量

（一）质量

质量（Quality）是指商品、过程、服务满足规定或潜在要求的特征和特性的总和，包括适用性、安全性、可使用性、可靠性和经济性等方面。质量有狭义和广义两方面的内涵。狭义的质量是指商品质量，指符合国家法规、产品技术标准和购销合同规定要求的商品的适用、安全和其他质量特性；产品满足使用要求所具备的特性，即适用性，一般包括性能、寿命、可靠性、安全性、经济性。广义的质量还包括生产该商品的工作质量，所谓工作质量指为保证商品质量所做的一切业务工作的质量。药品质量是指能满足国家规定标准的要求和医疗和病患消费者需要的特性的总和，这些特征包括以下几个方面。

1. 有效性 在规定的适应证、用法和用量的条件下能满足预防、治疗、诊断人的疾病，有目的地调节人的生理机能的要求。有效性是药品的基本特征，若药品对防治疾病没有效，则不能成为药品。有效也必须在一定前提条件下，即有一定的适应证和用法、用量。

世界上不存在包治百病的药品，也不存在绝对安全无毒副作用、可任意使用的药品。在我国过去采用“痊愈”“显效”“有效”“显著疗效”“特效”表示药品疗效的等级；在国外有的采用“完全缓解”“部分缓解”来对药品疗效加以区分。

2. 安全性 按规定的适应证和用法、用量使用药品后，人体产生毒副反应的程度。绝大多数药品均有不同程度的毒副反应。在衡量有效性和医疗价值之后，查看某种药品的毒副反应，在其毒副作用可解除、缓解或可接受的情况下才能使用某种药品。假如某物质对防治、诊断疾病有效，但是致癌、致畸、致突变，甚至致死，则不能作为药品。安全性也是药品的基本特征之一。

3. 稳定性 药品在规定的条件下保持其有效性和安全性的能力。这里的规定条件一般是指在规定的有效期内，严格按生产、贮存、运输和使用中的有关要求所营造的规定环境。假如某物质具有防治、诊断疾病的能力，且具有有效性和安全性，但其极易变质、不稳定，则不能作为药品。稳定性是药品的重要特征。

4. 均一性 药品的每一单位产品都符合有效性、安全性的规定要求，药物制剂的单位产品，如一片药、一支注射剂、一粒胶囊、一包冲剂等，原料药品的单位产品，如一箱药、一袋药、一桶药等。人们的用药剂量一般与药品的单位产品有密切关系。对于有效成分在单位产品中含量很少的药品，若不均一，则可能等于没有用药，或用量过大而导致中毒，甚至致死。因此，均一性是药品的重要特征。

5. 经济性 药品在生产、流通过程中会形成一定的价格水平。药品的经济性对药品价值的实现有较大影响。若成本高会导致药品售价高，超过社会普通人群卫生健康消费水平，如一些利用高新技术研制的生物药品，目前尚不能作为药品，或只能供极少数人使用；另一方面，药品经济性对药品生产企业也十分重要，若成本价格低，则可提高企业的经济效益，若成本价格过高，企业就无法进行正常的生产，在不能形成商品的同时可能会影响该药品的患者人群。

（二）药品质量

药品工作质量是指有关的药事单位，如药品科研、生产、经营企业，医疗机构，包括其制剂部门的管理工作、技术工作、组织工作等，对达到和提高药品质量的保证能力和程度。药品工作质量的好坏最终会对药品质量产生直接或间接影响。药品质量和药品工作质量是既有联系又有区别的两个概念。药品质量是药事单位药品工作质量的综合反映，药品质量的好坏取决于工作质量水平的高低，工作质量是药品质量的保证和基础。因此，要保证药品质量必须保证药品研制、生产、检验、销售和使用全过程的工作质量，从这个角度来看，药品质量又可以从它的研制质量、生产质量、检验质量、销售质量、使用质量等方面来考核。这五个方面的质量，应该相互关联、完全统一。但由于技术、管理上的种种原因，导致这五种质量经常无法前后一致，如研制的新药质量符合了要求，而生产出的药品质量未达到该新药质量标准，检验质量又难以真正反映出生产质量，或在销售过程中没有营造合适的环境保证药品质量，或因使用的不合理最终影响使用质量。要保证药品质量就必须在研制、生产、检验、销售、使用质量上努力，统一地贯彻和达到上述质量特性的共同要求。

三、药品质量管理与药品质量监督管理

（一）药品质量管理

质量管理（Quality Management，QM）是对确定和达到质量要求所必需的职能和活动的

管理，是企业经营管理的一部分，包括质量政策的制定及所有内外部产品、过程或服务方面的质量保证和质量控制的组织和实施。质量管理是对产品质量和影响产品质量的各项工作进行科学管理的总称。

人类对质量与质量管理的认识，也是一个由初级到高级，不断发展的过程。质量管理的发展经历了四个主要发展阶段：第一个阶段是生产者或手工者的质量管理阶段，在这个阶段产品质量的管理由生产者来进行，生产者既是产品质量的形成者，也是产品质量的测量与评估者。第二阶段是检验者的质量管理阶段，在这个阶段由于人类生产力水平的大幅度提高，生产者已经没有能力对大量的产品质量进行评估，于是从生产者中分离出一部分人，专门从事产品质量的测量与评估工作，即检验工作。由于检验者必须面对众多的生产者，因此就需要建立统一的标准对产品进行客观测量评估，如果产品涉及国计民生，比如药品，国家也会建立统一的检验标准（药典等），并强制药品生产、流通、监管等单位实行。第三阶段是全面质量管理阶段，随着人们对质量认识水平的提高，人们发现，产品质量不是检验出来的，而是设计、生产出来的，因此，要使得产品达到标准，仅仅依靠检验是不够的，必须对产品形成过程进行管理，也就是对产品设计、生产、流通等环节所涉及的人、硬件、软件、工作过程进行管理，也就是全方位、全过程、全员进行管理，即全面质量管理。全面质量管理把产品的结果管理转为产品形成过程的管理，并指明必须对形成过程所涉及的所有要素进行管理，大大提高了产品的质量水平。第四阶段是全面质量管理标准化管理阶段，随着国内外贸易的迅猛发展，人们认识到，全面质量管理不仅仅是企业内部的事情，产品是提供给用户的，用户从自身需要出发，也会对企业全面质量管理的水平或标准提出自己的要求。也就是说，用户为了得到优质的产品，就会对产品质量形成过程中的各个要素，即对人员、厂房与设施、仪器与设备、物料、工艺，环境等要素提出自己的标准。同样，对于关系到国计民生的产品，比如药品，国家也会建立统一的标准，例如研究过程要求实施 GLP、GCP，生产过程要求实施 GMP、GSP 等，国家药品监管部门以此为标准对药品设计、生产、流通过程进行全面标准化的监督。

药品质量管理是药品科研开发、生产、经营、使用企业和单位对确定或达到质量标准或要求所必需的全部职能和活动的管理，其主要内容：提高药品质量的规划，建立健全有关药品质量管理的各项制度、程序，实行全面质量管理，做好药品质量管理的各项基础工作，围绕国家或者客户制定的全面质量管理标准化管理的标准，比如 GSP 等，建立药品质量管理体系，并有效运行这个体系，使得药品质量达到国家或者客户规定的标准（药典等）。

（二）药品质量监督管理

药品质量监督管理（Supervision and Management of Drug）是指根据国家有关法律法规，对药品质量和企业保证药品质量所具备的条件进行监督管理活动，是政府药品监督管理部门根据法律授予的职权，根据有关的法律、法规和法定的药品标准和规范，对科研、生产、销售、使用的药品质量以及影响药品质量的工作质量，保证体系的质量所进行的监督管理，是国家监督管理药事单位职能的体现，是国家通过对药事单位药品质量管理活动的监督，以保证和控制药品质量的强制性活动。我国药品监督管理的基本制度如下。

1. 药品质量公告制度 2019 年新修订的《药品管理法》第一百零一条规定：“国务院和省、自治区、直辖市人民政府的药品监督管理部门应当定期公告药品质量抽查检验结果；公告不当的，应当在原公告范围内予以更正。”药品监督管理部门对药品抽查检验结果定期和不定期地向社会进行公布，有利于公众有选择地购买和使用质量合格的药品，对生产质量不合格药品的企业进行警示和曝光，有利于企业提高药品质量。

2. 药品不良反应报告制度 2019年新修订的《药品管理法》第八十一条规定："药品上市许可持有人、药品生产企业、药品经营企业和医疗机构应当经常考察本单位所生产、经营、使用的药品质量、疗效和不良反应。发现疑似不良反应的，应当及时向药品监督管理部门和卫生健康主管部门报告。具体办法由国务院药品监督管理部门会同国务院卫生健康主管部门制定。对已确认发生严重不良反应的药品，由国务院药品监督管理部门或者省、自治区、直辖市人民政府药品监督管理部门根据实际情况采取停止生产、销售、使用等紧急控制措施，并应当在五日内组织鉴定，自鉴定结论做出之日起十五日内依法做出行政处理决定。"实行药品不良反应报告制度的目的就是为了更科学地指导合理用药，保障上市药品的安全有效。

3. 药品追溯制度 2019年新修订的《药品管理法》第十二条规定："国家建立健全药品追溯制度。国务院药品监督管理部门应当制定统一的药品追溯标准和规范，推进药品追溯信息互通互享，实现药品可追溯。"药品生产经营行为是伴随企业生存全过程的行为，企业又是在不断发展和变化的，包括企业实施各种规范的硬件、软件和人员的变化，因此，经过认证合格、取得认证证书的企业，还必须注意随时保持其生产、经营活动符合GMP、GSP的要求，以保证其生产经营的药品的质量，以满足药品追溯制度的要求。

4. 行政处罚制度 2019年新修订的《药品管理法》对假劣药品做了明确的法律界定，对制售假劣药品以及其他违法行为做了明确处罚规定。这对于督促药品生产经营企业生产在药品生产经营活动中遵纪守法起到了强有力的威慑作用。

四、药品质量管理立法

药品质量管理立法是药品质量监督管理的重要手段和内容，通过药品质量管理立法，将药品质量监督管理活动法制化，有利于加强药品质量管理的监督。药品质量管理包括对药品质量和药品工作质量两方面的管理，相应地，药品质量管理立法也分为两部分，一部分是对药品质量的管理立法，药品质量特征寓于每种药品之中，形成多种质量标准，国家以《药品标准》的法律形式予以公布，使其具有法律效力；另一部分是对药品工作质量的管理立法，通过制定和推行GMP、GSP、GLP、GCP等保证药品科研、生产、经营、使用等工作的质量，从而达到控制和提高药品质量的目的。质量标准是检验工作规范的尺度，工作规范的良好执行是药品达到质量标准的保证，两者互为因果，相辅相成。

GLP和GCP保证新药研究工作的质量，GMP保证药品生产过程中的质量，GSP则保证药品流通过程中的质量，这一系列规范构成了药品的质量保证体系。药品从药厂到患者手中，要经过从工厂到批发商，再到零售，从此地到彼地，经过很多环节，经历很长时间，药品经营质量管理就是要保证不合格药品不进入流通领域，或者把不合格的药品从流通环节中剔除出去，使质量优良的药品不发生质量变化，使不合格的产品不到使用者手中，按质、按量、按期地满足患者的需要。因此，国家颁布的GSP对药品的采购、验收、保管、养护、销售、售后服务等工作进行规范，以确保药品质量。

扫码"学一学"

第二节 GSP概述

GSP的实施，增强了员工的质量意识，促进了药品进、销、存、用全过程的质量管理，有利于保证用药的安全有效。

一、GSP 的形成过程

为了加强药品质量管理，1959 年 7 月，卫生部、化工部、商业部下达了《关于保证与提高药品质量的指示》，规定“没有经过严格检验的药品不准收购或者在市场上出售”，要求药品生产和经营企业必须“健全检验机构与严格执行检验制度”，切实保证药品供应的质量。1979 年 7 月卫生部发布了《关于贯彻执行 < 药检所工作条例 > 的通知》，对检查和促进药品生产、供应单位提高药品质量、保证人民用药安全有效，保护人民健康起了重要作用；1980 年，国家医药管理总局在郑州召开了医药质量管理工作会议，会上将医药商业部门原来的《药品、器械质量管理办法试行草案》修订为《中国医药公司系统医药商品质量管理办法（试行）》，并于 1981 年 1 月 20 日下达执行，这就是 GSP 的雏形。

1984 年 6 月，中国医药公司为进一步落实国家有关医药商品质量的政策、法规、条例，在医药商品购进、销售、调拨、贮运等各个环节推行全面质量管理，制定了《医药商品质量管理规范》。该规范是当时医药商品质量管理的通则，要求药品经营企业内部各岗位建立确保商品质量的工作标准 ，明确职责，为后来的 GSP 最终形成奠定了基础。1984 年 9 月 20 日，第六届全国人民代表大会常务委员会第七次会议通过并颁布了《中华人民共和国药品管理法》，并于 1985 年 7 月 1 日起实施。根据《药品管理法》的要求，1986 年 6 月，国家医药管理局制定了《医药行业质量管理若干规定》，要求各省、自治区、直辖市医药管理局（总公司）及所属各专业公司和医药行业的生产、企业经营必须坚持“质量第一”的方针，切实加强对质量工作的领导，推行全面质量管理，实施《医药商品质量管理规范》《中药饮片质量管理办法》《药品重要工业质量管理暂行办法》等，以适应医药行业现代化的要求。

随着我国市场经济的建立、国家法制建设的完善和改革开放的不断深入，我国药品三级批发逐级调拨的供应体系解体，代之以多渠道、少环节、多点购销、相互竞争的药品流通格局，企业处于市场竞争的环境中，特别是企业全面质量管理工作的推行，国家颁布《质量管理和质量保证系列标准》，所有这些都要求必须以平等的要求规范各个企业的质量管理工作，因此，有必要对 GSP 进行修改。1992 年 3 月 18 日，国家医药管理局正式发布了《医药商品质量管理规范》（GSP），自 1992 年 10 月 1 日起实行，受国家医药管理局推行 GSP 委员会的委托，中国医药商业协会于 1993 年 6 月组织编写了《医药商品质量管理规范实施指南》，拉开了药品经营企业实施 GSP 的序幕。

原国家药品监督管理局成立后，总结了以往实施 GSP 经验和教训，在 1992 年版 GSP 的基础上重新修订了《药品经营质量管理规范》，并于 2000 年 7 月 1 日起强制施行 2000 版 GSP，2000 版 GSP 对药品批发企业和零售企业进行了区分对待，编排更加合理，内容更加具体、科学、丰富、实用。2000 版 GSP 是我国实施 GSP 的一个里程碑。

但随着我国经济与社会的快速发展，随着人们对质量与质量管理认识水平的不断提高，2000 版的 GSP 已不能适应药品流通发展和药品监管工作要求，从 2005 年起，国家食品药品监管局着手开展调查研究，探索在 GSP 修订中如何贯彻科学监管理念，有效提高监管工作效能，2009 年正式启动修订工作。在借鉴国外发达国家的经验以及广泛听取多方建议和意见的基础上，最终形成了药品 GSP 修订草案，经国家食品药品监督管理总局通过并于 2015 年 6 月 25 日正式施行新版 GSP。2016 年 6 月 30 日，《国家食品药品监督管理总局关于修改〈药品经营质量管理规范〉的决定》经国家食品药品监督管理总局局务会议审议通过，自公布之日起施行。2016 年版新修订药品 GSP 从药品经营企业的人员、机构、设施设备、体系文件等质量管理要素的各个方面，对药品的采购、验收、储存、养护、销售、运输、售后管理等环节做出了规定，虽然篇幅没有大的变化，但增加了许多新的管理内容。如对药品流通环节中药品经营企业如何执行药品追溯制度提出了操作性要求；将关于疫苗经营企业的相关规定修改为疫苗配送企业的要求；将首营企业需要查验的证件合并规定为“营业执照、税务登记、组织机构代码的证件复印件”等。这是我国实施 GSP 新的里程碑。

二、实施 GSP 的意义和作用

（一）实施 GSP 的意义

随着我国市场经济的不断发展和完善、我国原有的药品计划经济式的销售模式的瓦解，一种多渠道、少环节，多点购销、相互竞争的药品流通格局已逐步形成，企业处于相对比较完全的市场竞争的环境中，药品经营企业要在激烈竞争的市场中站稳脚跟并得到发展，单纯依靠营销手段是不够的。价格竞争、服务竞争必须以质量竞争为基础。因此，实施 GSP，保证药品质量关系到企业的生命。同时，药品的特殊性决定企业必须实施 GSP，保证药品质量，保证人民的生命健康。

1. 贯彻执行国家质量管理法规的保障措施 改革开放以来我国的法制建设不断完善，国家为了加强对医药行业的监督管理制定了许多法律法规，如以《药品管理法》及其实施条例为核心的有关药品监督管理的法律法规系列，相关的其他法律还有《产品质量法》、《消费者权益保护法》《标准化法》《计量法》《商标法》等，都对药品经营及药品质量产生法律效力。企业必须坚持依法经营和依法管理并对所经营的药品承担相关的法律责任。GSP 作为我国药品经营质量管理工作基本准则，在总结以往质量管理法规对药品经营企业要求内容的基础上，对药品经营企业的人员、设施、经营场所、仓储条件、质量监督、检测手段、销售者的产品质量责任及产品的许可证制度管理、计量器具管理、医疗器械管理等进行了更加科学和严格的规范，所以说 GSP 是贯彻执行国家质量管理法规的保障措施。实施 GSP 将会更好地促进药品经营企业做到依法经营和依法管理，以保证其经营药品的质量，保护用户、消费者的合法权益和用药安全有效。此外，实施 GSP 也是确保药品经营企业依照法律接受执法监督，是药品监督管理部门在药品流通过程中，对药品质量进行监督管理的最主要的依据。

2. 帮助药品经营企业在市场竞争中生存 质量是企业的生命，市场竞争的基础是质量的竞争。我国的 GSP 作为当前药品经营企业质量工作的基础规范，对药品经营质量管理及质量保证措施做了具体统一的规定，这就为药品经营企业提供了平等竞争的条件。国家在强化这一规范的实施中采取相应的政策和措施，促使企业限期达到 GSP 的规定，对于不能在限期内达到 GSP 要求的企业将会予以取缔。药品经营企业只能以科学的管理、优良的商品质量和工作质量赢得市场。这是因为药品是人们防病治病康复保健的特殊商品，社会公众对医药产品的质量要求越来越严格，用户、消费者的保护意识逐渐增强，用户所要求的必将是质量信得过的产品和优质的服务。市场竞争将转向质量信誉的竞争，质量信誉是靠科学的质量管理和质量保证来实现的，即谁经销的商品能够得到用户的信赖，谁就将赢得市场，否则必将在竞争中淘汰。以质量求生存，以信誉求发展必将成为企业获取最佳经济效益的手段，药品经营企业平等竞争，求生存、谋发展最根本的途径就是要认真实施 GSP，尽快使企业的质量管理、质量保证体系，达到 GSP 的规定要求。

3. 满足药品国际贸易的要求 当今世界各国经济相互合作，相互依赖，相互竞争，国际贸易迅速发展，在这种情况下，国际上掀起了以质量保证体系评价为核心的贸易交流活动，有关企业纷纷引进了国际公认的 ISO 9000 系列标准。随着我国外向型经济的不断发展，尤其是我国加入 WTO，药品经营企业必将走向世界市场，参与国际竞争，如果我国药品经营企业质量保证活动不能和国际通行的有关标准接轨，就不能赢得世界各国用户信赖，就会失去世界贸易市场。因此我国在制定 GSP 时，着重观察国际质量管理的新形势，吸收和引进国外的先进管理经验，使我国最新版本的 GSP 基本达到了国际通行的标准要求，为我国药品经营企业走向世界打开了通道。实施 GSP，努力实现我国药品经营质量管理与质量保证国际标准化接轨，就能早日使我国医药商品步入国际市场，促进我国药品经营企业的国际医药交流，从各个层面提高企业的素质，提高企业经营理念和质量，使企业得到长足的发展。

4. 促进质量管理工作水平的提高 目前，质量管理已经进入全面质量管理的标准化管理时代，全面质量管理的标准化管理是现代质量管理的理论和方法，是当今世界以提高产品质量、求得用户满意、赢得市场、获得良好经济效益的重要手段。进入 21 世纪以来，全面质量管理标准化管理的理念与方法，在世界各国得到广泛的应用和发展，其实质就是通过对涉及质量活动的全部要素建立科学的标准，全面系统地控制产品质量产生的全过程，不断提高产品质量水平。我国新版 GSP 就是全面质量管理标准化管理的理念与方法在药品流通领域的具体体现，GSP 融入了全面质量管理标准化管理的基本思想与内涵，从药品的计划采购、质量检验、储存养护、销售、运输、售后服务及综合质量管理全过程中的各个要素都实行标准化管理。GSP 实质上是全面质量管理标准化管理的思想、理论与实践在我国药品经营质量管理中的具体运用和实行规范化、标准化的产物。实施好新版 GSP 必将动员企业全员参加这一质量管理活动，促使企业各环节岗位工作人员按照规定的标准、规程与制度进行药品流通质量控制，以优质的工作质量来保证经销商品的质量，从而提高企业信誉，赢得用户认可。在全面质量管理活动的各个要素中，人是首要要素，人是硬件的建设者，是软件的制定者，是工作过程的执行者，人的素质和人的操作达到规定规定的标准并不断得到改进，一定会促使质量管理工作水平不断提高。

（二）实施 GSP 的作用

GSP 作为一个理念与体系，就要求药品经营企业进行任何经营活动时都必须以质量为核心，确保药品质量，同时，企业实施 GSP 也将有利于企业的发展，促进企业经营思想和经营组织结构的优化，促使企业运用先进的科学技术保证药品的安全有效。具体地说，实施 GSP 有以下作用。

1. 促进企业质量管理理念的变化 GSP 从本质来看，是全面质量管理标准化管理在药品流通领域质量管理活动中的具体体现，国家制定的 GSP 标准是规定全面质量管理活动各个要素的基本标准，因为药品是关系到人们生命健康的重要产品，国家将全面质量管理标准化管理活动的各个要素进行了规制，并要求药品经营企业强制执行。因此，药品经营企业要认识到，实施好 GSP 是质量管理发展的客观需要，是一个企业保障产品质量的最先进、最有效的手段，国家制定的 GSP 标准是督促企业加快提高质量管理水平，确保药品质量安全的规制措施，这两者是有机的统一，质量管理发展的客观需要是基础，国家制定的规制是鞭策的手段。要实现这一观念的转变首先是企业管理人员观念的转变。要加强对全面质量管理标准化管理质量意识教育，使全体职工树立正确的 GSP 理念，树立全面质量管理标准化管理的意识，不只是本企业搞好 GSP，还要通过客户推动对上游药品生产与药品经营企业，进行 GSP 实施推动，对下游企业或者医疗机构进行 GSP 推动，在整个产业链上，实施好 GSP，确保药品质量与质量安全。GSP 的实行则赋予质量管理新的含义，要求在各个经营环节采取各种措施，保证商品的自然属性，保障人们用药安全。作为药品经营企业的员工，不仅要具有一般医药职业道德，还必须具有一定的文化基础和专业知识和专业技术能力，懂得药品的性质和贮藏保管条件，在管理方式、管理作风、管理习惯上要求文明经商，秩序井然，环境整洁优美，建立完整的文件系统和技术档案，形成系统的管理规程，充分依靠和运用科学的管理方式，改变凭经验、主观判断等落后的管理习惯。企业部门之间相互配合，充分发挥企业的科学管理机能和效率，实现管理工作、制度化、规范化、程序化，改变那种办事无标准、无规范、不讲科学程序的主观随意习惯。

2. 促进企业质量管理组织结构的优化 质量管理是整个企业各个部门的共同任务，企业组织构架是质量管理水平重要保证。全面质量管理标准化管理要求企业必须按照客户的要求建立质量管理体系，必须不断优化企业质量管理的组织结构。GSP 要求药品经营企业必须建立独立履行质量职责，强有力的质量管理管理部门，质量管理部门必须形成对相关业务部门的质量监督，把 GSP 理念与方法渗透到药品经营活动的方方面面。

3. 促进企业运用标准的硬件与软件保证药品质量 长期以来，药品经营企业在医药商品验收、储存、养护、运输工作中在有关设施、设备等使用过程中，标准化程度差，在操作、维护和清洁工作中，凭经验操作、准确度差、工作效率低，各项管理标准、规程与制度不全面、不科学、工作稳定性差等，这些已经越来越不适应现代药品质量管理的需要。新版 GSP 强调，在药品经营活动中所涉及的任何硬件都必须进行标准化管理，也就是所有硬件从设计、构建、使用、维护等都必须建立标准、规程、制度与相应记录、标识和档案等，所有管理文件都必须经过起草、修订、审核和批准等标准化程序才能投入使用，而这些标准、规程与制度的建立与使用必须得到客户的认可，最大限度地避免随意性、不稳定性、不科学性、不完整性、不系统性，以确保药品的质量稳定可靠。

三、新版 GSP 实施的指导思想

1. 实行全过程的标准化质量管理 药品经营企业的经营活动可分为售前、售中、售后工作三个过程，再细可分为市场调研、计划、采购、验收、储存养护、洽谈业务、用药指导、出库运送、质量查询、售后服务等。这些工作是环环相扣、紧密相关的，药品质量综合反映了所有这些工作环节质量管理的状况和效果。一个环节的疏忽，就会导致所有环节工作的失效。值得一提的是，上一阶段工作质量水平的下限即为下一阶段质量工作水平的上限，比如如果没有采购符合标准的药品，验收工作做得再好，也不可能使得采购来的不合格的药品变成合格产品；储存和养护工作不到位，运输工作做得再好，也不可能使得储存养护中出现的不合格的药品变成合格产品；运输环境条件控制不好，使得药品变质，销售与售后服务工作做得再好，用户也不可能得到合格产品。因此，必须在药品流通的全过程实施标准化的管理，使得所有过程都有明确的、系统的、科学的管理标准、规程与制度，确保药品质量。

2. 实行标准化的全员质量管理 人是硬件的构建者，是软件的制定者与使用者。在全面质量管理活动的诸多要素中，人是首要要素，对人进行标准化的管理也是全面质量管理、标准化管理的重要组成部分。人的标准化工作分为两个方面：①人的素质，人必须有一定的学历、资历、经验与培训的标准要求；②人在工作中，每项行为都必须要有规定好的工作标准、规程与制度，人还必须严格执行这些工作标准、规程与制度。只有这样才能使得质量工作过程变得稳定可靠，从而使得药品流通质量变得稳定可靠，企业的质量管理工作才能有扎实的基础。要实现全员的标准化管理，就必须从人力资源开发开始做起，做好现代质量管理理念的培训与实践教育，做好 GSP 知识的教育与培训。

3. 实现全方位的标准化质量管理 企业内的质量职能分散在企业的各个系统，比如采购系统、验收储运系统、销售与售后服务系统、质量管理系统等，各系统的质量管理工作都是不可缺少的。因此，一方面既要求企业各个系统把质量管理工作以标准化的形式融入日常工作中去，也就是在履行各自质量责任的同时，通过标准化的管理制度，充分发挥各自的质量职能，既相互协调一致、相互配合，又要相互监督；另一方面，企业各层次都有自己的质量管理活动，上层管理侧重于质量决策、组织协调和控制，保证实现企业的质量目标；中层管理要具体实施上层的质量决策，执行各自的质量职能，进行具体的业务管理；基层管理则要求职工按规范、按规章制度进行工作或操作，进行现场的管理工作，完成具体的工作任务。由此组成一个完整的质量管理体系，实行全方位的质量管理。

4. GSP 实施也是全面质量管理标准化管理的一项工作 实施 GSP 是一项系统工程，涉及面广、难度大，既涉及硬件的改造、配置，又涵盖软件管理的建立与完善和人员配备、教育和培训等。因此实施 GSP 不可能一蹴而就，也不可能一劳永逸，必须分阶段、分步骤、有条不紊地进行，并且要重在保持稳定与持续改进。药品经营企业的 GSP 实施工作必须把全面质量管理标准化管理的理念与方法融入其中，必须按照药品监管部门或者客户的要求，制定 GSP 系统工程建设的总体规划，确定各个阶段的实施目标，为完成阶段性的目标，具体需要采取哪些措施，落实到哪个职能部门，这些都应以标准、规程与制度等书面程序予以明确。为了分阶段、分步骤实施 GSP 的目标，就需要形成一个全面质量管理的“质量环”，环环相连，首尾相连，任何开口式的管理，都是不完善的。当这个程序发生中断即“开口”时，就应立即查找原因，及时协调，恢复正常功能。这个质量环的启动动力来自用户对药品质量管理水平不断提高的需求，而循环本身对用户不断提高的质量需求具有很高的敏感性，且能及时调整自己的运作，以便尽可能地满足用户的要求。在 GSP 系统工程建设过程中，还要不断进行评估与测量，发现偏差还要及时进行调查，并进行纠偏，保持整个工程完成符合预定标准。

四、新版 GSP 的基本原则

新版 GSP 是全面质量管理标准化管理在药品流通领域的具体体现，在全面质量管理标准化管理的框架与视野下，GSP 的实施必须依据以下一些原则。

1. 药品是关系到人生命健康，关系到国计民生的重要而又特殊的商品，世界各国政府都对药品的质量与质量安全，对药品生产经营企业的质量管理方式做了明确的标准，这也是全面质量管理标准化管理的客观要求。从这个标准化的广义上来看，除了 GSP 本身，《药品管理法》及其实施办法和配套的法律法规、《产品质量法》《消费者权益保护法》《计量法》《标准化法》和《商标法》等有关法律法规都是药品经营企业进行全面质量管理标准化管理所要依据的标准。因此，药品经营企业质量管理工作所有环节，包括计划、购进、验收、储存、销售、运输及售后服务等的全面质量管理标准化管理工作必须融入这些法律法规的精神实质，加快企业 GSP 实施与改造，保证商品质量。

2. 全面质量管理的标准化管理，要求药品经营企业所有的要素，比如人员、硬件、软件等都的配备、建设与制定都要有明确的标准，要求药品经营企业所有与药品质量有关的工作与活动必须建立管理规程与制度，从而使得药品质量稳定，满足药品监管部门和客户的要求。坚决杜绝在质量管理活动中凭经验办事、主观臆断的工作方式。

3. 全面质量管理的标准化管理，要求药品经营企业员工在进行质量管理工作时，除了严格按照规定好的标准、规程与制度进行工作以外，每执行完一个工作规程，都必须全面地、真实地、及时地、规范地留有记录，包括账、卡、牌、单、标识等，这些记录是进行质量追溯，质量改进的源泉。坚决杜绝在质量管理活动中，没有记录、记录不规范、记录造假等工作方式或行为，确保质量管理出现的问题能得到及时的发现和处理，确保质量管理水平不断得到提高。

五、新版 GSP 的主要内容

2016 年国家食品药品监督管理局颁布的《药品经营质量管理规范》共四章，分二十二节，一百八十四条，包括总则、药品批发的质量管理、药品零售的质量管理、附则。与 2000 年版的十四节，八十八条版规范相比，在文字数量上和内容要求上，都有明显的不同。全面提升了药品经营企业经营的软硬件标准和要求，从人员、机构、设施设备、体系文件等质量管理要素各方面，对药品采购、验收、储存、养护、销售、运输、售后管理等做出了新的规定，具体内容如下。

第 1 章：总则，共四条，阐述了实施 GSP 的法律依据和 GSP 对药品经营企业的基本要求以及 GSP 的适用范围，特别强调了药品生产企业销售药品也应当遵循本规范的要求。

第 2 章：药品批发企业的质量管理，共分十四节，一百一十五条，对药品批发企业的质量管理体系、组织机构与质量管理职责、人员与培训、文件、设施与设备、校准与验证、计算机系统、采购收货与验收、储存与养护、销售、出库、运输与配送、售后管理的药品流通的全过程都进行了详细的规定。

（1）质量管理体系，共八条，主要阐述了对药品批发企业质量管理体系的建设、相关文件的形成，以及一系列质量管理活动的开展的基本要求，从宏观的角度明确企业应当依据有关法律法规及本规范的要求建立质量管理体系。

（2）组织机构与质量管理职责，共五条，主要阐述了对药品批发企业组织机构的总体要求以及企业负责人和质量管理部门的主要职责。

（3）人员与培训，共十三条，对药品批发企业负责人、质量管理部门负责人等各类人员任职上岗条件以及培训要求进行了更具体、更明确的规定。

（4）质量管理体系文件，共十二条，首次提出了对文件管理的具体要求。对质量管理制度、部门岗位职责、操作规程、相关记录等文件，以及文件的起草、使用、修订、保存等管理活动进行了规定。

（5）设施与设备，共十条，规定了企业经营场所、库房和运输工具的基本要求和条件，并对经营冷藏、冷冻药品的批发企业设施设备进行了补充规定。

（6）校准与验证，共四条，首次提出了对设施设备校准验证以及验证文件的基本要求。

（7）计算机系统，共四条，顺应当今社会计算机化、信息化的趋势，对计算机系统、数据操作、数据管理进行了规定。

（8）采购，共十一条，规定了企业采购活动的基本要求，同时规定了企业应当核实、留存的销售人员的详细资料、质量保证协议的详细内容、采购发票和记录的相关要求，并对首次经营企业和首次经营品种的要求以及进货业务做了规定，同时首次提出应当建立供货单位质量档案，进行动态跟踪质量管理。

（9）收货与验收，共十一条，此章节较2000年版GSP变动较大，阐述了药品质量验收的要求和主要内容，并对冷藏、冷冻药品和实施电子监管的药品验收活动进行了补充规定。

（10）储存与养护，共六条，详细规定了药品的储存要求和养护工作的主要职责。增加了计算机系统对库存药品的有效期进行自动跟踪和控制，药品破损、泄漏时的处理措施、对质量可疑的药品的处理，定期盘点的要求。

（11）销售，共五条，对药品销售业务和销售记录进行了明确规定。

（12）出库，共六条，阐述了药品出库应遵循的基本要求，并对冷藏、冷冻药品的装箱、装车等作业和电子监管药品出库做了补充规定。

（13）运输与配送，共十三条，规定了药品运输业务的基本要求，同时规定了委托运输的相关要求，并对冷藏、冷冻药品的运输进行了补充规定。

（14）售后管理，共七条，对投诉、退货、召回等售后活动进行了明确规定，并明确了企业的具体职责。

第3章：药品零售的质量管理，共分八节，五十九条。对零售企业的管理、人员、设施以及经营全过程进行了规定。

（1）质量管理与职责，共四条，对药品零售企业的质量管理文件、经营条件、企业负责人以及质量管理部门职责进行了规定。

（2）人员管理，共九条，对零售企业各级人员的任职和上岗条件和要求进行规定，同时规定了企业有关人员的培训和健康管理制度。

（3）文件，共十条，对药品零售质量管理制度、药品零售操作规程、相关纸质和电子记录的等文件的内容以及使用管理进行了规定。

（4）设施与设备，共九条，规定了药品零售企业的营业场所和库房的设施设备的基本条件。

（5）采购与验收，共七条，阐述了药品零售企业采购与验收应遵循的基本原则，并对冷藏药品和电子监管药品进行了补充规定。

（6）陈列与储存，共六条，规定药品应按剂型和用途以及储存要求分类储存和陈列，规定了养护工作的主要工作，明确规定要对储运环节的温度进行监测和调控，全面引入国际通行的冷链管理的概念，对药品陈列提出了更加细化和规范的要求。

（7）销售管理，共八条，阐述药品零售企业药品销售的要求，并对所销售的药品和药品拆零销售进行了明确规定。新增药品电子监管码的基本要求。

（8）售后管理，共五条，对药品零售企业的退换、投诉、不良反应报告、召回等售后活动进行了规定。

第4章：附则，共七条，明确了主要术语的含义，规定医疗机构药房、计划生育技术服务机构的药品以及互联网销售药品的质量管理规定由国家药品监管部门另行制定。

从新版GSP的主要内容看，我们不难发现，无论是对质量管理所涉及的要素，如人员、组织、硬件、软件，还是对涉及的过程，如采购、验收、储存、养护、发运都确定了明确的标准，全面质量管理标准化已经渗透到质量管理工作的所有方面。

第三节 我国新版 GSP 的特点与法律地位

扫码"学一学"

2016 年 6 月，国家食品药品监督管理局颁布了修订后的 GSP，并规定于 2016 年 6 月 30 日起正式实施。这部 GSP 除了全面推进计算机管理信息系统的实施，强化药品购销渠道和仓储温湿度控制两个重点环节，突破票据管理、冷链管理和药品运输三个难点问题之外，还提高了对疫苗的配送要求，调整了三证合一后的相关内容，同时对建立药品追溯体系的相关内容进行了调整。新版 GSP 共 4 章，22 节，184 条，从药品经营企业的人员、机构、设施、设备、体系文件等质量管理要素的各个方面，以及药品的采购、验收、存储、养护、销售、运输以及售后服务、售后管理等各个环节做出了规定，相对于 2015 年版增加了几个方面，相对于 2000 版 GSP 篇幅扩大了 2 倍多，其主要变化如下。

1. 全面提升软件和硬件要求

（1）在硬件方面，新版药品 GSP 全面推行计算机信息化管理，着重规定计算机管理的设施、网络环境、数据库及应用软件功能要求；明确规定企业应当对药品仓库采用温、湿度自动监测系统，对仓储环境实施持续、有效的实时监测；对储存、运输冷藏、冷冻药品要求配备特定的设施设备。

（2）在软件方面，新版药品 GSP 明确要求企业建立质量管理体系，设立质量管理部门或者配备质量管理人员，并对质量管理制度、岗位职责、操作规程、记录、凭证等一系列质量管理体系文件提出了详细要求，并强调了文件的执行和实效；提高了企业负责人、质量负责人、质量管理部门负责人以及质管、验收、养护等岗位人员的资质要求。

2. 薄弱环节增设新制度

（1）针对药品经营行为不规范、购销渠道不清、票据管理混乱等问题，新版药品 GSP 明确要求药品购销过程必须开具发票，出库运输药品必须有随货同行单（票）并在收货环节查验，物流活动要做到票、账、货相符，以达到规范药品经营行为，维护药品市场秩序的目的。

（2）针对委托第三方运输，新版药品 GSP 要求委托方应当考察承运方的运输能力和相关质量保证条件，签订明确质量责任的委托协议，并要求通过记录实现运输过程的质量追踪，强化了企业质量责任意识，提高了风险控制能力。

（3）针对冷链管理，新版药品 GSP 提高了对冷藏、冷冻药品储存、运输设施设备的要求，特别规定了此类药品运输、收货等环节的交接程序和温度监测、跟踪、查验等要求，强化了高风险品种的质量保障能力。

3. 紧密衔接医改"十三五"和药品安全"十三五"规划 为落实医改"十三五"规划和药品安全"十三五"规划关于药品流通环节监管的要求，新版 GSP 对药品流通环节中药品经营企业如何执行药品追溯制度提出了操作性要求；将关于疫苗经营企业的相关规定修改为疫苗配送企业的要求。

4. 新版 GSP 的法律地位和法律关系 从法学角度来看，GSP 属于行政法规体系的药品管理法律法规系列，是我国药事法体系的重要组成部分，是国家法定的药品监督管理在药品经营方面的法律体现。GSP 的法律地位决定了其作为独立的药事法规，是每个药品经营企业都必须遵守的行为规范，具有强制性。GSP 调整的是一种特定的社会关系，就是因药品经营而产生的社会关系，主体是国家药品监督管理机关、药品经营企业以及有关公民个人，其中药品监督管理机关是主要的当事人，客体是药品经营管理活动，对象是药品经营。GSP 的目的是贯彻执行《药品管理法》《计量法》《标准化法》和《商标法》等有关法律法规，在药品经营企业的计划、购进、验收、储存、调拨、销售、运输及售后服务等环节进行全面质量管理，加快企业技术进步，搞好文明经商，保证商品质量。GSP 监督药品经营企业及个人按照 GSP 的要求进行经营，从而保证药品质量，国家药品监督管理局颁布的“药品经营工作标准和工作规范”是每个药品经营企业和有关个人必须遵守和执行的。同时 GSP 对药品经营企业的人员、硬件、软件等各方面都进行了详细的规定，为药品经营企业的经营管理提供了一个可以遵照的工作标准，并将其渗透到企业的日常管理中，这些都必将有利于企业的发展，因此，GSP 不仅是一个强制执行的标准，也是一个药品经营企业的管理模式。

扫码“学一学”

第四节　新版 GSP 的实施

GSP 是对整个药品经营质量管理全过程所做的标准，这个标准与内容丰富、形式各异的药品经营质量管理活动相比，就显得比较原则。药品经营质量管理涉及计划、购进、验收、储存、调拨、销售、运输及售后服务等各个方面，每个药品经营企业流通药品的品种、数量以及服务都不相同，GSP 对各个环节只能做原则性的规定，企业应该结合自身的特点，制定实施细则或规范指导等更具体的、可操作性强的规定，并在实施中不断地修改和完善，使 GSP 更加符合企业的实际情况。

一、GSP 实施的要素控制

全面质量管理标准化管理所涉及的要素，包括人员、硬件和软件三大部分。当然，这些要素还可以进一步细分。

1. 人员要素　配备符合规定标准的专业技术人员是确保 GSP 实施的重要保证。药品经营质量管理是专业性较强的一种专业技术业务工作，这是由于在整个流通环节的过程中，必须根据药品的物理、化学与生物学性质，构建各种硬件条件与管理制度，确保药品的各种属性保持稳定。实际上，在各种内、外因素的作用下，药品随时都可能发生质量问题，当这些药品质量问题发生的时候，也要求这些人员有能力应对所发生的质量问题，运用药学等专业知识及时地做出客观、正确的判断，并采取相应的行动。对于所有从事药品采购审计、验收、保管、养护、发运的各岗位人员，根据所从事工作的特殊性，还必须经过专业的培训，使得他们能熟练掌握有关工作技能。因此，人员要素的要求为学历、资历、经验与培训四个方面。也就是说，只有相关人员在学历、资历、经验与培训方面达到规定的标准，他们的工作质量才能持续地达到规定要求。重要岗位，比如质量负责人必须配备具有专业技术职称的人员或执业药师。

2. 硬件要素　配备符合标准的硬件设施是确保药品经营质量的基本条件。硬件设施是药品经营企业必须的和最基本的经营条件之一，它一般包括三个基本方面：营业场所、仓储设施、运输装备。

（1）营业场所　药品经营企业通常分为批发企业和零售企业两种类型，营业场所是药品交易的地方，应有清洁、明亮而宽敞的业务活动室和营业厅。批发业务活动室应配备一定的样品陈列柜，而零售商品应配备有透明柜台，陈列商品应有足够的区域能按性能功用分类陈列，防止药品混淆与差错，方便客户选购。

（2）仓储设施 药品经营企业，库区一般分为三个基本区域：①储存作业区：包括库房、货场、仓管员工作室。②辅助作业区：包括办公室、养护室、中药标本室等。③生活区：包括宿舍、食堂、车库等。仓库是维护药品质量的重要场所，库区应远离污染集中的区域，比如化工区、闹市区等，防止有害气体及污染源的侵袭，库区环境应当干燥、整洁。库区一般分为四个基本区域：验收工作区、合格品库区、退货库区、不合格品库区。储存药品的仓库环境还应当根据药品的物理、化学性质设置不同的库区，比如冷存库、阴凉库和常温库等，其温度管理应符合《中华人民共和国药典》规定的要求；各库房相对湿度应保持在35%～75%之间。根据药品类别还可分为：内服药品库区、外用药品库区、非药品库区和专供储存麻醉药品、一类精神药品和毒性药品等的特殊管理药品库区（毒性药品应单库存放），特殊管理药品库区实施三专（专库、专账、专人保管）、双人双锁管理，以确保药品的进出不发生差错。为了防止污染、差错与混淆，这些区域或库区还应当有明确的状态标识。为了防止昆虫、鼠类的危害，还应当配备有效的防虫防鼠设施。

（3）运输装备 运输环节是药品流通质量管理重要的环节，这一点往往被药品经营企业所忽视或者得不到应有的重视。运输装备除了配备运输车辆之外，为了维护药品的物理化学性质，还必须配备防高温设施、湿度控制设施、防光线设施、冷藏冷冻装备，甚至冷链系统。

3. 软件要素 药品经营企业质量管理工作的软件部分包含了药品经营质量管理活动中所有的工作标准、程序、制度和记录文件，它反映了一个企业在经营质量管理过程所贯彻的方针、使用的方法、采取的措施和收到的成效的真实性，如各类人员资质档案文本、各项质量管理制度、各种质量管理的函件、经营业务的合同文本，各项工作的原始记录：如验收记录、在库养护记录、销售跟踪记录、质量档案、有效期商品管理档案、员工业务技术培训记录和档案等。对这些软件进行规范管理能为实现GSP管理提供充分的依据。

4. 过程要素 GSP实施的目的，就是要使药品在整个流通环节中能够保证质量的合格，提高药品质量安全水平，因此在药品流通的全过程进行全面质量管理，在过程要素控制过程中，一些关键要素的控制就显得非常重要。

（1）进货渠道 首先应坚持从证照（许可证、营业执照、批准文号等）齐全的药品生产和经营企业进货，以确保供货单位的合法性，在进货前应向供货单位的产品和企业的质量保证体系做必要的审计，在签订业务合同时，特别应注明对质量要求的条款，以确保到货药品的质量合格。

（2）到货验收 药品到货时，应按规定抽取样品，检查药品的内外包装、合格证、标签及说明书内容是否符合法定标准，以及药品外观性状是否异常，如有疑问，应抽样送检化验，同时做好如下工作：做好验收的原始记录，并做出合格与不合格的判断；对有效期商品应注明有效使用期限；对手续不全或不合格药品，应做代管进仓，立案查询，以候处理；特殊管理的药品应按相关规定进行检验等。

（3）在库养护 做好药品的在库养护工作，是保证在储存过程中保持药品质量合格的一项重要工作，必须做好如下几项工作。

1）药品应按剂型及自然属性，分别存放于不同温度条件的库区，一般可按粉、片（胶囊）、针、液、外用、非药品等系列分开存放；特殊管理药品应设专库，按规定存放；易招致鼠患的药品，应存放于防鼠库中，不可互相混放。冷存库一般存放血液制品、血清疫苗

和某些生物制品 、生化制品；阴凉库一般存放生化制品、含醇药品、糖制品、易挥发品以及软膏、栓剂等药品；常温库存放一般药品。

2）药品摆放应遵循“六分开”的原则，即药品与非药品分开、内服药品与外用药品分开、人用药与兽用药分开、一般药品与特殊管理药品分开、合格药品与不合格药品分开、容易串味性能互相影响的药品分开。

3）药品储存区域实行色标管理：合格区为绿色、不合格区为红色、待验区为黄色。

（4）出库复核　药品出库是药品投向社会产生使用价值的重要环节，因此，必须做好两件事：一是要做好“三查”，即查品种、规格、质量；“六核”即核单位、数量、包装、发票印鉴、提货人身份证、车号。二是必须建立销售台账，做好销售跟踪记录。

（5）售后服务　药品售出不是销售工作的结束，售后服务工作对药品经营企业来说应尤为重要。一方面，要广泛地了解用户对药品质量、包装规格、疗效、价格等各方面的意见，并反馈给生产厂家，使之生产出适应用户要求的产品；另一方面，对用户在使用过程中，反馈的质量、服务、药品不良反应等问题，要求退换货等，应尽可能迅速地做好及时报告、跟踪调查，合理处理，并要做到件件有交代，桩桩有答复，从而提高企业的信誉。

5. 运行机制要素　为使全面质量管理标准化管理更加科学化、程序化，必须建立质量体系运行的“六大机制”。

（1）建立质量网络管理机制　建立以企业负责人、质量管理部门和基层质量小组为主的三级质量管理网络，实行层层负责，责任到人，一级对一级负责。

（2）建立质量管理职能机构的权威机制　必须建立企业质量管理部门的权威，必须明确质量管理部门的领导而独立行使质量管理工作，并授予质量否决权，下属各部门的行政领导只能支持、督促、检查本部门的质量管理活动的开展情况，但不得干预质量管理部门和小组的工作，以保证质量工作业务的独立性。

（3）建立质量否决机制　实施质量否决权制度，应明确否决的内容、否决的方式、否决实施的程序和实施否决权的部门，并与有关群体或个人的利益发生联系。

（4）建立质量考核机制　在进行经营业务工作考核的时候，质量管理工作的考核应占有一定的比例，主要考核部门在实施 GSP 过程中的全部内容和部门质管员在操作中的工作业绩和成效，并结合质量否决权的内容。

（5）建立质量信息运作机制　制定科学明快的信息流转机制，明确信息等级和处理方法以及反馈、传达的对象，确定信息的综合处理和终端储存归档的职能部门，以保证信息渠道的畅通。

（6）建立职工教育培训机制　每年都要有员工教育培训，并有可付诸实施的具体计划。培训过程中涉及的学习内容、学时、参训人员、考试成绩等文件应装订归档。对新招工和转岗职工应组织岗前培训，使其持证上岗；对在岗职工也应进行定期的专业培训；对专业技术人员，每年应进行继续教育培训，对培训对象进行实践跟踪考核，以提高企业整体专业业务素质，以利于顺利实施 GSP。

二、新版 GSP 实施的改进对策

目前国家的药品监督管理机构改革已大体到位，应加强对 GSP 的统一规划组织领导，特别对药品经营企业的商品质量检验管理等，要在检查监督的基础上加强指导服务，包括重点优化配置资源，减少不合理投入与费用支出，重点扶持已通过新版 GSP 认证的大型企业，发挥其区域性示范协调作用等。政府有关部门需要总结 GSP 实施以来的经验及不足，做适当的调整修改，如企业划分的程度、要求的深度、资源的强度、标准的高度、管理的密度，以及发展导向的进度等，使其更加合理完善，进一步适应我国医药经济发展的实际需要。此外，政府有关部门应注意到，药品经营企业质量管理的相互交流学习机会较少，应很有必要积极组织、及时开展这方面工作，应及时计划研究，充分发挥国家、地方与企业三方面的积极性，增强原动力，以保证新版 GSP 实施的顺利开展。

（梁 毅 陈玉文 田文淼）

扫码“练一练”

第二章　质量管理体系

新版 GSP 是药品经营企业实施全面质量管理的标准，明确了企业全员参与质量管理的要求，即药品经营企业的每一个员工，上至企业负责人下到普通营业员全员，都必须承担相应的质量职责，各职能部门也要明确并承担相应的质量职责。质量管理的实施对象是企业经营与管理的各个环节，要求所有环节均要严格按照 GSP 的标准开展各项工作，防止出现质量控制漏洞，杜绝出现质量问题，这一切均依赖于药品经营企业建立完善的质量管理体系。本章重点讨论质量管理体系及其构成，质量管理组织机构及职责，质量管理文件体系以及与质量管理成效密切相关的质量方针、质量信息和风险管理等。质量体系中的硬件条件等其他要素将在其他相应章节中介绍。

扫码“学一学”

第一节　质量管理体系概述

质量管理体系是组织内部建立的、为实现质量目标所必需的、系统的质量管理模式，是组织的一项战略决策。它将资源与过程结合，以过程管理方法进行系统管理，根据企业特点选用若干体系要素加以组合，一般由管理活动、资源提供、产品实现以及测量、分析与改进活动相关的过程组成，可以理解为涵盖了从确定顾客需求、设计研制、生产、检验、销售、交付之前全过程的策划、实施、监控、纠正与改进活动的要求，一般以文件化的方式呈现，成为组织内部质量管理工作的要求。

一、药品经营企业质量管理体系的概念

实际上，无论有没有新版 GSP 等标准，药品经营企业都应依据自身情况，建立相应的质量管理体系。那么什么是“质量管理体系”？

人用药品注册技术要求国际协调会议（International Conference on Harmonization of technical requirements for registration of pharmaceuticals for human use，ICH）Q10 的定义为 Pharmaceutical Quality System（PQS）：“Management system to direct and control a pharmaceutical company with regard to quality。”

美国食品药品监督管理局（FDA）的定义：Quality System —— Formalized business practices that define management responsibilities for organizational structures processes，procedures，and resources needed to fulfill product /service requirements，customer satisfaction，and continual improvement。

基于以上描述和认识，药品经营企业质量管理体系（Quality System）是指为保证药品经营过程的服务质量，满足规定的（或潜在的）要求，由组织机构、职责、程序、活动、能力和资源等构成的有机整体，即为了实现质量目标的需要而建立的综合体。药品经营企业建立健全完善的质量体系，是使其实现质量目标的必要手段。

二、质量管理体系的基础和构成

质量管理体系是由人员组织、经营活动所需要的硬件（如设施设备）、经营质量管理活

动所需要的文件（软件），及其经营活动过程所组成的有机整体。要知道药品经营企业质量管理体系的基础与构成要满足什么样的要求才能有效运作，必须首先对药品经营企业质量环节进行分析。

（一）药品经营企业质量环节

药品经营企业的质量环节从以下几个方面进行阐述。

1. 企业负责人及其作用

（1）企业领导人的质量风险意识。

（2）组织机构的建立。

（3）人员配置。

（4）仓储的设施、设备等硬件配置。

（5）管理文件（软件）等的建立。

（6）管理的计划、组织、协调与控制等工作的开展等。

2. 采购环节

（1）供应商质量管理审核。

（2）供应商产品审核。

（3）供应商销售人员资质审核。

3. 接收环节

（1）购进产品的验收。

（2）产品入库。

4. 储存养护环节

（1）产品的储存。

（2）产品的养护。

5. 出库销售环节

（1）销售客户审核与选择。

（2）出库复核。

（3）运输条件的审核，如冷链药品的运输条件等。

6. 药品退货环节

（1）药品售后退回的验收与审核。

（2）药品购进退出的管理。

7. 售后服务环节

（1）质量信息、质量查询等活动管理。

（2）质量投诉、用户访问。

（3）药品不良反应的信息收集、反馈与报告等。

（4）药品召回。

（5）质量事故调查处理。

（二）药品经营企业质量体系的构成

通过对以上质量环节的分解与分析，不难看出，药品经营企业质量管理体系的基础由人员组织、硬件条件、文件（软件）与工作过程这四个基本要素构成。要想把质量管理活动按照全面质量管理的要求落实到各个质量环节中去，还必须在基本要素的基础上，按照

ICH Q10 的要求，建立质量管理体系的各个子系统。对于药品经营企业而言，质量管理体系由以下四个子系统构成，分别是产品质量监控系统、纠偏和预防（CAPA）措施系统、变更管理系统、产品质量的回顾系统。

1. 产品质量监控系统 为了确保药品的安全性、有效性、质量可控性，药品经营企业需要对药品流通的全过程实施全方位的监控，因此必须建立完善的监控系统，具体内容如下。

（1）对上游药品生产企业和供货商的质量审计制度。

（2）对药品运输委托商的质量审计和管理制度。

（3）对药品储存、验收、养护、入库的管理制度。

（4）对药品销售、物流配送管理的监控制度。

（5）对下游购货商的质量审计和监控制度。

（6）企业的自检和内审制度。

2. 纠偏和预防（CAPA）措施系统 依据 ICH Q9 的相关要求，药品经营企业需建立 CAPA 系统。该系统有助于企业针对投诉、不合格品处理、产品召回、偏差处理、官方检查实施纠偏和预防措施。CAPA 方法能够改进产品的质量和工作流程，并增加对产品质量的认知程度。

3. 变更管理系统 药品经营企业质量管理体系的有关元素会不断发生变化，通过规范的变更管理体系活动，将有助于对这些变化进行科学评价，从而不断完善药品质量管理体系及其运作。变更管理主要集中在以下五方面。

（1）文件体系、设施和设备变更管理。

（2）机构和人员变更管理。

（3）外部审计和内部审计的管理。

（4）客户审计或者官方审计的管理。

（5）产品质量管理。

针对上述五方面，药品经营企业需及时变更系统，并保持质量体系的动态更新和完善。

4. 产品质量的回顾系统 药品经营企业初步建立质量管理体系后，必须回顾产品质量以及质量体系，这样才能不断改进与完善质量管理体系。药品经营企业的质量体系回顾应包括以下内容。

（1）上游供货商的质量审计情况回顾。

（2）质量监控系统（偏差、投诉等）情况回顾。

（3）内部自检的定期回顾。

（4）外部审计的质量回顾。

（5）企业硬件系统（设备、设施）变更情况回顾。

产品质量的回顾，有助于药品经营企业质量管理体系及其运作的稳定可靠，不断提升质量管理体系的运作水平。

（三）药品经营企业质量职能与分解

药品经营企业质量管理体系运作的展开，必定会落实到企业每个部门每个人的具体工作中，因此，企业质量职能必须要进行分解，这样的分解必须以质量系统为核心展开。每一项职能对于各部门有不同程度的责任要求，而每项要素都要有若干级层次的展开，直至展开到具体的部门和个人。企业员工应分别承担各自的质量职能。

1. 质量管理体系的职能

（1）组织准备　成立以企业负责人为首的质量管理体系领导小组，制订质量方针，建立体系的工作计划，开展宣传教育、骨干培训，提高员工对 GSP 的理解和认识水平。

（2）体系分析　调查企业质量职能分配现状，分析质量管理体系运行状况。主要的工作是收集有关标准、资料与信息，具体分析企业所处的环境，了解市场、社会、政府与客户对于企业建立质量管理体系的要求，以确定所选模式，并归纳需要的质量文件。对照标准与所选模式，评价要素的重要程度，并与企业已有要素水平状况进行比较。在评价、比较的基础上，选择确定企业质量体系要素，主要选择那些必须执行的、与企业质量形成过程有关的，以及现行有效而需要继续采用的要素，之后进行层次分析，以系统图表示一级、二级、三级要素，作业活动及目标（包括定量标准），以矩阵图形式分析要素的相互关系。最后对要素选择的完整性、层次性与合理性进行评审。

2. 质量职能分配　将确定的质量管理体系要素开展成质量职能和质量活动是一项艰巨复杂的工作，关系到能否做好质量职能有效率的分配。根据 GSP 的要求，企业应制定质量管理体系要素及其质量职能和质量活动的分配计划与方案。企业负责人应切实履行所承担的职责，按“分配计划与方案”对体系要素及其质量职能和活动进行分配，明确承担职能和活动的部门。最后，确认质量职能和活动的分配结果，确定考核评价标准。一般来说，应对根据质量管理体系要素逐级展开的质量活动，以矩阵图形式编制质量职能分配表。

（1）编制质量管理体系文件　在企业负责人的主持下，企业制定或重新审定质量方针，并正式发布；以质量方针为原则，根据现有质量手段、质量制度、管理办法、质量记录目录，对照所确定的质量管理体系要素，编制新的质量体系文件明细表，列出应有文件项目；列出指导性文件，以使质量管理体系文件规范化、标准化；按照企业管理层次，逐级编制质量体系文件，包括质量手册、工作程序、管理标准及质量记录。

（2）建立质量管理体系　此阶段是质量管理体系文件编制完成后，体系进入运行前的准备阶段。具体进行以下几项工作：①编制质量管理体系实施计划、药品质量管理及各项专业计划，正式发布质量管理文件；②建立健全质量管理组织结构；③配备人员与资源；④编制相应的专业规范，如质量管理、仓储管理、业务经营及服务规范等；⑤制备并统一记录表、卡、单据与标记等。

（3）学习和贯彻　组织全体员工学习质量管理体系文件，并对学习与培训效果进行考核，有计划、有重点地开展质量活动，不断深化质量管理，提高管理水平。

三、药品经营企业质量管理体系的建立与运行

（一）建立质量管理体系的目的

同自发形成发展起来的体系相比，主动建立的质量体系必须满足如下目标。

1. 规定具体的质量方针和目标。
2. 具有强烈的顾客导向性。
3. 包含为达到这些质量方针和目标所必需的所有活动。
4. 所有活动在组织范围内构成一个完整的系统。
5. 把质量职能与任务明确分配给全体人员。
6. 包含特定的供应商控制活动。
7. 对全面质量管理所涉及的硬件，包括仓储设施与设备进行确认。

8. 规定质量信息的有效流动、处理及控制措施。

9. 能够传达强烈的质量意识，并有效达成和组织范围内的质量激励。

10. 规定质量成本及质量绩效的标准及其衡量单位。

11. 确定纠正措施的有效性。

12. 确定能够对质量管理体系运作连续不断的控制，包括信息的前馈和反馈、变更控制、持续改进（CAPA）、成果分析以及与现有标准的比较。

13. 包括对各个子系统活动的回顾与审核等。

（二）质量管理体系的基本内容

1. 设计体系所选用或参照的标准。

2. 确定符合药品经营企业运行实际情况。

3. 对质量管理体系要素进行选择。

4. 确定、分配并展开质量职能。

5. 调整和确定与质量职能相适应的组织机构。

6. 分解与落实质量职能。

7. 确定与测评质量责任。

8. 确认质量管理体系运行、审查和复审的必要程序。

9. 质量成本管理。

10. 编制与确认质量体系文件。

上述 10 个基本内容均应充分体现该药品经营企业的特点，企业应结合自身实际来设计和制定。

（三）质量管理体系的基本要求

建立和完善药品经营企业质量管理体系，一方面要满足市场与用户的需要；另一方面要使药品在流通过程中的质量可控。具体来说包括以下几个方面。

1. 要把本企业与供应商、客户等外部单位联合起来，形成完整的质量管理体系链，共同贯彻落实药品监管的法律法规，包括 GSP 等。

2. 要建立有效的质量管理机构，搭建网络以及制定相应的规章制度、工作标准与考核标准。

3. 要明确规定各个部门的质量责任及拥有的权限。

4. 要运用科学管理方法，并形成完整的信息反馈系统。

5. 要确保商品流、物流、信息流畅通，以满足各职能部门管理的需要，并按照管理部门进行职能分解，使各级质量管理体系要素和各项质量活动都得到落实。

6. 从广义上来看，药品经营企业的质量管理体系，应由质量管理部门、物控部门（包括仓储、运输）、采购供应部门等组成。

（四）质量管理体系的建立流程

根据质量管理的基本要求以及 GSP 标准，药品质量管理体系的建立应根据以下流程进行。

1. 明确质量方针和质量目标。

2. 基于质量方针和目标确定质量管理活动和组织架构。

3. 建立质量制度。

4. 执行质量制度并监控体系运行情况。

5. 加强质量管理体系活动审核和回顾，保持质量管理体系及时更新和自我完善。

（五）质量管理体系的运行机制

质量管理体系运行是执行质量管理体系文件、实现质量目标、保持质量管理体系及时更新和自我完善的过程。质量管理体系的运行，要依靠体系组织结构的协调、监督、考核与信息反馈，并通过体系审核来确保质量管理体系的正常运行。

1. 组织协调　药品经营企业质量管理的组织协调是在企业负责人的主持下，由企业质量管理部门、物控部门（包括仓储、运输）、采购供应部门等具体负责进行的。组织协调的主要任务是组织实施质量体系文件，使各项质量活动在目标、分工、时间和联系方面协调一致，保证体系正常运行。

2. 质量监督　企业应从外部与内部两个方面入手，在监督质量文件得到严格贯彻的基础上，进行不同形式的质量监督，主要是符合质量监督。对监督中发现的问题应及时反馈，并采取纠正措施。

3. 质量信息管理　企业应通过质量信息的良好流通和反馈来保证质量体系的正常运行，并以信息来促进部门间相互联系，以保证体系的有效运转。

4. 质量管理体系审核与回顾　企业应不断进行质量管理体系审核与回顾，保证质量管理体系有效运行。审核与回顾不仅可以评价、确定体系的有效性，还可以对存在的问题采取纠正措施，以保证体系的持续有效。企业可以根据体系审核信息采取纠正措施或组织质量改进，以提高体系运行的有效性；利用体系审核整改的信息进行考核，可以提高各部门贯彻体系文件的积极性；进行体系评审时应依据评审信息来采取纠正措施或组织质量改进。

四、药品经营企业质量管理体系的内部评审与认证

新版 GSP 第八条规定：“企业应定期以及在质量体系关键要素发生重大变化时，组织开展内审。”第九条规定：“企业应当对内审的情况进行分析，依据分析结论制定相应的质量管理体系改进措施，不断提高质量控制水平，保证质量管理体系持续有效运行。”据此，企业应规范开展内部评审工作。药品经营企业开展质量体系内审的目的，是通过每年定期或者不定期地对其质量管理体系进行的质量汇总和回顾分析，确认其销售的药品质量稳定可靠程度以及现行质量体系的适用性，及时发现不良趋势，从而确定对质量控制过程进行改进的必要性以及改进的方法。企业进行内部评审的主要标准就是包括新版 GSP 及其实施细则在内的药品监管的法律法规。内部评审的具体内容如下。

1. 质量体系审核的目的和范围　根据《药品管理法》、新版 GSP 及其实施细则的要求，对药品经营企业质量管理体系的质量方针目标、组织机构、质量管理文件、人员配备、硬件条件以及质量活动状态进行审核，发现问题解决问题，持续改进，确保质量管理体系运行的适宜性、充分性和有效性。

2. 质量体系审核的项目

（1）质量方针目标。

（2）质量管理体系文件。

（3）组织机构的设置。

（4）人力资源的配置。

（5）硬件设施、设备。

（6）质量活动过程控制。

（7）客户服务及外部环境评价。

3. 质量管理体系审核的职责分配 质量管理体系审核的职责分配详见表 2－1。

表 2－1　质量体系审核的职责分配

责任者	职责分配
质量管理部门	质量管理体系内审规程的起草、修订、审核、培训，组织企业实施质量管理体系回顾，并对执行情况进行监督；将批准的产品质量回顾总结报告的复印件分发至各相关部门
相关部门指定负责人	协助提供本部门质量回顾相关信息或文件，并保证其数据的真实性，必要时需要对本部门提供数据进行趋势分析
质量管理体系内审负责人	制订质量体系内审计划；整理收集的信息，对数据（事件）进行趋势分析，对异常数据（事件）重点分析，组织相关部门进行进一步讨论（必要时），起草质量体系内审报告
质量管理部门负责人	组织各部门负责人对质量管理体系内审总结报告进行审核，并确认结论的真实性和有效性，必要时需要协调制订行动计划
各相关部门	按照报告中制定的改进和预防性措施或其他再验证措施及完成时间，有效地完成工作

4. 质量管理体系审核的结果和处理

（1）质量管理体系审核应对存在的缺陷提出纠正与预防措施。

（2）各部门根据评审结果落实改进与跟踪方案。

（3）质量管理部门负责对纠正与预防措施的具体实施情况以及有效性进行跟踪检查。

5. 质量管理体系审核的过程和记录 质量管理体系的审核应当按照企业文件规范的格式记录，记录由质量管理部门负责归档，质量管理体系审核的具体操作应按照质量管理体系内部审核程序的规定执行。

在质量管理体系内部审核的进行过程中，相关部门负责人应对审核结果进行考核和分析总结，如果发现问题，需要提出相应预防和改正行动的建议，并明确预防和改正行动的行动计划、责任人及完成时间，并由质量部门负责跟踪改进行动的执行，必要时还应提供阶段性报告。评审的结果应当包括对质量管理体系和相关质量管理程序的改进措施、资源的重新配置方案等内容。

扫码“学一学”

第二节　组织机构和质量管理职责

药品经营企业要想做好质量管理工作，必须按照质量管理体系的要求，建立相应的组织机构并明确其职责。我国新版 GSP 第十三条规定：“企业应当设立与其经营活动和质量管理相适应的组织机构或者岗位，明确规定其职责、权限及相互关系。”第十四条规定：“企业负责人是药品质量的主要责任人，全面负责企业日常管理，负责提供必要的条件，保证质量管理部门和质量管理人员有效履行职责，确保企业实现质量目标并按照 GSP 要求经营药品。”第十五条规定：“企业质量负责人应当由高层管理人员担任，全面负责药品质量管理工作，独立履行职责，在企业内部对药品质量管理具有裁决权。”第十六条规定：“企业应当设立质量管理部门，有效开展质量管理工作。质量管理部门的职责不得由其他部门及人员履行。”

一、组织机构及其职责

组织机构是指由企业负责人建立，且能够满足药品经营全过程的组织架构，并能完成药品经营所涉及的各个职能。其工作包括质量管理机构的设置、有关人员的任免、管理文件的审定和批准、硬件设施的投资、质量监督的方案设计等。

组织机构的主要职责：建立企业的质量体系，实施企业质量方针，并保证企业质量管理工作人员行使职权。职权的内容包括质量管理机构的设置、有关人员的任免、管理文件的审定和批准、硬件设施的投资、质量监督的方案设计等。组织机构的具体职责如下。

1. 组织并监督企业遵从《药品管理法》及其实施办法等药品管理的法律、法规和行政规章，尤其是新版 GSP，并贯彻执行和企业经营相关的法律法规，如《产品质量法》《消费者权益保护法》等。

2. 建立与完善企业的质量管理体系。

3. 组织并监督实施企业质量方针。

4. 负责企业质量管理部门的设置，确定各部门质量管理职能。

5. 保证企业质量管理人员独立有效地行使职权。

6. 制定企业质量管理制度。

7. 研究和确定企业质量管理工作的重大问题。

8. 确定企业质量裁决与奖惩等措施。

二、质量管理部门及其职责

（一）质量管理部门

质量管理部门具体行使质量管理职能，在企业内部对药品质量具有裁决权，贯彻执行质量领导组织确立的质量方针和目标，指导质量管理、质量验收、药品养护、药品运输、药品召回等工作。

（二）质量管理部门职责

1. 质量管理部门的主要职责如下。

（1）督促相关部门和岗位人员执行药品管理的法律法规及新版 GSP。

（2）组织制定质量管理体系文件，并指导、监督文件的执行。

（3）负责对供货单位和购货单位的合法性、购进药品的合法性以及供货单位销售人员、购货单位采购人员的合法资格进行审核，并根据审核内容的变化进行动态管理。

（4）负责质量信息的收集和管理，并建立药品质量档案。

（5）负责药品的验收，指导并监督药品采购、储存、养护、销售、退货、运输等环节的质量管理工作。

（6）负责不合格药品的确认，对不合格药品的处理过程实施监督。

（7）负责药品质量投诉和质量事故的调查、处理及报告。

（8）负责假劣药品的报告。

（9）负责药品质量查询。

（10）负责指导设定计算机系统质量控制功能。

（11）负责计算机系统操作权限的审核和质量管理基础数据的建立及更新。

（12）组织验证、校准相关设施设备。

（13）负责药品召回的管理。

（14）负责药品不良反应的报告。

（15）组织质量管理体系的内审和风险评估。

(16) 组织对药品供货单位及购货单位质量管理体系和服务质量的考察和评价。

(17) 组织对被委托运输的承运方运输条件和质量保障能力的审查。

(18) 协助开展质量管理教育和培训。

(19) 其他应当由质量管理部门履行的职责。

2. 质量管理部门还负责质量管理活动的日常管理，主要工作内容如下。

(1) 负责企业关于药品质量管理方面规章制度的督促执行；定期对业务、仓储、门市销售等有关部门执行药品质量管理制度的情况进行检查，对存在的问题提出改进措施。

(2) 协助企业负责人建立各有关部门质量负责人及有关人员参加的药品质量管理网络，定期召开会议，沟通质量信息情况，分析研究药品质量及质量管理工作中存在的问题，提出改进措施。

(3) 了解所购入产品的标准情况，参与药品流通企业产品标准的审定和新产品鉴定，收集药品标准等资料，登记汇编，分类管理。

(4) 负责处理药品质量问题：将用户反映的药品质量问题填入药品质量查询登记表，查看库存药品并根据化验、检测与调查研究结果，按照《医药商品购销合同管理及调运责任划分办法》，在负责期以内应尽快解决，超过负责期或调拨期亦应及时给以答复。需各部门综合处理的问题，由企业主管负责人协调处理。药品质量查询处理情况应按月综合整理，报送有关部门。

(5) 负责药品质量信息管理：定期收集药品质量信息，信息内容主要有企业的药品质量验收、检查养护、化验检测及用户访问、生产企业、下游客户等反映的质量问题以及药品监督管理部门停止销售药品的通知等。分析处理药品质量信息，建立药品质量信息管理网络，按质量管理信息系统图进行信息传递与反馈。定期汇总填报国家药品监督管理部门规定的“药品质量信息报表”。收集与上报药品不良反应报告信息。

(6) 负责质量不合格药品报损前的审核及报废药品处理的监督工作：药品因质量问题报损时，质量管理部门应根据不合格药品报损审批程序进行审核，必要时抽样鉴定，提出处理意见。会同质量管理部门有关部门及时组织报废药品的销毁。对报废的特殊管理药品及假冒药品需报药品监督管理等有关部门监销，并做好销毁记录，归档备查。

(7) 负责计量管理工作：对企业使用的计量器具设立管理台账，定期核对实物，做到账物相符。对企业使用的属强制检定的计量器具按检定周期组织送检；对非强制检定的计量器具应与法定计量管理部门商定，定期检定。对检定合格的计量器具标贴“准用证”，并做好历史记录卡。监督企业在计量器具、检测设备及各种公文、报表、药品目录、账册、单据等文字资料上使用“中华人民共和国法定计量单位”字样。对新购置计量器具和仪器进行审核。

此外，质量管理部门还负责产品质量验收与养护工作的开展。

3. 在产品质量验收工作中的主要职责如下。

(1) 药品质量标准及有关规定的收集、分发和保管。

(2) 建立抽样的原则和程序、验收和检验的操作规程。

(3) 确定验收中发现有问题药品的处理方法，并报质量领导组织审查批准。

(4) 验收用仪器设备、计量工具的定期校准和检定，仪器的使用、保养和登记等。

(5) 原始记录和药品质量档案的建立、收集、归档和保管。

(6) 中药标本的收集和保管。

（7）对验收不合格药品的控制性管理。

（8）制定药品质量验收的内容和要求，并报质量领导组织审查批准并执行。

（9）做好质量验收记录和保管。

（10）制定销后退回药品验收处理制度和程序，并报质量领导组织审查批准并严格执行。

（11）对企业验收人员的工作指导、培训和管理。

（12）正确使用计算机入库体系。

4. 负责产品养护工作人员的主要职责如下。

（1）指导保管人员对药品进行合理储存。

（2）检查在库药品的储存条件，配合保管人员进行仓间温、湿度等管理。

（3）对库存药品进行定期质量检查，并做好检查记录。

（4）对中药材和中药饮片按其特性，采取干燥、降氧、熏蒸等方法养护。

（5）对由于异常原因可能出现质量问题的药品，在库时间较长的中药材，应抽样送检。

（6）对检查中发现的问题及时通知质量管理机构复查处理。

（7）定期汇总、分析和上报养护检查、近效期或长时间储存的药品等质量信息。

（8）负责养护用仪器设备、温湿度检测和监控仪器、仓库在用计量仪器及器具的管理工作。

（9）建立药品养护档案。

（10）对企业养护人员的工作指导、培训和管理。

（11）正确使用自动温湿度记录装备。

5. 负责验证与校验工作人员的主要职责如下。

（1）按照国家有关规定，对计量器具、温湿度监测设备等定期进行校准或者检定。

（2）对冷库、储运温湿度监测系统以及冷藏运输等设施设备进行使用前验证、定期验证及停用时间超过规定时限的验证。

（3）企业应当根据相关验证管理制度，形成验证控制文件，包括验证方案、报告、评价、偏差处理和预防措施等。

（4）验证应当按照预先确定和批准的方案实施，验证报告应当经过审核和批准，验证文件应当存档。

（5）根据验证确定的参数及条件，正确、合理使用相关设施设备。

（6）制定并执行校验管理制度，做好精密仪器、计量器具、设施设备的校验管理工作。使用的仪器、设备应经常检查，定期校正，精密仪器应指定专人保管，设立台账；强制检定计量器具需登记造册，报当地计量行政部门备案，并向其指定的计量检定机构申请周期检定，未经检定或经检定不合格的，不得使用。

除此之外，企业还应该明确规定购进、储存、养护、运输、销售等部门的质量职责，这些职责，我们在本书各章中详细阐述。

扫码“学一学”

第三节 质量管理文件体系

全面质量管理主要是通过制定全面质量管理的相关文件，并通过监督这些文件的切实执行来完成质量管理活动的。文件管理是质量管理系统的基本组成部分，涉及 GSP 的各个

方面，所有活动的计划和执行都必须通过文件和记录证明。良好的文件和记录是质量管理系统的基本要素。企业应按照操作规程管理，精心设计、制定、审核和发放文件，文件内容应清晰、易懂，并且有助于追溯每批产品的历史情况。

一、质量管理文件的形成

文件是指一切涉及药品流通与质量管理的标准、程序、规程与制度，包括这些管理标准、程序、规程与制度实施过程中所形成的记录，也包括账、卡、牌、单据和标识等。这也就是说，药品流通与质量管理的每个行动，都必须依照明确的书面的标准、程序、规程与制度来执行，执行完成后，都必须有真实的、及时的、规范的记录。质量体系文件从其被制定到失效，具有一个相对完整的生命周期，见表 2-2。

表 2-2　质量体系文件生命周期

文件生命周期	描述
起草	建立新文件对已有文件进行更新或定期回顾
审核	格式审核：对照已规定的文件标准格式检查相应的内容，如文件编号、版本号、字体、字号等（文件管理人员负责） 内容审核：从法规、技术和管理的角度，确认文件内容（相应部门技术专家或管理负责人）
批准	文件在使用前必需经过批准，批准人应当是相应部门或领域的负责人
发放、培训和生效	发放　确保现场文件的获取，可根据需要发放文件的纸质版本或授权进入计算机化的文件管理系统查阅文件；如需向公司外部提供文件，应有明确规定；文件发放应有相应的记录 培训　明确文件的培训要求；在文件生效日期前组织相关人员进行培训，并有相应的记录 生效　生效日期当天文件生效，正式按文件规定内容执行；文件生效之前，均需要经过适当培训
失效	文件失效后，要及时撤销，防止错误使用失效版本的文件
存档	按规定对文件进行保存和归档
定期回顾	规定时限，对文件进行定期回顾，检查文件内容是否是最新的并适用

同设施、设备和程序的管理一样，文件管理也有其相应的生命周期过程。通过对整个生命周期过程的分阶段进行控制，就可以确保文件管理符合相应的法规和程序要求。

二、质量管理文件的分类

从药品经营企业文件使用实际情况来看，文件可分为程序和记录两大类。程序类文件又可以分为技术标准（Standard Technical Procedure，STP）、管理标准（Standard Management Procedure，SMP）、操作标准（Standard Operating Procedure，SOP）、记录标准（Standard Record Procedure，SRP）等四大类文件。

1. 技术标准文件　流通和质量管理所需要遵循的含有技术指标的文件。

2. 管理标准文件　以工作为对象，为明确管理职能、划清工作范围和权限、规范管理过程而制定的制度、规定、方法等书面文件，强调“应该”怎么做。

3. 操作标准文件　以人为对象，为明确工作方法及内容、操作要求及步骤而制定的规程、程序、方法等书面文件，突出“如何”去做。

4. 记录标准文件　反映药品流通管理过程中标准执行情况的结果，可分为表格、记录、凭证、报告等。

这些文件分布在药品流通质量管理系统的各个系统中，每个管理系统都会有各自的 STP、SMP、SOP 文件。这些系统在使用这些文件后，一定会留有相应的记录标准文件，比如质量管理记录、仓储管理记录、设备维护记录等。我们就根据这样的规律对文件进行分类和归整。质量管理文件的编写见文件体系章节，在此不加以赘述。

三、质量管理文件体系的建立

质量管理文件体系的构建是建立质量管理体系的关键。质量管理体系文件是药品经营企业内部的规范性文件，对企业内部具有普遍约束力，其宗旨在于保证企业管理法律法规在本企业贯彻实施，也是企业质量管理制度化、规范化、标准化的体现；因此，内容上的合法性与从属性和形式上的规范性，是质量管理文件的三个基本特征。

（一）质量管理文件体系建立的原则

1. **合法性原则**　做到与国家现行的法律、法规及行政规章一致。

2. **实用性原则**　应与药品的经营与企业质量管理的实际紧密结合。

3. **先进性原则**　应注意学习和借鉴外部的先进管理经验，注意先进性与实用性原则统一。

4. **指令性原则**　严格按文件的规定去做，活动的过程和结果应有记录（资料）证实。

5. **系统性原则**　编制的文件既要层次清晰、又要前后协调，各部门质量管理程序、职责应紧密衔接。

6. **可操作性原则**　质量管理体系文件必须具有可操作性，文件的所有规定都是实际工作中能够达到和实现的。

7. **可检查性原则**　质量管理体系文件对各部门、各环节的质量职责和工作要求应明确具体，质量活动的时限要求尽可能量化，以便于监督和检查、审核。

（二）质量管理文件的编码

1. 系统性：统一编码、专人管理。
2. 准确性（唯一性）。
3. 准确性。
4. 可追溯性。
5. 相关一致性：一个文件命名新的修订码，相关文件也应变更。

（三）质量管理文件体系的内容

质量管理文件体系主要包括四大类：质量管理制度、管理标准、操作程序、质量记录。

1. 质量管理制度

（1）质量管理体系文件管理制度。
（2）质量管理制度检查考核制度。
（3）质量体系内部评审制度。
（4）药品购进管理制度。
（5）药品检查验收管理制度。
（6）药品储存管理制度。
（7）药品陈列管理制度（药品零售企业）。
（8）药品养护管理制度。
（9）首营企业和首营品种审核制度。
（10）销售管理制度。

（11）药品处方管理制度。

（12）药品拆零管理制度。

（13）特殊管理药品管理制度。

（14）药品质量事故处理及报告制度。

（15）质量登记处信息管理制度。

（16）药品不良反应报告制度。

（17）卫生管理制度。

（18）人员健康管理制度。

（19）人员教育培训制度。

（20）服务质量管理制度。

（21）中药饮片经营管理制度。

（22）不合格药品的管理制度。

2. 管理标准

（1）企业主要负责人岗位管理标准。

（2）企业质量负责人岗位管理标准。

（3）企业质量管理机构或质量管理机构负责人管理标准。

（4）药品购进人员岗位管理标准。

（5）质量管理员岗位管理标准。

（6）药品验收员岗位管理标准。

（7）药品保管员岗位管理标准。

（8）药品养护员岗位管理标准。

（9）营业员岗位管理标准。

3. 操作程序

（1）质量体系文件管理程序。

（2）质量体系内部评审程序。

（3）药品购进程序。

（4）首营企业审核程序。

（5）首营品种审核程序。

（6）药品质量检查验收程序。

（7）药品养护程序。

（8）不合格药品管理程序。

（9）拆零药品程序。

4. 质量记录

（1）文件编制申请批准表。

（2）文件分发记录。

（3）企业全员名册表。

（4）员工教育培训情况记录。

（5）员工健康情况登记表。

（6）企业设施设备一览表。

（7）首营企业审批表。

（8）首营药品审批表。

（9）药品购进记录。

（10）药品质量验收记录。

（11）药品质量复查通知单。

（12）不合格药品报损审批表。

（13）不合格药品登记表。

（14）报废药品销毁表。

（15）近效期药品催售表。

（16）温、湿度记录表。

（17）设施设备使用维修记录。

（18）处方调配销售记录。

（19）处方登记记录。

（20）药品拆零登记表。

（21）药品不良反应报告表。

（22）顾客意见及投诉受理表。

（23）顾客满意度征询表。

质量管理制度示例见2－3。

表2－3　质量管理体系文件管理制度

文件名称：质量管理体系文件管理制度			编号：
起草人：	审核人：	批准人：	颁发人：
起草日期：	审核日期：	批准日期：	执行日期：
分发人员：			

1. 目的：建立质量管理体系文件的管理制度，规范本企业质量管理体系文件的管理。

2. 依据：《新版药品经营质量管理规范》。

3. 适用范围：本制度规定了质量管理体系文件的起草、审核、批准、印制、发布、保管、修订、废除与收回的部门及其职责，适用于质量管理体系文件的管理。

4. 责任：企业主要负责人对本制度的实施负责。

5. 内容

5.1 质量管理体系文件的分类

……

5.2 质量管理体系文件的管理

……

5.3 质量管理体系文件的检查和考核

……

（四）质量管理文件体系的控制

质量管理文件一般应由质量管理部门统一归口管理，其管理职责包括组织编制、审核、修订、换版、解释、培训、指导、检查及分发、回收与保管等；规定发放范围、制定清单、编号记录、收回处理等。质量管理文件控制的一般程序如下。

1. 计划与编制　按规定要求提出编制计划，确定数据、内容、格式、要求，并确定编制人员，明确进度。

2. 起草　按质量文件的编制计划，起草各类质量文件初稿。

3. 评审与修改 对完成的初稿组织廉政审、讨论及修改。

4. 审定发布 在评审、修改基础上，由企业质量负责人审定、文件一般按其重要程度、保密级别划分为不同控制类别，分别由企业负责人、分管质量负责人和质量管理部门负责人签发。

质量管理文件的控制的基本要求如下。

（1）确保文件于发布前得到正式批准。

（2）必要时对文件进行评审和修订，并重新审批。

（3）更改历史和现行状态应明显识别。

（4）在使用处可获得所用文件的有关版本。

（5）确保文件保存清晰、易于识别。

（6）确保外来文件易于识别，并控制其分发。

（7）防止作废文件的非预期使用。

（8）对记录的控制，应保持清晰、易于识别和检索。

记录是阐明所取得的结果或提供的完成活动和证据的文件，应编制和形成文件程序，以规定记录的标识、贮存保护、检索、保存期限和处置等。

扫码“学一学”

第四节　质量方针管理

质量方针是指企业总的质量宗旨和方向，其目的在于统一企业全体员工的质量和服务意识，并在此方针的指导下，完成公司的质量目标和其他经营活动。根据企业实际制定相适应的质量方针文件，规定企业的质量目标和质量要求，质量方针应当贯彻药品经营活动的全过程；企业应对质量方针的实施过程进行管理，确保其达到所制定的目标和要求。

一、质量方针制定的依据

我国新版 GSP 第五条规定：“企业应当依据有关法律法规及本规范的要求确定质量方针。”第六条规定：“企业制定的质量方针文件应当明确企业总的质量目标和要求，并贯彻到药品经营活动的全过程。”

质量管理体系通过制定质量方针、质量目标，以使质量管理体系的各级组织、人员明确各自的质量义务和承诺。质量方针和目标的管理需要明确以下五方面内容：①质量方针和目标的内容；②质量方针和目标制定的程序；③质量方针和目标的展开；④质量方针和目标制定的方法；⑤质量方针和目标的落实与考核。

质量方针的制定依据如下。

1. 符合国家相关法律法规。
2. 涵盖质量有效保证的所有承诺。
3. 体现企业发展的预期性。
4. 满足客户的需求和期望。

二、质量方针的管理

1. 企业制定质量方针后，应定期进行检查，根据实际情况更新与调整。应确保质量方针符合如下要求。

（1）与企业的宗旨相适合。

（2）承诺满足客户需求和法规要求以及持续改进质量管理体系的有效性。

（3）提供制定和评审质量目标的框架。

（4）在组织内得到沟通和理解。

（5）在持续适宜性方面得到评审。

2. 质量方针是通过质量管理体系内各职能部门制定，并完成各自相应的质量目标实现的。质量目标的制定、实施和完成通过下列措施体现。

（1）高层领导者应确保制定和实施与质量方针相符合的质量目标。

（2）质量目标应与业务目标相结合，并符合质量方针的规定。

（3）企业各级相关部门和员工应确保质量目标的实现。

（4）为了实现质量目标，质量管理体系的各级部门应提供必要的资源和培训。

（5）应建立衡量质量目标完成情况的工作指标，并对其进行监督，定期检查完成情况，对结果进行评估并根据情况采取相应的措施。

三、质量方针的贯彻与改进

1. 质量方针的实施程序

（1）由质量管理部门根据质量方针制定出年度企业总的质量目标。

（2）由企业负责人主持在各部门、系统宣传质量方针和质量目标。

（3）由各部门系统制定出各部门对应岗位质量目标，并由质量负责人进行审核批准。

（4）由企业负责人、质量管理部门负责人及各部门系统负责人等关键人员组成质量领导机构，对质量目标贯彻进行检查、督促，并对结果进行评审评估。

（5）质量管理部门出具年度质量目标实施情况报告。

2. 质量方针的改进程序

（1）对考核过程中存在的情况和问题以及考核的结果，采取有效的整改措施，落实到责任人，填写相关记录，并有书面文件进行存档。以保证质量管理体系的正常运行，质量目标的顺利完成。

（2）质量目标的考核纳入部门系统责任制绩效考核，对未按企业质量方针目标进行展开、执行、考核改进的部门或个人，应按规定给予相应的处罚；对考核中执行较好的部门和个人，应该给予相应奖励。

第五节　质量信息管理

扫码“学一学”

药品经营企业为了及时掌握商品的质量信息，进一步提高商品质量与质量安全水平，应对药品质量信息、资料进行收集，在收集和分析的基础上，为药品质量管理工作提供可靠的裁决、处理的依据。

一、质量信息管理概述

我国新版 GSP 第十七条第四款规定：“质量管理部门应当负责质量信息的收集和管理，并建立药品质量档案。”

根据新版 GSP，质量信息管理主要包括以下几部分。

1. 质量信息管理部门、网络。
2. 质量信息类别与分级规定。
3. 质量信息表式、流程、时间与图示。

质量信息主要以质量管理部门指定的质量信息工作人员为主，负责收集企业外部，包括政府部门，如药品监管部门有关药品质量监管的信息；上下游企业，如供应商和客户有关产品质量的信息。负责收集企业内部，如质量管理体系各个部门、各个系统有关产品质量的信息。在此基础上，对这些信息进行汇总、上报、归纳、共享与传达。

二、质量信息来源

质量信息来源分为企业内部与企业外部。企业内部信息来源于质量管理体系的各个部门和各个系统。表 2 –4 和表 2 –5 分别给出了企业内部信息来源和企业外部信息来源。

表 2 –4　企业内部信息来源

系统与部门	信息内容	信息的收集
产品质量监控系统		
纠偏和预防（CAPA）措施系统		
变更管理系统		
产品质量的回顾系统		
质量管理部门		
物控管理部门		
采购供应部门		
销售售后管理部门		

表 2 –5　企业外部信息来源

来源单位	信息内容	信息的收集
药品监管部门		
政府其他部门		
国外药监部门		
客户		
供应商		
顾客患者		
其他药品经营企业		

质量信息种类可以是各类报表、记录，也可以是各类文件，也包括对于设施、设备使用运转情况、药品经营状况、药品供货方分析、药品验收情况分析、储存与养护情况分析、药品退化情况分析、客户投诉分析等方面。

三、质量信息管理的内容

质量信息来源方面非常广泛，药品经营企业可以根据信息来源进行合理分类，在分类的基础上，不断整合、添加与完善。

1. 药品验收情况，由验收人员按验收制度规定的时间填制验收记录表，按月装订存档。
2. 入库药品发现质量问题，验收员立即填制《入库药品问题联系单》，一式五联，经保管员、仓库负责人签字盖章后分送有关业务部门和质管部门处理。验收员一联，仓库、业务、对方、质管各一联。

3. 药品距失效期前 12 个月，一年有效期药品失效期前 6 个月，仓库应填制《催销单》送有关业务部门。

4. 发现库存药品有质量问题，质量员立即填送《停售单》，并通知质管部门进行检验。

5. 质量管理部门按时填报《质量信息季报表》，每季编印《质量信息》发至各部门，《质量信息》的内容包括：①国家或药品监督管理机关有关质量的方针政策和法律法规；②在业务经营过程中执行质量的方针政策和法律法规的突出事例或发生质量争议的突出问题；③部门之间在质量管理的协作中发生的分歧和矛盾及解决的情况；④重大质量事故的内部通报；⑤药品验收、养护、出库验收发中或定期质量检查发现有代表性的质量问题；⑥贯彻质量责任制好的做法和经验；⑦政府部门包括药品监管部门质量工作信息；⑧其他固定的或特殊的质量信息。

6. 质量监督网要定期开展活动，沟通质量信息。质量信息的传递、反馈要在全企业各部门中以质管部门为中心形成互传互通的全方位网络。

7. 分析质量工作的信息，由企业负责人办公室定期向各部门通报。

8. 通过质量查询、访问等方式反映的问题应及时转有关部门处理。

9. 如发生质量事故，按质量事故报告制度逐级报告。

10. 建立质量信息台账。

扫码“学一学”

第六节　质量风险管理

一、质量风险管理概述

（一）质量风险管理的概念

美国 FDA 认为：风险是结合了伤害发生的可能性和伤害的严重性。风险是指不确定性因素对目标的影响，通常表现为出现危害的可能性和严重性的综合结果。

ICH Q9 中关于质量风险管理（Quality Risk Management，QRM）的定义：Quality Risk Management（QRM）is the systematic application of quality management policies，procedures and practices to the tasks of assessing，controlling，communicating and reviewing risk（质量风险管理是质量管理方针、程序及规范在评估、控制、沟通和回顾风险时的系统应用）。质量风险管理是指企业在实现确定目标的过程中（产品研发、生产、销售和使用等生命周期环节），系统、科学地将各类不确定因素产生的结果控制在预期可接受范围内，以确保产品质量符合要求的方法和过程。

（二）质量风险管理的意义

质量风险管理力求把风险导致的各种不利后果降低到最低程度，使之符合产品质量和服务质量的要求。一方面，质量风险管理能促进决策的科学化、合理化，减少决策的风险；另一方面，风险管理的实施可以使流通活动中面临的风险损失降低至最低。质量管理体系的重要性在药品经营企业已经得到了认可。质量风险管理是质量管理体系的一个重要组成部分，这一概念也逐渐被人们所理解。

二、质量风险管理的基本程序

我国新版 GSP 第五条规定："企业应当依据有关法律法规及本规范的要求建立质量管理体系，确定质量方针，制定质量管理体系文件，开展质量策划、质量控制、质量保证、质量改进和质量风险管理等活动。"第十条规定："企业应当采用前瞻或者回顾的方式，对药品流通过程中的质量风险进行评估、控制、沟通和审核。"第十七条规定："质量管理部门应当履行以下职责——组织质量管理体系的内审和风险评估。"根据新版 GSP 的要求，进行药品经营活动的风险管理，对于提高药品质量安全水平有很大的帮助。

质量风险管理标准的程序化管理流程，包括风险评估、风险控制、风险沟通和审核等程序，持续地贯穿于整个产品生命周期，其中每个步骤的重要性会因事件不同而有所区别，因此应在早期对风险进行确认并考虑如何进行风险管理，并根据从确定的风险管理程序中得到的事实证据（数据和信息）做出最终的决策。上述的标准流程可以在风险管理中作为参考流程加以应用，但是基于不同的事件，不同的风险管理模型也可以被相应地采纳。作为一个概括性的风险管理流程，其标准程序一般可以被分为四个部分，包括风险评估、风险控制、风险审核、风险沟通。其中风险沟通贯穿于整个风险管理过程。

（一）风险评估

风险评估（Risk Assessment）是风险管理过程的第一步，包括风险识别（Risk Identification）、风险分析（Risk Analysis）和风险评价（Risk Evaluation）三个部分。

1. 风险识别　进行质量风险管理的基础，即首先系统地利用各种信息和经验来确认设备、系统、操作等过程中存在的风险，指出哪些将会出现问题。

2. 风险分析　对已经被识别的风险及其问题进行分析，进而确认将会出现问题的可能性，出现的问题是否能够被及时发现以及造成的后果。通过分析每个风险的严重性和发生的可能性，对风险进行深入的描述，然后在风险评估中综合上述因素确认一个风险的等级。

3. 风险评价　根据预先确定的风险标准对已经识别并分析的风险进行评价，即通过评价风险的严重性和可能性从而确认风险的等级。在风险等级的划分中，可以对风险进行定量描述，及时用从 0% ~ 100% 的可能性数值来表示。另外，也可以对风险进行定性描述，比如"高""中""低"，它们所代表的意义需要用户进行准确的定义或尽可能详细的描述，以便于最后做出是否对该风险采取措施的决定。

（二）风险控制

风险控制（Risk Control）指在风险评估的基础上，将质量风险降低到可接受水平所采取各项决定和措施的过程。风险控制的实施一般包括风险降低（Risk Reduction）和风险接受（Risk Acceptance）两个部分。

1. 风险降低　针对风险评估中确定的风险，当其风险超过了可接受水平时，所应采取的降低风险的措施：具体包括降低危害的严重性和可能性，或者提高发现质量风险的能力。在实施风险降低措施的过程中，有可能将新的风险引入系统中，或者增加了风险发生的可能性。因此，应当在措施实施后重新进行风险评估，以确认和评价可能的风险变化。

2. 风险接受　在实施了降低风险的措施后，对残余风险做出是否接受的决定。对于某些类型的风险，即使最好的质量风险管理手段也不能完全消除风险，因此综合考虑各个方面的因素后，做出接受风险的决定。在这种情况下，我们可以认为已采取了最佳的质量风险管理策略，并且质量风险也已经降低到了可以接受的水平，不需要采取更严格的措施。风险控制中的难点在于制定什么样的风险接受水平。一般来说，有两类事件的风险性质是没有争议的：一类风险是“高可能性，后果严重”，对这类风险可以立即判定属于高风险并立即采取措施；另一类风险是“低可能性，后果轻微”，对这类风险可以立即判定属于低风险问题，可以在一定程度上接受这个风险。两类事件的风险是容易引起争议的，即“高可能性，后果轻微”和“低可能性，后果严重”。这两类风险在理论上可以被归类为中等级风险，但是是否需要采取措施对风险进行控制与决策者和相关责任人员持有的立场、观点以及所处的环境紧密相关。这时，需要依靠各个领域的专家沟通，并尽可能地获取充分的数据和信息，对风险做最后的判定。

（三）风险审核

风险审核（Risk Review）是风险管理流程的最后阶段，应对风险管理程序的结果进行审核，尤其是对那些可能会影响原先质量管理决策的事件进行审核。风险管理是一个持续性的质量管理程序，应当建立阶段性的审核检查机制，审核频率应建立在相应的风险水平之上。

（四）风险沟通

风险评估者、管理者以及其他各方为了更好地理解风险及相关问题和决策而就风险及其相关因素相互交流信息和意见，这就是风险沟通的过程。通过风险沟通，能够促进风险管理的实施，使各方掌握更全面的信息从而调整或改进措施及其效果。

风险管理由质量风险管理程序的启动风险评估、风险控制、风险沟通和风险审核过程组成。以“药品包装不合格，销售的药品出现质量投诉”为例，其风险管理过程见表2－6。

表2－6 质量风险管理全过程分析举例

问题		药品包装不合格，销售的药品出现质量投诉
风险评估	风险因素	供应商审核：供应产品审核不过关（采购环节）
	缺陷原因	供应商资质审核不到位
	缺陷后果	购入的药品数量与实际不符
	风险分析	人为因素影响大；系统可控
	风险评估	低可能性，后果可微
风险控制		确认企业“进、储、销”的管理系统，未经审核，系统不能确认企业为合格供应商；资质过期，系统自己报警等；非授权人不能在系统内审批
风险交流		该风险可接受、可控
风险审核		建立供应商资质审核系统，建立相关文件，组织采购人员培训

三、质量风险管理的方法和工具

质量风险管理工具可以通过提供文件化的、透明的和可以重现的方法来进行质量风险管理，并提供科学实用的决策依据。质量风险管理实施的严格程度和正式程度应该与所处理问题的复杂性和严重性相一致，对于比较复杂或关键的问题，应考虑使用下面列举的一些标准的风险管理工具来实施质量风险管理。这些风险管理工具可以被认为是思考风险的方法，在运用中我们可以灵活借鉴或结合各种工具的优点，但不应局限于某种思维方式，从而帮助我们更全面地审查风险。

（一）简易风险管理方法

一些简单的方法常被用于建立风险管理结构，通过组织数据来促进分析和决策，常用的简易方法有：鱼骨图、流程图、检查表、过程图、因果分析图等。药品经营企业在采购、收货、验收、储存养护等经营过程中，质量风险无处不在。企业应运用质量风险管理方法，积极、科学、快速地做出应对措施，将损失降低至最小。

案例一

鱼骨图的应用

药品经营企业管理中的应用：企业开展 GSP 培训，耗费大量的资金和人力，但是没有收到预期的效果。公司召集管理经理，召开讨论大会，得出以下结果，如图 2－1 所示。

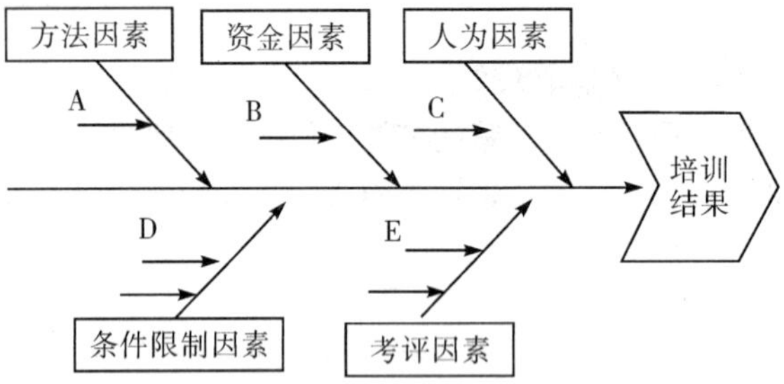

图 2－1　鱼骨示意图

1. 质量验收部门

A 因素：人员素质太差，初中或高中毕业生；验收任务太重，没有时间安排有效的培训等。

2. 销售部门

B 因素：人员太少，没有时间做培训；培训没有奖金支持，不报销培训费用。

3. 物流部门

C 因素：人员年龄 40～45 岁，学东西太慢；流程和 SOP 一直在变，学不过来。

4. 质量管理部门

D 因素：培训没有落实计划和考核，各部门不配合工作；人员太少，工资没有因为培训增加。

通过不同部门的分析和讨论，结合鱼刺图的应用，关于培训的难点和疑点得到了确认。下一步，采取有针对性的风险控制措施，逐步解决上述问题。

（二）其他的风险管理方法

药品经营企业基于各种现象、趋势和其他信息的总结，常常会使用各种经验化的方法对风险进行评估和管理。这些方法也能够提供有用的信息来支持，如质量投诉、质量缺陷和资源分配的处理。在风险管理的全过程中，常常使用的风险分析工具有危害分析和关键控制点、危害与可操作性分析、风险排序与过滤、故障树分析等。

1. 危害分析和关键控制点（Hazard Analysis and Critical Control Points，HACCP） 一个系统性的、主动预防性的方法，用于保证产品质量的可靠性和安全性，结构化的运用技术和科学原理去分析、评估、预防和控制产品生命周期中的风险或危害。HACCP 包括如下 7 个步骤。

（1）进行危害分析并确定流程中每个步骤中预防措施。

（2）确定关键控制点。

（3）确定关键控制限度。

（4）建立关键控制点的监控系统。

（5）制定当监控系统显示关键点失控时所采取的纠正措施。

（6）建立用于证明危害分析和关键控制点系统有效运行的确认系统。

（7）建立记录保存系统。

HACCP 是针对危害系统的一种前瞻性和预防性的分析方法。如果药品流通过程中的关键控制点可以确定的话，则 HACCP 是非常有用的。HACCP 分析的输出结果是一风险管理工具，它便于生产过程中关键控制点的监控。在药品流通环节中，药品销售流向、药品的储存和养护、药品的标签管理是关键控制点。安徽华源药业的“欣弗”事件中，除了生产环节的关键控制点没有处理好以外；药品流通过程中，药品未按照规定的温度储存，以至于药品不合格；且不合格药品的销售流向没有确定，导致部分药品无法召回。

案例二

HACCP 的应用

以药品经营企业冷链运输作为案例，来介绍如何应用 HACCP 工具进行风险管理。

1. 进行危害分析　收集和评估潜在的对冷链运输产生危害的原因，如人员、设备、环境、规程等，确定有重要影响的危害并加以解决。

2. 确定关键控制点　采取控制措施，预防和消除危害并减少到可接受水平。见表 2－7。

表 2－7　危害分析表

作业流程	潜在风险问题	严重性	预防措施	是否为关键控制点
收货	随行的冷藏车（箱）的温度记录仪数据导不出	高	药品应暂移至符合规定温度要求的待验区，待获得运输全程温度数据并确认符合规定后，才能移入合格仓库	是
	温度记录数据不符合规定	高	对温度记录仪进行验证	是
储存	冷藏药品的储存不符合说明书规定的要求，未在专用冷库（冰箱、冰柜）内储存	高	仓储人员进行培训和考核，确保冷藏药品正确储存	是
	冷库未经过验证，未安装自动化的温度调控、监测、采集及报警系统	高	对冷库进行验证，形成相应的 SOP，在冷库安装自动化的温度调控、监测、采集及报警系统	是
分拣	捡货前，企业分拣配货管理人员未正确进行订单的分析处理		对分拣人员进行培训和考核，确保药品的运输过程合理	否
	分拣人员在放置冷藏药品时，未规范操作，药品直接接触控温物质	低	对分拣人员进行培训和考核，确保药品不直接接触控温物质	否
运输	冷链长途运输未选择适当的运输工具，不符合运输距离	低	冷链运输选择适当的运输工具，长途运输选择冷藏车，短途运输可选择冷藏箱	否
	冷藏车未配备温度自动控制、自动记录及自动报警系统	高	冷藏车配备温度自动控制、自动记录及自动报警系统	高

3. 制定关键限值　建立关键控制点的可接受水平的标准值。

4. 建立监测体系　有计划地观察或检测每个关键控制点是否得到控制，见表2－8。

5. 建立纠偏措施　当关键控制点失去控制时，采取措施使之符合关键限值。

6. 建立确认程序　采用其他程序，确认 HACCP 系统实施的有效性，见表 2－8。

7. 建立程序记录　建立 SOP，依据该规程和相关记录培训员工。

表 2－8　HACCP 方案表

关键控制点	显著危害	预防措施的关键控制限度	监控				纠错行动	记录	审核
			对象	方法	频率	负责人			

2. 失败模式和影响分析 Failure Mode Effects Analysis，FMEA）　一个被广泛应用的方法，用于评估流程的潜在失败模式及其对目标或产品质量的可能影响。失败原因被确认后，可以采取相应措施将潜在的风险消除、降低或控制起来。其输出结果是每个潜在失败模式的相对风险程度“得分”，并按照得分进行重要性排序。该方法可应用于药品流通过程中对潜在风险的分析以确定高风险环节。

案例三

FMEA 的应用

以药品经营企业冷库温度控制系统作为案例，来介绍如何应用 FMEA 工具进行风险管理。

1. 风险评价指标的赋值　见表 2－9、2－10、2－11。

表 2－9　严重程度评级

等级评分	严重程度描述
1	对药品的储存和质量影响不明显
2	对药品的储存和质量有轻微影响
3	对药品的储存和质量有中等程度影响，会导致少量批次药品不合格
4	对药品的储存和质量有严重程度影响，会导致较多批次药品不合格
5	对药品的储存和质量有非常严重程度影响，会导致大量批次药品不合格

表 2－10　故障发生的可能性

等级评分	可能性描述
1	5 年或更长时间发生一次
2	1 年发生 1 次
3	1 季度发生 1 次
4	1 月发生 1 次
5	1 月发生 2 次以上

表 2－11　检测能力评级

等级评分	检测能力描述
1	需要专业培训的员工和仪器才能检测到
2	需要专业仪器和普通员工就可以检测到
3	需要仔细检查才可以发现问题
4	日常巡逻就很容易发现问题

2. 风险优先数 RPN 的计算　计算公式如下。

RPN = Severity（严重度）× Occurrence（发生频率）× Detection（检测等级）

3. 风险识别　可以根据人员、设备、规程、环境等因素入手，分别进行潜在风险因素识别。见表 2－12。

表 2－12　风险因素评估表

问题分类	潜在风险问题	严重性	可能性	可检测性	RPN 计算	风险评价	干预措施
人员问题	人员素质差，无法操作设备	5	3	4	60	中	安排素质符合人员担任，或加强培训和考核
	外部部门到仓库，随意进出，不严守关门制度	4	4	4	64	中	加强标识宣传，加强管理
设备问题	设备未进行过验证，已经使用多年	5	3	4	60	中	尽快起草验证计划
	设备无自动记录装置操	5	4	3	60	中	立即增加自动记录装置
规程问题	作规程没有	4	5	3	60	中	起草 SOP
	标识不健全，容易错误操作	4	4	3	48	低	完善各类标识，确保标识无误
环境问题	仓库老化，保温措施不到位	5	3	3	45	低	立即启动维修计划，限期完成
	仓库屋顶老化，可能漏雨	5	4	4	80	高	立即启动维修计划，限期完成

4. RPN 计算　通过 RPN 计算，将风险级别分为高、中、低。对于高风险问题，立即解决；对于中等风险问题，要限期解决（如 1 个月）；对于低风险问题，可以暂不安排。

5. 风险控制措施　针对不同的问题，结合企业资源和相关分析，列出可行的解决措施。

6. 风险交流　在风险管理的每个阶段，可进行风险交流。

7. 风险审核　审核工作如下。

（1）风险降低措施是否有效。

（2）是否有新的风险出现。

（3）是否需要进行新的风险管理措施。

（4）风险控制措施相关的 SOP 的制定、审核、培训和批准工作进展如何？

3. 故障树分析（Fault Tree Analysis，FTA） 一种描述事故因果关系的有向逻辑“树”，是安全系统工程中重要的分析方法之一。FTA 是一种图形演绎法，主要遵循从结果找原因的原则，将项目风险的形成原因由整体到部分按树枝形状逐级细化，分析风险及其产生原因之间的因果关系。它用一定的逻辑关系符号表示出顶事件、二次事件……底事件的逻辑关系，逻辑门的输入为“因”，输出为“果”。FTA 是个用于评估多个因素如何影响某一问题的很好方法。FTA 的结果包括失败模式的视觉陈述和每个失败模式可能性的定量估计。它对于风险评估和监测程序开发都是很有用的。运用 FTA 分析完达山“刺五加”事件，发现药品经营企业的药品储存不善、质量管理环节失控和销售环节未加以控制这三个因素导致了药害事件的发生。

4. 风险排序与过滤 对风险进行比较和排序的工具。复杂系统的风险排序通常需要评估每个风险的多个不同定量因子和定性因子。这个工具将一个基本的风险问题分解成所需要的多个组分，以抓住风险相关因子。这些因子被组合成一个相对风险得分以进行风险排序。“过滤器”以风险得分的加权因子（Weighting Factor）或截点（Cut－Off）的形式用于测量和确定管理或方针目的的风险排序。

案例四

风险排序与过滤的应用

1. 质量风险识别

（1）定义质量风险问题　药店多长时间进行内部审计才能确保 GSP 符合性？

（2）规定系统的范围　药店。质量风险管理团队需要还需通过定性筛选以进一步缩小范围，从而尽量避免不必要的工作。

2. 质量风险分析与评价

（1）定义首要主题和副主题　所谓首要主题，是指对直接与风险问题相关的风险因素的宽泛组合。副主题则是指直接影响与首要主题相关风险的风险因素。风险问题和首要主题、副主题的相互衍生关系见表 2－13。

表 2－13　风险问题、首要主题与副主题的相互关系

问题	需要什么水平和频率的审计来确保 GSP 符合性
首要主题	副主题
人员要求	资质 学历 经验 培训
文件要求	……
设备要求	
……	

（2）确定评估方法　根据质量风险评估所需的详细程序和客观性，可能需使用多种因素用于评估风险。通常，需要开发额外的标准用于说明综合的可能性或严重性。综合的可能性可能包括与检测偏差或缺陷的能力相关的标准。表 2－14 为用于说明药店风险评估标准的示例。此外，还可能依据质量风险评估的需要加入其他评估因素，如所需资源、风险成本和法律风险等。

表 2－14　药店现场多因素风险评估示例

可能性	严重性
距离上一次审计的时间	对客户的潜在伤害
不符合项发生的可能性	客户的人群类型
检测缺陷/偏差的能力	对药品质量的潜在危害
质量控制的强度	
员工水平的符合性	

（3）建立评分模型　在确定评估方法后，则必须开发相应的评分模型，用于评估综合所有风险因素，从而得到风险评分。简单来说，评分模型是使用乘法或加法方式计算风险，并在计算时考虑风险因素的重要程度。加权评分模型常用的评估模型，是指对每一个风险因素赋予一个权重，并对每个风险因素采用一致的评分范围，然后每个加权的得分进行相加，从而获得整体风险得分的评分模型。权重可以为百分比或一个范围内的某个值。表 2－15 为采用加权评分模型进行风险评估的示例。

表 2－15　采用加权评分法进行风险评估的示例

风险因素	实际（10 分制）	权重	加权得分
客户的潜在伤害	5	60%	3
不符合项发生的可能性	6	15%	0.9
检测偏差的能力	2	25%	0.5
员工水平的符合性	5	10%	0.5
总分（范围为 1～10）	4.9		

（4）风险因素的评分与排序　对副主题进行过滤，可以使用风险矩阵进一步缩小风险研究的范围。例如，使用风险矩阵对副主题进行定性评价，可得表 2－16，其中 7 和 8 属于低风险项。质量风险管理团队可以通过这一定性评估，将上述两项从质量风险评估中剔除。

表 2－16　风险因素过滤示例

可能性	严重性		
	低	中	高
对产品质量存在高潜在影响	1	2	3
对产品质量存在中潜在影响	4	5	6
对产品质量存在低潜在影响	7	8	—

所有评价范围内体系的完整得分将获得一个简单且数字化的排序，从而实现多种方式的排序和过滤。表 2－17 为通过风险排序简化质量风险审核的示例。

表 2－17　风险排序简化质量风险审核的示例

排序种类	示例
研究中的系统（如人员、设备、质量管理等）	整体风险得分，从而聚焦于高风险系统
首要主题	首要主题的累积得分，从而聚焦于部分或工作中心
副主题	各系统副主题的得分，从而聚焦于需要得到控制的区域
评估因素	各系统评估因素的得分，从而对系统关注点的优先度进行排序

3. 质量风险控制

（1）风险因素过滤　通过降低对低风险因素的风险控制和增加对高风险因素的风险控制，从而实现对质量风险管理范围的聚焦。有效的过滤系统需要对行动阈的一致定义。以审计生产现场为例，表 2－18 为相应的过滤行动阈。总体来说，过滤可以通过从风险控制中去除低风险因素，从而减小风险范围。

表 2－18　过滤行动阈示例

综合风险得分	行动
>7	每年进行审计
3～7（包括 3 和 7）	每两年进行一次审计
<3	无须内部审计

（2）评估代替方案　当必须集中聚焦于高风险区域时，风险排序和过滤还可以用于评估质量风险降低方案。通过确认潜在质量风险降低方案和使用评分模型进行重新评估结果，质量风险管理团队可以选择对整体风险有最大正面效益影响的降低方案。

4. 质量风险审核　当质量风险降低措施实施后和（或）评估因素发生变化后，必须对系统进行重新评分。同样需要各系统副主题的评分和评估因素进行综合，从而持续评价正确的因素是否得到了评估。此外，还应建立长期的运行反馈机制，以确认相关评价和控制步骤可以充分地解决风险问题，并及时评估从质量风险控制策略中产生的新风险。

扫码“练一练”

（于　泳　余明丽　刘荞伊）

第三章　人员与培训

在 GSP 的实施中，人是最重要的因素。提高人员素质，规范人员行为是做好 GSP 实施的首要工作。高素质的人员能够自觉地、创造性地按照 GSP 的要求进行经营活动，从而更好地保证药品质量。我国 2016 年颁布的 GSP 对人员的要求分别在其第二章、第三章的“人员与培训”小节中进行了规定，内容涉及人员的学历、资历、培训、卫生等方面。

扫码“学一学”

第一节　组织机构与质量管理职责

组织是人们为了实现一定的目标，互相结合，制定职位，明确职责，分工合作，协同行动的人工系统。对于一个企业组织而言，各个机构是它最基本的组成部分。GSP 组织与机构的设计与运转情况，直接关系到 GSP 实施的效率。

一、GSP 组织与机构的特性

由人形成的组织与机构是质量活动的载体，是质量体系存在及运行的物质基础。不同使命的组织与机构，其形式也各有其特性，有关 GSP 的组织与机构也不例外，这个组织与机构的特性表现在以下几个方面。

1. 相对稳定性　由于质量与质量管理活动本身需要稳定，因此，其组织与机构也需要保持稳定，这个稳定体现在：组织与机构形式保持稳定，组成人员保持稳定，工作内容保持稳定。但此稳定不排斥各个部门、系统之间人员的有规律、有目标的交流，彼此熟悉各自的工作内容，便于今后更加有效率地工作；也不排斥组织与机构的形式与工作内容的优化与持续改进。

2. 有限独立性　GSP 组织与机构不但要保持稳定，其工作也要形成既相互协作又相互监督的关系，因此，GSP 各个组织与机构要保持相对的独立性，这个独立性体现在指定人员不相互兼任工作，工作内容分工明确。但是，此独立性不排斥各个部门之间的相互协作、相互支持。比如，按照新版 GSP 第二十三条规定：“企业从事质量管理、验收工作的人员应当在职在岗，不得兼职其他业务工作。质量管理部门人员、验收人员不得将职责委托给其他部门的人员，确保质量管理部门和验收人员在履行其职责时不受到干扰和影响。”

3. 授权充分性　权力和责任是均衡的，也就是说如果所赋予的权力与所承担的责任不均衡，就可能会导致工作目标无法完成。因此，必须赋予 GSP 各个组织与机构相应权力，确保它们能完成各自的职责。比如，应充分授予质量管理部门参与所有与质量有关的活动、负责确定与审核所有与 GSP 有关的文件、对产品质量有否决权、直接接受企业最高负责人的领导、其监管工作不得受到任何部门与人员的干预等权力，确保质量管理部门能充分履行自己的责任。

4. 沟通必要性　现代质量管理不是封闭的，而是开放的。例如，质量管理部门与企业其他各个部门之间建立必要的沟通联系机制，和上游物料供应商和下游药品使用单位建立密切的联系，就药品质量与质量管理进行有效的交流与沟通，从而提高药品质量、确保用药安全。

二、GSP 组织与机构设置的原则

根据 GSP 组织与机构的特性，其组织与机构设置必须根据以下原则进行。

1. 系统整体原则 这个原则要求药品经营企业的 GSP 组织应系统严密，结构完整，要素齐全。药品经营企业的组织系统应由决策层、职能管理层、执行层及监督层构成，在工作中要求集权、协调和高效，同时，要求各个组成体系保持完整，比如，有独立完备的质量管理部门、储运部门、业务部门等，确保质量管理工作得到充分的组织保证和人员保障。

2. 权责对应原则 理论研究和实践经验都证明，权责不对应将对管理组织的效能造成极大损害，使组织难以正常高效地运转。GSP 强调，各部门要职责明确，权责对应，并要求用书面规程将各部门及其负责人的具体职责和权力都明确规定下来，并严格照章执行。我们可以采用这种人事授权制，先建立系统的组织机构，再加以明确的工作职务规范，规范各部门人员的具体职责和权力，确保各个组织和机构有能力完成各自的工作。

3. 统一指挥原则 在质量管理活动中，应确保工作指令统一，使工作现场井然有序，不发生混乱。统一指挥原则是建立在明确的权力系统上的，GSP 实施过程中采用的一长负责制，是达成工作指令统一的好方法。各组织和机构职能只设一个负责人，便于明确责任，统一指挥。这样既可避免工作指令不明确，又可避免责任区分不清晰，可以从根本上提高管理效率。

4. 有效管理幅度原则 一个人能力无论多强，也只能有效地直接管理有限的人或事，否则工作就会发生混乱。管理幅度就是指一名上级主管人员直接管理的下级人数，或者一个工作人员直接负责的事务。数量在保证岗位职责不遗漏、交叉，职责有明确规定的基础上，每个人所承担的职责不应当过多。这个原则对于 GSP 组织高效无误地实施 GSP 起着非常重要的作用。药品经营企业应根据具体的部门、岗位等选择合理的管理幅度。

5. 因事设人原则 这里所说的“事”就是 GSP 对药品经营质量管理的基本要求，以及在此原则要求下企业根据自己的产品的特殊要求应采用的技术和管理手段。“人”系指人员和组织。如果在药品经营与质量管理活动中，人员配备不完整或员工承担过多的职责，工作现场就会没有秩序，就会发生差错或混乱，或者发生差错或混乱的可能性增大；相反，如果人员配备过多，也可能导致同样的问题。因此，根据药品经营与质量管理的实际需要进行人员配置非常重要，这个原则是保证工作现场有序的关键。

三、GSP 组织管理体系的基本构架

建立管理机构并具有清晰的组织机构图，是组织持续、稳定地进行生产管理的基本保障。组织结构与设计之所以对一个企业如此重要，是因为它明确了什么是期望完成的工作；将工作予以合理划分，以避免重复、浪费、冲突和资源滥用；规定工作活动的合理流程；建立沟通渠道；提供协调机制；使各项工作活动专注于完成目标；强化计划与控制。企业结构基础是否合理是企业进行质量管理的基础。

某药品经营企业 GSP 组织结构如图 3－1 所示。

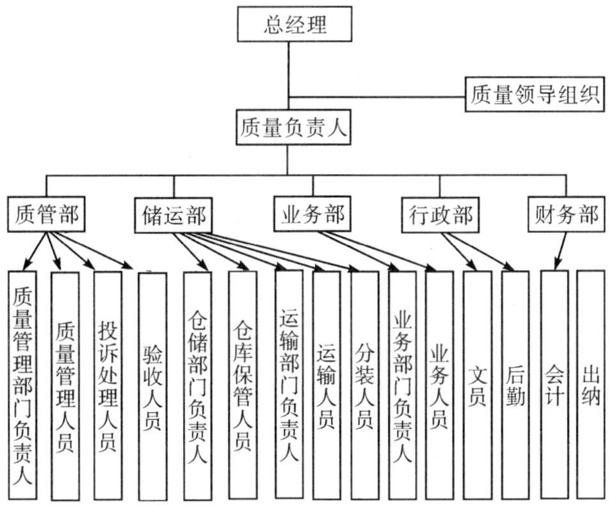

图 3-1　某药品经营企业 GSP 组织机构示意图

（一）质量管理部门

1. 药品批发企业　应当设立独立的质量管理部门，有效开展质量管理工作。质量管理部门的职责不得由其他部门及人员履行，主要职责如下。

（1）督促相关部门和岗位人员执行药品管理的法律法规，尤其是新版 GSP。

（2）组织制定质量管理体系文件，并指导、监督文件的执行。

（3）负责对供货单位和购货单位的合法性、购进药品的合法性，以及供货单位销售人员、购货单位采购人员的合法资格进行审核，并根据审核内容的变化进行动态管理。

（4）负责质量信息的收集和管理，并建立药品质量档案。

（5）负责药品的验收，指导并监督药品采购、储存、养护、销售、退货、运输等环节的质量管理工作。

（6）负责不合格药品的确认，对不合格药品的处理过程实施监督。

（7）负责药品质量投诉和质量事故的调查、处理及报告。

（8）负责假劣药品的报告。

（9）负责药品质量查询。

（10）负责指导设定计算机系统质量控制功能。

（11）负责计算机系统操作权限的审核和质量管理基础数据的建立及更新。

（12）组织验证、校准相关设施设备。

（13）负责药品召回的管理。

（14）负责药品不良反应的报告。

（15）组织质量管理体系的内审和风险评估。

（16）组织对药品供货单位及购货单位质量管理体系和服务质量的考察和评价。

（17）组织对被委托运输的承运方运输条件和质量保障能力的审查。

（18）协助开展质量管理教育和培训。

（19）其他应当由质量管理部门履行的职责。

2. 药品零售企业　应当设置质量管理部门或者配备质量管理人员，主要职责如下。

（1）督促相关部门和岗位人员执行药品管理的法律法规及新版 GSP。

（2）组织制定质量管理文件，并指导、监督文件的执行。

（3）负责对供货单位及其销售人员资格证明的审核。

（4）负责对所采购药品合法性的审核。

（5）负责药品的验收，指导并监督药品采购、储存、陈列、销售等环节的质量管理工作。

（6）负责药品质量查询及质量信息管理。

（7）负责药品质量投诉和质量事故的调查、处理及报告。

（8）负责对不合格药品的确认及处理。

（9）负责假劣药品的报告。

（10）负责药品不良反应的报告。

（11）开展药品质量管理教育和培训。

（12）负责计算机系统操作权限的审核、控制及质量管理基础数据的维护。

（13）负责组织计量器具的校准及检定工作。

（14）指导并监督药学服务工作。

（15）其他应当由质量管理部门或者质量管理人员履行的职责。

（二）业务部门

药品经营企业业务部门主要负责药品的采购与销售，可以划分为药品采购部门和药品销售部门。

1. 药品采购部门 主要职责如下。

（1）采购部采购商品时，必须坚持按需进货、质优价廉的原则。采购人员必须努力学习、更新知识，不断了解市场动态。

（2）采购人员必须加强责任心和使命感，要为上、下游客户提供良好服务。经常与销售员、保管员及质管部等联系，掌握相关情况。

（3）廉洁奉公，维护公司利益，不得利用职务之便牟取私利。不得擅自提高购货价格、擅自压货和提前支付货款。

（4）积极采取各种措施降低购货成本。

（5）建立供应商档案，收集市场信息，密切关注市场、价格变化，积极为公司引进新品种。认真审核供货单位和销售人员的法定资格，考察供货单位的质量保证能力和合同履行能力。

（6）勤进快销，减少库存资金占用，提高库存周转率，确定最优补货时间和补货量，努力避免缺货或积压情况。

（7）采购部根据缺货品种、购进价格、库存情况等指标对采购员进行考核，并以考核结果作为奖罚依据。

（8）必须严格遵守《药品管理法》《药品管理法实施条例》和 GSP 管理规范等法律法规，严禁从非法渠道购进药品。

（9）对急救药品和公司急需药品的采购应做到及时准确，在采购过程中同销售部门保持联系，对不能解决的急救药品采购员应向采购及销售部门报告。

（10）采购部与销售部门对药品购销协议执行情况应进行定期的沟通。根据分公司销售排行表合理制订采购计划；并按到货时间安排品种结构、库存结构，做好季节性用药，储备药品的采购工作。

（11）制订当月应付账款的还款计划。

（12）参与每季、年度的盘存工作，及时处理呆滞货物，尽力避免不应有的损失。

（13）采购合同的整理、归档；追踪合同的履行状况，选择最佳经济运输方式和路线。

（14）对公司代理和经销品种让利情况上报有关部门，并催促财务部门按时付款；核对及税票的签收、登记。

（15）确定每个品种最低库存，保证医疗单位的供应，确保公司效益最大化。

（16）采购部根据常规品种库存下限、月采购计划、临时性补货、供应商主动铺货情况购进品种。

2. 药品销售部门　主要职责如下。

（1）负责起草、打印销售部各类文件。

（2）严格选择销售对象，不允许将药品销售给无《药品经营企业许可证》和营业执照的经营单位和无医疗机构执业许可证的医疗单位。

（3）对所有的销售单位建立名录，名录中的名称应与销售记录中的以及所有相关凭证中的一致。

（4）对销售单位收取《药品经营许可证》和《医疗机构执业许可证》，并对其有效期进行核查。

（5）对《药品经营许可证》的经营范围进行审核，不允许超过经营范围。

（6）销售人员熟悉所销售药品相关知识。

（7）提供分类商务报表及部门销售业绩的统计、查询、管理。

（8）负责接收和传递销售人员的各种报表和申请；负责及时提供市场所需的各种文件资料及样品。

（9）做好客户发货、窜货、换货、退货的管理及监管工作，建立发货、退货、窜货台账。

（10）负责招标信息的收集、整理与反馈，按要求及时制作招标文件。

（11）对销售票据进行管理。所销售的药品必须开具合法票据，做到票、账、货相符，票据按规定保存，不允许白条或借条等形式销售。

（12）对销售记录进行管理。销售记录应规范，品名是通用名，生产厂家和销售单位应写全称，名称应与证照上一致，有效期应是法定有效期，记录人应是全名，销售记录应及时、准确、清晰、整洁和完整。

（三）储运部门

药品经营企业储运部门主要负责药品储存和运输过程中的质量管理，可细分为药品储存部门和药品运输部门。

1. 药品储存部门　主要职责如下。

（1）确保库区地面平整，无积水和杂草，无污染源。库房内墙壁、顶棚和地面光洁、平整、门窗结构严密。有符合规定要求的消防、安全设施。装卸作业场所有顶棚。

（2）确保仓库应有保持药品与地面之间有一定距离的设备。应有避光、通风的设备。应有检测和调节温、湿度的设备。应有防尘、防潮、防霉、防污染以及防虫、防鼠、防鸟等设备。有符合安全用电要求的照明设备。应有适宜拆零及拼箱发货的工作场所等的储存场所和设备。

（3）按要求将仓库划分待验区、合格品区、发货区、不合格品区、退货区等专用场所。对以上各区实行色标管理。

（4）仓库保管员凭验收员签字或盖章收货。对货与单不符、质量异常、包装不牢或破损、标志模糊等情况，有权拒收并报告企业有关部门处理。

（5）对质量不合格药品进行控制性管理，发现不合格药品应按规定的要求和程序上报。不合格药品的确认、报告、报损、销毁应有完善的手续或记录。

（6）药品应按温、湿度要求储存于相应的库中。药品应按批号集中堆放。有效期的药品应分类相对集中存放，按批号及效期远近依次或分开堆码并有明显标志。药品与非药品、内用药与外用药应分开存放；易串味的药品以及危险品等应与其他药品分开存放。

（7）搬运和堆垛应严格遵守药品外包装图式标志的要求，规范操作。怕压药品应控制堆放高度。药品与仓库地面、墙、顶、散热器之间应有相应的间距或隔离措施。药品垛堆应留有一定距离。

（8）对销后退回的药品，凭销售部门开具的退货凭证收货，存放于退货药品区，由专人保管并做好退货记录。退货记录应保存三年。

（9）药品出库应“先产先出”“近期先出”和按批号发货。药品出库复核时，应按发货凭证对实物进行质量检查和数量、项目的核对。复核记录应保存至超过药品有效期一年，但不得少于三年。

2. 药品运输部门 主要职责如下。

（1）严格执行运输管理制度和操作规程。

（2）负责药品运输工具符合运输药品要求，防止药品曝晒、跌落、破损、遗失、被雨雪等污染。

（3）确保冷藏库，冷藏箱，保温箱等运输，满足药品温度控制的要求。

（4）负责制定应急预案保证冷链不断链。

（5）负责应急预案培训和演练记录。

（6）负责冷藏、冷冻药品运输应急处置记录。

（7）负责制定药品运输应急预案和处置措施，防止突发事件对运输过程中的药品质量与安全产生影响。

（8）负责制定运输过程中发生药品盗抢、遗失调换等应急预案和处置措施。

（9）负责药品委托运输记录。

（10）负责门店药品送货工作。

（11）做好药品运输过程中的差错记录。

（12）负责其他相关工作。

扫码“学一学”

第二节 人员要求与职责

人是质量管理的主体，人员的素质对质量体系的运行有着决定性的影响。因此，GSP始终将人员的培训和教育视为质量管理的重要组成部分。药品经营企业的培训要求企业通过教育和实习等方法，促使员工在知识、工作技能、品德等方面不断提高，以获得足够能力履行其职责，为实施 GSP 奠定坚实的基础。

药品经营企业的负责人和普通员工，都担负着质量职责。由于他们的岗位不同，因此他们承担的质量职责又不相同，对应不同的质量职责，对他们的素质要求也不相同。他们在完成各自质量职责的基础上，形成相互协作、相互监督的质量管理网络，以此来确保所经营药品的质量。

对人员的素质和职责要求涉及许多方面，本书的要求仅围绕着 GSP 和药品质量经营等方面展开。新版 GSP 在质量责任方面对岗位相关人员的要求更加明确，提高了企业负责人、质量负责人、质量管理部门负责人以及质量管理、验收、养护等岗位人员的资质要求。现按药品批发企业和药品零售企业对人员的要求分别加以阐述。

一、人员的总体要求

企业从事药品经营和质量管理工作的人员，应当符合有关法律法规及新版 GSP 规定的资格要求，不得有相关法律法规禁止从业的情形。

1. 企业应建立药品经营和质量管理人员档案。

2. 人员档案应齐全，档案内容应有姓名、性别、岗位、学历、专业、专业技术职称、执业资格、岗位工作年限、健康、培训、工作经历证明材料等。

3. 人员花名册内容应与人员档案的有关内容一致。

4. 人员资质应符合 GSP 及有关法律法规的要求，并与其岗位相称。

二、药品经营批发企业的人员要求

企业所有从事药品经营和质量管理工作的人员，应当符合有关法律法规及新版 GSP 规定的资格要求，不得有相关法律法规禁止从业的情形。

（一）企业负责人

1. 基本素质　企业负责人应当具有大学专科以上学历，或者中级以上专业技术职称，经过基本的药学专业知识培训，有丰富的药品经营工作经历或经验，有一定的管理水平和领导能力，熟悉国家有关药品管理有关法律、法规、规章和所经营药品的知识，特别是 GSP 方面的知识。

2. 基本职责　企业负责人是药品质量的主要责任人，全面负责企业日常管理，负责提供必要的条件，保证质量管理部门和质量管理人员有效履行职责，确保企业实现质量目标并按照新版 GSP 要求经营药品。

企业负责人的具体职责：对本企业经营药品的质量负全部责任；领导和动员本企业职工遵守《药品管理法》及其实施条例和配套法律法规、《产品质量法》《合同法》《消费者权益保护法》，尤其是 GSP 等法律、法规，贯彻执行政府有关部门关于药品质量方针、政策、条例和规定，在质量第一的思想指导下进行经营管理；直接领导本企业质量管理部门，支持和指导其开展药品质量管理工作；定期召开质量分析会议，研究和处理有关质量方面的问题；发动职工开展和提高企业全面质量管理的水平，使质量管理科学化、规范化。

（二）质量管理部门人员

企业应当设立质量管理部门，有效开展质量管理工作。质量管理部门的职责不得由其他部门及人员履行。

1. 质量负责人

（1）基本素质　应当具有大学本科以上学历、执业药师资格和 3 年以上药品经营质量管理工作经历，有丰富的药品经营质量管理工作经历或经验，精通 GSP 方面的专业知识，能坚持原则，作风严谨认真，有实践经验，可独立解决经营过程中的质量问题，在质量管理工作中具备正确判断和保障实施的能力。

（2）基本职责　企业应当在高层管理人员中指定专人担任质量负责人，全面负责与药品质量管理相关的工作。质量负责人应当具有独立行使质量管理职权的必要权限，在企业内部对药品质量管理具有裁决权。

2. 质量管理部门负责人

（1）基本素质　应当具有执业药师资格和 3 年以上药品经营质量管理工作经历，精通 GSP 方面的专业知识，能坚持原则，作风严谨认真，有实践经验，可独立解决经营过程中的质量问题。

（2）基本职责　协助企业负责人贯彻国家有关药品质量方面的方针政策、法律法规，尤其是 GSP 等规定，并提出贯彻落实措施的建议；负责对本企业药品质量判断和行使否决权；教育专职和兼职质量管理工作人员具体贯彻和监督执行《药品管理法》及其实施条例和配套法律法规、《产品质量法》《商标法》《计量法》，尤其是 GSP 等法律、法规以及政府有关监督管理部门的有关规定；负责推行本企业的全面质量管理和组织建制，协调部门之间在质量管理方面存在的问题；掌握本企业质量管理制度的贯彻执行情况，并做好考核工作；根据企业经营的方针和计划，结合实际，合理编制本企业的药品质量管理计划并安排实施。了解库存结构和库存药品的情况，提出改进工作或处理意见，协助企业负责人和有关部门进行有关工作的协调；审核药品的购进和库存商品的报损、报废及组织有关部门进行废品处理工作。负责定期召开质量分析会议，传达学习、贯彻有关质量法律、法规，交流质量工作情况。

3. 质量管理人员

（1）基本素质　从事质量管理工作的，应当具有药学中专或者医学、生物、化学等相关专业大学专科以上学历，或者具有药学初级以上专业技术职称。

（2）基本职责　参与制定和实施本企业质量管理方面的规章制度，并督促遵守执行；质量管理工作中，积极推行 GSP；指导验收员、养护员和保管员执行质量标准和各项管理规定；收集新产品试销信息，做好留样观察并积累资料；有计划、有目的地开展药品质量调研工作，密切与储运、业务部门联系，掌握药品质量的动态和管理情况，及时向部门领导反映或提出建议；协助本部门负责人组织质监活动，总结质监工作成果及经验，并提出改进质监工作的意见和措施；对企业内部部门或外单位提出的质量方面的问题进行解答或处理。及时协调和安排各部门进行自查，并将结果及时汇总上报；了解质量责任制的贯彻情况，及时向部门负责人汇报；按规定对库存药品进行抽样，把好入库、库存和出库药品质量关；做好药品质量信息整理、报表工作和档案管理工作。

从事质量管理的人员应在职在岗，不得兼职其他业务工作。

4. 投诉处理人员

（1）基本素质　应当具备药学或相关专业大专以上学历，具备药学专业技术职称，有一定的药品经营质量管理工作经历或经验，经过有关技术和管理方面，特别是 GSP 专业知识的培训，并经考试合格，能坚持原则，作风严谨认真，有实践经验，可独立解决工作中的问题。

（2）基本职责　认真学习和贯彻《药品管理法》及其实施办法和配套的法律法规、《产品质量法》《商标法》《计量法》《合同法》《消费者权益保护法》，尤其是 GSP 等有关法律、条例、规定和本企业的有关制度，及时正确处理各项投诉案；坚持“质量第一”的经营宗旨，为用户做好售后服务工作。做好投诉记录和药品不良反应的报告、处理等工作。遇有疑难问题，应做深入细致的调查研究，依据客观事实合法合理地妥善处理；做好处理案件的详细记录，做到笔笔有案可查。

（三）验收与养护人员

从事验收、养护工作的人员应当具有药学或医学、生物、化学等相关专业中专以上学历，或者有药学初级以上专业技术职称。

从事中药材、中药饮片验收工作的，应当具有中药学专业中专以上学历，或者具有中药学中级以上专业技术职称；从事中药材、中药饮片养护工作的，应当具有中药学专业中专以上学历，或者具有中药学初级以上专业技术职称；直接收购地产中药材的，验收人员应当具有中药学中级以上专业技术职称。

经营疫苗的企业还应当配备2名以上专业技术人员专门负责疫苗质量管理和验收工作，专业技术人员应当具有预防医学、药学、微生物学，或者医学等专业本科以上学历及中级以上专业技术职称，并有3年以上从事疫苗管理或者技术工作经历。

从事验收工作的人员应当在职在岗，不得兼职其他业务工作。

1. 药品入库验收人员

（1）基本素质　应当具备药学或相关专业中专以上学历，具有药学或相关专业技术职称。有一定的药品仓储管理和经营质量管理工作经历或经验，具有药品商品学和GSP方面的专业知识，经过有关技术和管理方面，特别是GSP专业知识的培训，并经考试合格，能坚持原则，作风严谨认真，能独立解决工作中的问题。

（2）基本职责　根据GSP的有关原则做好“十验四清一核对”工作。十验：验品名、规格、品质、数量、批号（或生产日期）、批准文号（或生产许可证号、药品进口注册证号、器械鉴定批准号、在产产品登记号）、效期、包装标志、注册商标、合格证。四清：品质情况记录清、包装情况数量清、批号期限标记清、验收手续清。一核对：核对检验报告、合格证、说明书与产品质量标志是否相符。对首次经营的品种，第一批交货时必须通知质管部门抽验；对所验收的商品负具体的质量验收责任；按本企业有关药品质量验收规定，对药品逐批进行验收，验一批记录一批，定期汇总上报并对其准确性负责。做好验收记录，并在验收记录单上签字，以示负责；发现质量问题要及时报告并联系处理，并做好处理记录，记录保存归档；进口药品的验收：要细致核对厂牌、国别、唛头、品名、规格、注册商标、批号、效期等内容是否与法定口岸药检所出具的进口药品检验报告相符。发现破箱、破碎、短缺、商品实物不符或有违禁的印制品或其他物品，要保持原状，逐级上报，并通知主办进货部门迅速联系处理，查看商业单位提供的进口药品检验报告书复印件是否由该单位加盖（原始）红色印章。

2. 药品养护人员

（1）基本素质　应当具备药学或相关专业本科以上学历，具有药学或相关专业的技术职称。药品养护人员应具备药学或相关专业中专以上学历，有一定的药品仓储管理和经营质量管理工作经历或经验，具有药品商品学和GSP方面的专业知识，经过有关技术和管理方面，特别是药品商品学和GSP专业知识的培训，并经考试合格。

（2）基本职责　药品养护工作应贯彻预防为主原则，指导保管员对药品进行合理储存及做好仓间温、湿度的调控管理；对库存药品质量进行循环抽查，一般药品每季度检查一次，效期商品、易变品种酌情增加检查次数；每季做出检查报表分送有关部门；发现药品质量问题要及时填制停销通知单分送质管及有关业务部门，并做好处理过程的档案、台账；建立和健全药品养护记录和档案；积极开展养护科研活动。

（四）储运部门人员

1. 仓储部门负责人

（1）基本素质　应当具备药学或相关专业本科以上学历，具有药学或相关专业技术职称。有丰富的药品仓储管理和经营质量管理工作经历或经验，精通药品商品学和 GSP 方面的专业知识，有丰富本业务及管理实践经验，能独立解决仓储和配送工作中的问题。

（2）基本职责　根据药品商品学和 GSP 的有关要求，对仓库的人员、设施、设备、环境做出科学合理的安排，对各岗位人员的工作质量提出明确的要求，全面贯彻执行企业有关制度，使仓库的各项工作规范化；对仓库安全和库存商品的质量问题负具体领导责任；遵守有关药品质量法律和法规，并教育员工遵守药品质量法律、法规以及药品在仓储、养护等方面的有关规章制度，尤其是要遵守 GSP 相关规定，推动仓库的质量工作正常开展，保证储存期商品的质量；核查督促有关人员根据 GSP 的要求落实好药品的入库验收、分类储存、保管养护、先进先销、账货管理、出库验发和记录、退货商品和废品处理等工作，并对职工进行工作考核；领导员工搞好仓库整体的环境卫生、确保库容库貌整齐清洁，各项设施与设备正常运转，实现作业的科学化与规范化。

2. 仓库保管人员

（1）基本素质　应当具备高中以上学历，有一定的药品仓储管理和经营质量管理工作经历或经验，具有药品商品学和 GSP 方面的专业知识，经过有关技术和管理方面特别是药品商品学和 GSP 专业知识的培训，并经考试合格。

（2）基本职责　熟识仓库特点，按药品性质和储存要求分类储存保管，严格执行色标管理，及时采取措施调整仓库温湿度；严格执行“先进先出，近期先出”的发货原则，按规定合理堆垛，按规定时间报送近效期药品情况，不误发不合格药品；严格按规定的凭证收发药品，不错不漏，并做好复核记录，不准白条顶替（急救的特殊情况经部门负责人批准者例外）。发现包装破损要及时整理加固。发生溢缺差错应迅速查明原因，逐级汇报，按规定的程序处理。对放置时间过长的药品要按时催售；退货药品、不合格药品和待验药品应分类保管并有明显标志，及时催办；配合养护员做好养护工作，发现质量有异，未确定药品是否合格前不应发货，已停销药品不得发货；仓库验收员未验收的药品不得销售发货；按规定做好特殊、危险、贵重药品的分仓分类储存或需要特殊保管方法的保管工作；保持库房整洁，堆垛整齐、不倒（侧）放，不乱放。做到轻拿轻放，文明作业。保证所管药品账务的准确，定期核对账账、账货是否相符，发现不符应及时催促有关人员处理。

3. 运输部门负责人

（1）基本素质　应当具备相关专业中专以上学历，有丰富的药品经营质量管理和运输工作经历或经验，具有一定的药品商品学和 GSP 方面的专业知识，有丰富本业务及管理实践经验，能独立解决工作中的问题。

（2）基本职责　对本部门所承运的药品负全面的质量责任；认真履行质量第一的宗旨，教育本部门人员强化质量意识，认真遵守国家有关药品质量的法律、法规以及本企业的质量管理的制度，在领导本部门的工作中正确处理数量和质量的关系；按照 GSP 管理要求，检查指导员工做好药品的运输；组织员工贯彻执行有关运输的各项制度，并对各部门各岗位人员的工作质量进行考核；督促检查员工在承运工作中的具体操作，确保商品在运输途中不出现质量问题。

4. 运输人员

（1）基本素质　应当具备高中以上学历，有一定的药品经营质量管理和运输工作经历或经验，具有一定的药品商品学和 GSP 方面的专业知识，经考试合格。有一定本业务及管理实践经验。

（2）基本职责　依照发货单据，认真清点件数，不遗留药品，准确交接清楚；发现药品和单据不符，应立即与保管员联系处理；发现包装破损、被污染或有影响药品安全运输的情况，应立即与保管员联系处理，未处理妥当前应拒绝接纳；注意装货安全，轻拿轻放，大不压小，重不压轻，药品不倒（侧）放，捆扎包装不牵带，防止污染、水湿和破损，按箱外标示要求做好药品运输保护工作；接运外地到货，必须注意检查包装质量，发现残破、短缺、污染等情况，要及时联系运输部门取得货运记录，以便分清责任，及时处理。

5. 分装人员

（1）基本素质　应当具有药学或相关专业本科以上学历，具有药学或相关专业的技术职称。药品分装人员应具备高中以上学历，有一定的药品分装或生产及生产经营质量管理工作经历或经验，具有药品商品学、GMP、GSP 方面的专业知识，经过有关技术和管理方面特别是药品商品学、GMP 和 GSP 专业知识的培训，并经考试合格。

（2）基本职责　根据分装通知单制订分装计划和操作规程；做好药品、饮片分装前的外观质量核查，原料药应检查有无化验报告单或产品合格证，发现问题，应暂不分装，并立即与有关部门联系处理；检查分装用具是否齐全，分装容器是否干净，天平、磅秤是否准确；按卫生及分装规程进行操作；审核分装后药品包装质量、装量，做好分装记录；做好分装后的清场工作。

（五）业务部门人员

从事采购工作的人员应当具有药学或者医学、生物、化学等相关专业中专以上学历，从事销售、储存等工作的人员应当具有高中以上文化程度。

1. 业务部门负责人

（1）基本素质　应当具有药学或相关专业本科以上学历，具有药学或相关专业高级技术职称，应是执业药师。有丰富的药品营销和经营质量管理工作经历或经验，精通 GSP 方面的专业知识，有丰富业务及管理实践经验，能独立解决业务工作中的问题。

（2）基本职责　对本部门经营的药品负全面的质量责任；认真履行“质量第一”的宗旨，教育本部门人员强化质量意识，认真遵守国家有关药品质量方面的法律和法规，尤其是 GSP，以及本企业的质量管理制度，在领导本部门的工作中能正确处理数量和质量的关系，做好业务环节的质量管理工作；组织好商情和用户访问调研，根据适销对路、以销定购和择优选购的原则指导编制和审查商品进货计划。对采购员和销售员在具体业务工作中是否遵守法律、法规及有关制度负具体的审核责任；定期组织对库存商品进行分析，采取有力措施，优化库存结构，提高畅销品种比重，保持合理库存。同时，严格贯彻“先进先销、近期先销”的原则；检查督促及时推销库存时间长、老产品或效期短的药品，对有质量问题的药品要及时处理；为用户提供优质药品的同时，提供优良的服务并认真做好售后服务工作；加强各种业务信息、质量信息和服务信息的收集和整理，开展科学管理；对因积压而造成药品变质或过期失效等情况，要分析原因，明确责任，并采取有力措施加强管理；组织落实对发展新客户、首次经营品种的会审报批等工作。

2. 业务人员

（1）基本素质　应当具备药学或相关专业中专以上学历，经过相应的专业知识和药事管理法规，特别是 GSP 知识的培训，并通过考试，取得从业证书。有一定的药品营销和经营质量管理工作经历或经验。

（2）基本职责　认真学习和遵守《药品管理法》及其实施条例和配套法律法规、《产品质量法》《商标法》《计量法》《合同法》《消费者权益保护法》等法律法规和企业质量管理方面的制度，按照 GSP 的要求，在业务工作全过程必须做到依法经营，保证商品质量；检查业务单位的“两证一照”，确认业务单位的法定资格和履行合同的能力；不得购进或销售质量不合格的药品；不得向证照不全、非法药品生产经营单位购进或销售药品。销售危险性品种（或有专项规定的商品）必须依照有关规定办理，做到手续完备；首次经营品种的试销或老产品增规改型品种的试销，必须依照规定的程序办理；在工商、商商及进口商品的购销合同上，必须说明质量条款及标准。销售商品，要正确介绍商品的性质、性能和用途，对用户负责；严格执行适销对路、以销定购、择优选购的原则，根据市场动态和库存状态合理提出经营计划，强化有效销售，保持合理库存，优化品种结构；严格执行“先进先销”“近期先销”的原则，对长时间不动销、少动销或效期近的商品要积极采取措施解决，并及时向有关部门反映汇报；接到质量问题的通知单后，要立即停止销售，依照处理程序及办法及时处理；销售开票，无论电脑制票或手写开票，均需做到各项内容正确无误，并做好自我复核，然后提交复核人。复核人要认真复核，做到各项内容复核无误。

三、药品经营零售企业的人员要求

企业从事药品经营和质量管理工作的人员，应当符合有关法律法规及 GSP 规定的资格要求，不得有相关法律法规禁止从业的情形。

（一）企业负责人

1. 基本素质　企业法定代表人或者企业负责人是药品质量的主要责任人，负责企业日常管理，负责提供必要的条件，保证质量管理部门和质量管理人员有效履行职责，确保企业按照本规范要求经营药品。企业负责人应当具有执业药师资格，有丰富的药品经营工作经历或经验，有一定的管理水平和领导能力，具有人际关系的技能，能协调处理好各种关系；熟悉国家有关药品管理有关法律、法规、规章和所经营药品的知识，尤其是 GSP 方面的知识。身体健康（无色盲、无传染病、无皮肤病等）。企业应当按照国家有关规定配备执业药师，负责处方审核，指导合理用药。

2. 基本职责　对所经营药品质量负全部责任，包括法律责任和社会责任；领导和教育药店工作人员严格执行《药品管理法》等质量管理法律、法规、规章及本企业的各项管理制度，树立质量第一的观念；支持药店质量管理人员的工作，正确处理数量和质量的关系；实施并完成经营目标及各项任务，认真执行各项制度和规定；把好药品进货质量验收关，在库养护关和效期管理；科学计划进货，调整好进货与库存的合理结构；督促检查药房员工执行岗位职责和各项制度；建立和健全质量管理制度、包括药品质量问题的处理和近效期商品促销落实工作；全面实施 GSP，成立以企业负责人为首的质量管理网络，定期召开质量工作会议，分析总结，提出措施，以防为主，不断改进；认真抓好安全保卫工作，协调好外部公共关系。

（二）质量管理部门人员

质量管理、验收、采购人员应当具有药学或者医学、生物、化学等相专业学历，或者具有药学专业技术职称。从事中药饮片质量管理、验收、采购人员应当具有中药学中专以上学历，或者具有中药学专业初级以上专业技术职称。

1. 基本素质　从事零售企业质量管理人员应当具有药学或者相关专业学历或者具有药学专业技术职称。从事中药饮片质量管理人员应当具有中药学中专以上学历或者具有中药学初级以上专业技术职称。有一定的药品经营质量管理工作经历或经验，经过有关技术和管理方面特别是GSP专业知识的培训，并经考试合格，能坚持原则，作风严谨认真，有实践经验，可独立解决经营过程中的质量问题。身体健康（无色盲、传染病、皮肤病等）。

2. 基本职责　在企业负责人的领导下，监督检查国家有关药品质量监督管理法律法规的执行，做好质量管理工作，对药店经营的药品质量负主要监督责任；对不合格药品具有质量否决权；把好药品进货关，检查外包装是否破碎、受潮、霉变。对原箱商品应抽验质量，会同验收人员进行质量验收并签字（抽查核对品名、规格、牌价及批准文号、注册商标、批号、效期等），同时立即做好有关记录；督促药品养护检查执行情况，发现有变质、破损、霉变等质量问题，立即提出封存并将信息反馈给企业负责人；督促检查二类精神药品管理制度的执行情况，检查一天两次的温、湿度记录执行情况；负责不合格药品的堆放并明显标记（红色），及时做好处理、记录汇总档案，不合格品来源包括进货验收时发现、检查时发现、客户买回后发现退回、药品监督管理部门通告的；协助做好用户访问工作，了解顾客的需求，收集顾客意见，对顾客反映的质量问题要有汇总有结论，并及时向企业负责人反应；出现诸如批量质量问题、严重质量问题必须24小时内上报，督促检查清洁卫生制度执行情况，要求货架、橱窗上下、内外无积灰，商品陈列整齐，通道畅通；负责本店每年一次的员工体检工作，建立健康汇总档案。

（三）业务部门人员

1. 中药饮片调剂人员

（1）基本素质　应当具有中药学中专以上学历，或者具有中药调剂员资格。

（2）基本职责　积极参加公司及国家相关部门组织的专业技能学习，提高专业服务能力。

服务周到，耐心细致地为顾客解答问题，提供正确的用药指导。对顾客反馈的相关问题进行收集、整理，及时对问题进行处理。审核处方的过程中应认真仔细，对于涉及十八反、十九畏、妊娠禁忌、特殊人群用药、别字、错字、毒性药品的处方要辨别清楚，有疑问的必须及时向医师或药师咨询。调配过程中应遵循“三・三制”、等量递减原则，减少误差，确保疗效。坚决杜绝以次充好、生炙互换、差量等现象。对于需要先煎、后下、包煎、另煎、烊化、冲服、兑服的药物应有说明。复核环节中应确保药物的数量、质量、特殊要求的准确性，仔细核对是否与处方要求一致。负责中药商品的请货，应顾客需求，对品种、规格、等级、包装、价位的信息有收集和反馈。负责门店中药商品验收工作，对于有霉变、虫蛀、变色、泛油等质量问题的商品禁止入库。负责对中药商品分类储存，储存环境有通风、防潮、防虫、防鼠等措施。确保商品的陈列遵循GSP标准，参照《中药区陈列标准》，陈列区域保持干净、整洁，确保商品陈列整齐、有序，有效展示中药商品在陈列中的类别明确、标识明确，方便顾客在消费过程中的便利性。定时对中药商品进行一般养护，对滞销、毒性药品、易挥发、易虫蛀、易吸潮等需要特殊管理的中药商品应列入重点养护目录，时时查看关注。贵细商品应由专人管理，对虫草、燕窝等贵细商品进行销售登记。熟练掌握煎药机、切片机、粉碎机、打粉机等中药设施设备的正确使用方法及安全注意事项。

2. 柜组长

（1）基本素质　应当具备高中以上学历，有一定的药品营销和经营质量管理工作经历或经验，具有药品商品学和 GSP 方面的专业知识，经过有关技术和管理方面，特别是药品商品学和 GSP 专业知识的培训，并经考试合格。身体健康（无传染病、精神病、皮肤病等）。

（2）基本职责　组织本柜台营业员树立“质量第一”观点，及时收集销售第一线信息，及时反馈，善于总结；以身作则，积极发挥业务骨干作用，督促员工服饰整洁和用语礼貌，接待好每一位顾客；及时做好药品售前、售后服务等实施工作，确保营业秩序的正常；上班前清点商品，及时充实柜台，按类别上柜、上橱。做到货源充沛、琳琅满目；关心营业动态，注意缺货品种，及时登记顾客需求；协助企业负责人做好日常业务培训；随时核对物价牌与实物的一致性，及时做好调价工作；零售中发生药品质量问题，要填写质量信息反馈单，提出处理意见；倾听顾客意见，认真改进工作方法，提高服务工作质量；遵纪守法，文明经商，保持优美整洁的购物环境；做好每天工作记录。

3. 营业员

（1）基本素质　营业员应当具有高中以上文化程度，或者符合省级药品监督管理部门规定的条件。中药饮片调剂人员应当具有中药学中专以上学历，或者具备中药调剂员资格。经过有关技术和管理方面特别是药品商品学和 GSP 专业知识的培训，并经考试合格。服从领导，遵纪守法，执行规章制度，履行岗位职责，遵守职业道德。身体健康（无传染病、精神病、皮肤病等）。

（2）基本职责　严格执行《药品管理法》和 GSP 等相关的法律法规，对用户正确介绍商品性能、用途、用法、用量、禁忌和注意事项，不得夸大宣传，滥行推销；营业前，着统一服饰，挂好胸卡，清洁柜台，清点商品，做好准备工作；遵守柜台纪律，上岗时不吸烟、不吃零食、不看书刊、不在柜内接待亲友；接待顾客时主动热情，文明用语、接客，仔细核对商品品名、规格、数量，防止卖药差错和计价错误，一旦发现差错应立即报告；药品要按剂型、用途分类陈列于货柜，做到人用药与兽用药分开，内服药与外用药分开，处方药品与非处方药品分开，药品与非药品分开；搞好卫生，保证药品不受污染，拆零销售药片，应装入专用容器密盖，并标明原包装标签的内容；坚持定期动态商品核对和盘点制度，做到账、卡、货相符；营业结束搞好卫生工作。

4. 计划进货员

（1）基本素质　应当具备药学专业中专以上学历，有一定的药品经营质量管理工作经历或经验，经过有关技术和管理方面，特别是 GSP 专业知识的培训，并经考试合格，能坚持原则，作风严谨认真。身体健康（无色盲、传染病、皮肤病等）。

（2）基本职责　了解销售动态，及时组织货源，保证供货；首次经营品种进货时须办理报批手续，经批准后方可进货；随时关心所进货药品的到库情况，必要时采取催办，直到入库为止；掌握药品的动销及周转情况，防止积压过期或脱节，影响资金周转；对采购药品的质量负责，防止伪劣、假冒药品混入，随时了解药品质量，协助处理质量问题和商品的退调工作；接到药品退调通知后，及时办理退调事宜；掌握进货单位所推行的各种促销活动、办法和手段，便于销售配合一致。

需要指出的是，新版 GSP 法规对药品零售企业验收与采购人员的资质要求与其对药品批发企业相关人员资质要求略有差异，但其对相关人员应当履行的职责要求并无差异。根据新版 GSP 的要求，药品经营零售企业从事验收、采购人员应当具有药学或者医学、生物、化学等相关专业学历，或者具有药学专业技术职称。从事中药饮片质量管理、验收、采购人员应当具有中药学中专以上学历，或者具有中药学专业初级以上专业技术职称。而其应当履行的职责同药品批发企业相关人员，因此不再进行赘述。

扫码“学一学”

第三节　人员培训

人是质量管理的主体，人员的素质对质量体系的运行有着重要的影响。因此，所有的质量标准，ISO 9000 体系及 GSP 等都始终将人员的培训视为标准的一个重要组成部分。人员的培训工作是一个企业 GSP 能否开展、深入和持续的关键。只有制订了明确方针的教育计划，通过科学教育培训的积累，使质量意识深入人心，才能真正完善 GSP 管理，确保药品的质量。

一、新版 GSP 对培训的要求

企业应当对各岗位人员进行与其职责和工作内容相关的岗前培训和继续培训，以符合本规范要求。

培训内容应当包括相关法律法规、药品专业知识及技能、质量管理制度、职责及岗位操作规程等。

企业应当按照培训管理制度制订年度培训计划并开展培训，使相关人员能正确理解并履行职责。培训工作应当做好记录并建立档案。

从事特殊管理的药品和冷藏冷冻药品的储存、运输等工作的人员，应当接受相关法律法规和专业知识培训并经考核合格后方可上岗。

二、培训的原则

为了有效地实施 GSP 培训和教育，应贯彻下述基本原则：做到重视业务教育，又要重视德育教育；既重视学习理论，也注重实践运用；既学操作技术，也学习基础知识；既有数量指标，也有质量指标。具体如下。

1. 战略原则　企业要具有战略眼光从长远发展的角度考虑 GSP 的实施，在教育和培训方面投入足够的人力、物力和财力。企业管理层对培训的认同和支持是培训成功的关键。药品经营企业有计划地派送企业有关人员到大学。甚至到国外接受 GSP 培训和职业培训，尽管这种做法需要较大的投入，然而只要运用得当，它带来的回报不仅是经济收益，而且会为企业的长远发展注入活力。

2. 层次原则　药品经营企业进行 GSP 的有效运作，需要不同层次的人员组成团队。盲目地追求人员的高素质只是空谈，也会造成资源的浪费。造就高效团队，满足 GSP 实施工作要求，是通过多层次分级培训实现的。

3. 实用原则　GSP 教育培训与普通的药事管理知识教育根本区别在于它特别强调针对性和时间性。在 GSP 实施过程中，企业需要什么、员工缺什么，就要针对性地培训什么。

基层员工的教育培训要从实际操作练习开始，通过实际操作发现问题，提出问题，解决问题。

4. 全员原则 GSP 的实施是全员全方位的，一方面要求企业有计划、有步骤地对所有在职员工进行培训；另一方面，要分清主次先后和轻重缓急，根据不同的对象选择不同的培训内容和方式，既考虑个体素质的提高，也考虑群体功能的优化。

三、培训的体系

教育培训体系要完整。

1. 教育培训机构 药品经营企业要有完整的教育培训机构，机构可以设在企业的人事管理部门，也可以成立独立的部门。

2. 教育培训师资 GSP 教育培训工作一定要有一个良好、稳定的师资队伍，师资无论从企业外还是从本单位聘请的，一旦为员工认同，最好不要频繁更换。师资应有相当的业务基础，经过较高一级的培训，有一定的教学经验，要善于在实践中，发现问题、解决问题，并及时充实教学素材。

3. 教育培训计划 企业应当把 GSP 培训工作看作一项关系到企业命运、前途的战略性工作，作为长期活动的内容，建立有效的教育培训制度，制订科学完整的教育培训大纲和计划，经有关部门批准后坚决严格地执行。

4. 教育培训内容 对于员工的 GSP 培训内容一定要丰富多彩，可以派骨干参加 GSP 培训班、选送员工到大专院校学习专业知识、邀请 GSP 专家举办知识讲座，内容要从身边具体事例入手，力求生动活泼。培训内容要全面，除了 GSP 知识以外，还应包括《药品管理法》《计量法》《产品质量法》《消费者权益保护法》等，专业知识如药学、微生物学等，有关技能如营销手段、商品以及岗位卫生规程、操作技能等，产品知识如产品类别、理化性质、用途等。

5. 教育培训形式 培训形式要针对不同人群，分层次进行，如高层次培训有出国留学、攻读研究生、第二学位等；中等层次培训，如脱产学习、进修等；低层次培训，一般以不定期学习班为主，可经常进行，不脱岗且相对集中。

6. 教育培训考核 药品经营企业要建立 GSP 培训卡和培训档案，并归档保存，每次培训结束，都要进行考核，考核不合格者，应下岗再培训，直至合格。考核结果要和员工的其他利益紧密联系。

合理的组织机构是培训体系有效运作的前提条件。药品经营企业所设立的培训机构根据本企业的特点以及 GSP 的基本要求，负责整个企业的培训管理的具体工作。其主要职责如下。

（1）负责制定有效的教育培训政策和制度。

（2）在各项职能部门的协助下编写和实施年度教育培训计划。

（3）组织、安排和协调教育培训，确保其顺利进行。

（4）为培训师资提供培训服务，使其掌握必要的理论、方法与技巧，不断提高自身素质。

（5）负责企业员工教育、培训文档的管理。

教育培训机构要和企业质量管理部门协作，负责企业员工的 GSP 培训。质量管理部门在 GSP 培训方面的职责如下：①负责制订 GSP 培训及考核计划；②负责员工的 GSP 培训及考核；③根据 GSP 的发展以及企业内部质量体系运行中发现的问题编写适用有效的 GSP 培训教材。

企业其他各职能部门应向教育培训机构反馈本部门的教育培训需求以确保本部门员工得到相应的教育培训，职能部门要和教育培训机构协作，负责本部门员工的岗位技能培训。

四、培训的内容

（一）人员培训的内容

药品经营企业的人员所应接受的基本培训，包括 GSP 培训和岗位、操作技能培训。但实际上两者是很难加以明确区分，岗位的工作要求实际就是 GSP 在该岗位的具体体现。因此，岗位培训可看成岗位 GSP 培训的重要内容。

1. 岗位培训　从事药品营销及质量检验的人员都应该经过相应的专业技术培训，具有岗位所要求的基础理论知识和实际操作技能，经考核合格后，才能正式上岗工作。

2. GSP 培训　对于 GSP 培训，其培训对象应该是企业全员，上至企业负责人，下至每一个营业员，包括收发、保管、食堂员工等。企业的 GSP 培训可以分为两大类：一般员工培训和技术人员、管理人员的培训。对于一般员工的培训，要通俗易懂，简单易记，同时内容要完整，以现行 GSP、企业各岗位职责和规程为培训内容。对于技术人员和管理人员，培训教材应体现较强的专业性、科学性、针对性和系统性。

（二）GSP 培训的内容

1. 一般员工的培训　GSP 基础知识培训，如学习理解实施 GSP 的意义，了解实施 GSP 的目标、方法、要求，对重大的质量事故进行分析。卫生培训，如 GSP 对个人卫生的要求、对各种环境的卫生要求，以及操作要求等。岗位职责和规程培训，重点是培养员工熟悉本岗位职责和规程以及安全防护知识等。

2. 专业人员的培训　对检验、养护和管理岗位人员进行 GSP 系统专业知识的培训；派人员参加企业外部的各类 GSP 培训班、研讨班；请 GSP 方面的专家到企业讲课、咨询等。

（三）教育培训层次内容

1. 初级教育培训　所有新招聘的员工，不管其是否来自药品经营企业，均必须经过初级培训。初级培训一般应在新职工录用之日起一个月内进行，内容如下。

（1）本企业的概况及本企业管理制度　应特别强调劳动纪律教育，让新员工牢记企业的各项规程，并视其为行为准则。

（2）GSP 基本知识培训　培训内容因人而异，循序渐进。对基层作业人员，应以 GSP 的基本要求为主，以实例讨论为主，解释 GSP 的规定，切忌照本宣科。

（3）微生物学基础和个人卫生习惯的教育　了解微生物学的基础知识，如微生物的分类、危害性、基本结构、生长繁殖特点、杀灭方法等，对员工养成良好的个人卫生习惯，减少微生物的危害是非常必要的。

（4）岗位培训　要根据新员工的工作岗位和经验，制订出适合其本人岗位特点培训计划。岗位培训不是一种专题培训，而是一种能力基础培训，它不再满足记录每个员工已经掌握其工作所需的知识，而应通过演示使他们能够按照质量管理的要求和部门的标准操作规程正确地做好岗位工作。应特别注意培训新员工养成及时在工作过程中做好记录的习惯。

（5）岗位实习　经过岗位培训后的新员工一般不宜进行独立上岗操作。必须在管理人员或有经验员工指导下作业，经过一定时间实习并经考核合格后，由规定的管理人员或指定人员签发上岗证后方可独立操作。

（6）其他　如产品知识培训，新员工至少应当了解自己生产的产品是什么类型和剂型，基本药理作用是什么，作业过程中应如何进行安全防护，意外情况发生后有什么危害，如何进行应急处理等。

2. 基础教育培训　培训内容包括 GSP 的各个方面及其实施细节，培训对象为经过 GSP 初级培训的人员，以 GSP 对药品经营及质量管理的基本要求为培训的核心内容。主要内容如下。

（1）药品质量的含义和特点　让员工了解药品质量的含义和特点，培训工作应从药品质量的实例讨论入手使员工认识到实施 GSP 的必要性和重要性。

（2）污染和混淆的概念　让员工了解污染和混淆的概念，分析讨论造成药品污染和混淆的原因以及 GSP 中的环境、设施、储存、运输、零售、人员等制度对防止发生污染和混淆的重要作用；加深员工对混淆的认识和了解。培训员工使其掌握防止混淆及污染的措施和办法。

（3）文件系统　使员工了解企业 GSP 软件系统概况，认识制度、规程、记录等重要性，使之认识到按照规定程序和制度进行操作的必要性。

（4）岗位技能　培训员工掌握相关岗位的操作技能，强化员工对企业所用相关技术控制措施的认识和理解，这是每个员工做好本职工作的重要先决条件。

3. 继续教育培训　教育培训并不是一劳永逸的，而是周而复始、永无止境的。企业必须配备称职的教育培训人员对员工反复不断地进行 GSP 培训，以保证每一个员工都熟知 GSP 法规对各自的要求。继续培训应经常性和综合性地开展，它一般包括以下内容：介绍新的工作程序、介绍新的操作技能、重复培训保留的合理程序。继续培训应避免简单重复，应结合实践，注意变换形式，充实新的内容。各层次的员工都应参加定期的再培训，以更新知识，提高认识。尤其当管理制度或规程修订后开始生效之前，必须对相关员工进行培训和考核，以保证所有执行人员都理解掌握了新规程的内容和要求。GSP 是动态的、发展的，因此对有关员工还应介绍我国及国际 GSP 中新的要求及进展，进一步加深对 GSP 的理解。

应当指出并且强调，药品经营活动中发生的质量问题和事故，以及企业内部质量审计过程中发现的问题都是活生生的继续培训教材，有关培训教员应对这部分材料加以提炼总结，编写成适用的教材对员工进行培训和考核，这种取自于 GSP 实践的事例所编成的教材更具有适用性，对员工的印象更为深刻，更能够为员工所理解和接受。

五、培训的方法

培训是否成功关键在于选择最适合的培训方法。所谓最适合，就是培训方法要适合培训对象，根据这个思路，一般的教育培训方法有以下几种。

1. 讲授法　教师讲，学员听。以单项沟通为主，学员处于被动地位，如请外单位老师介绍国外药事法规，尤其是 GSP 的概况等，以扩大员工视野和知识面，这种培训并不以直接解决企业具体问题为目的。

2. 讨论法　以讨论的形式来达到传授知识和技能的目的，讨论是否热烈、深入，有赖于教师的引导以及学员的素质和兴趣。

3. 案例法　针对某种情况，就其状况的原因，进行分析、讨论，并提出解决方法。案例可以刺激学员思考问题，也可以作为一个培训课程结束时总结工具。

4. 视听法　利用投影、幻灯片、网络视频等方法展示培训内容，这种方法一般适用于辅助教学培训。GSP 培训一般采用投影、幻灯片、网络视频音频等，以上方法可交替使用。

5. 实际作业和知识竞赛法　实际作业法是指由受训者一边进行作业，同时还接受教员的指导和纠正的培训方法，这种方法实用性强，效果较好，但只适用于基层操作人员。知识竞赛法则是将 GSP 要求以知识竞赛的形式呈现，通过问答、在线测试的方式使受训者掌握。

六、培训效果评估

有的培训能“立竿见影”，很快地反映到员工的工作绩效上；而有的培训很难有明显效果，甚至要到若干年后才能显示出来。尽管如此，一期培训课程结束后，仍要进行评估和追踪。考试是培训项目评估的一种最常用方法。考试时试卷应尽可能做到标准化，这对客观、公正地评价学员在培训期间的学习，调动其积极性十分有效。考核方法很多，可采取提问方式，也可以是要求学员现场操作的方式，也可以是讨论的方式，看学员是否理解，不必局限于传统的笔试形式。每年年终应对培训计划的执行情况进行回顾总结，结果一定要和受培训教育的员工的切身利益如上岗下岗、工资报酬、晋升晋级挂钩，以便使教育培训产生好的效果，更好地适应质量保证的需要。

扫码“学一学”

第四节　人员卫生与健康

在药品流通过程中，人员总是直接或间接地与药品接触，对药品质量产生影响，因此，加强人员卫生与健康管理与监督是保证药品质量管理的重要任务。

一、个人卫生的控制

企业应当制定个人卫生管理制度。个人卫生对药品质量主要可以从以下两方面影响：一方面是人员身体健康状况；另一方面是个人卫生习惯。

1. 个人身体健康状况的控制　药品经营企业中直接接触药品的岗位有质量管理、验收、养护、储存等药品岗位，患有痢疾、伤寒、甲型病毒性肝炎、戊型病毒性肝炎等消化道传染病，以及患有活动性肺结核、化脓性或者渗出性皮肤病等有碍药品安全的疾病的人员不得从事直接接触药品的工作，身体条件不符合相应岗位特定要求的，不得从事相关工作。

2. 个人卫生习惯的养成　人的手是工作时所使用的最重要的工具，而人的头发和面部是暴露于工作环境最多的部位。如果平时不养成良好的个人卫生习惯，即使再严格的工作现场清洁消毒措施，也很难避免人员对药品质量的影响。因此，每个与药品直接或间接接触的人员都必须养成良好的个人卫生习惯，如勤洗手、勤剪指甲、勤洗澡、勤换衣服、勤理发等，时刻保持整洁干净。

二、工作服的卫生

根据 GSP 的规定，储存、运输等岗位人员的着装应当符合劳动保护和产品防护的要求。

它的作用是防止员工对药品的污染并保护操作人员不受到生产环境中不良因素的危害。在营业场所内，企业工作人员应当穿着整洁、卫生的工作服。

三、人员健康档案的建立

药品是特殊商品，直接关系人体健康和生命安全。但药品本身特性决定其在任何环节都容易受到外界条件的影响，从而影响药品质量。药品经营活动是通过药品经营企业中的工作人员的行为实现的。只有保证人员的健康状况，保证其在药品经营活动过程中不污染药品，才能保证患者最终拿到质量合格的药品。因此，药品经营企业应采取措施保持人员良好的健康状况，对相关工作人员进行健康检查，建立健康档案，以便动态地、连续地掌握其健康状况。

员工上岗前，一定要对他们进行全面体检，质量管理、验收、养护、储存等直接接触药品岗位的人员应当进行岗前及年度常规健康检查，并建立健康档案，以便于了解和追踪个人健康状况。另外，还要根据员工具体的岗位性质再确定其他具体检查项目，患有传染病或者其他可能污染药品的疾病的，不得从事直接接触药品的工作。

直接接触药品的人员如下：批发企业中主要有质量管理人员、验收员、养护员、仓库保管员、出库复核员、送货员等，零售企业中主要有质量管理人员、验收员、养护员、仓库保管员、出库复核员、驻店药师、营业员、厂方促销员等。这些岗位的人员每年至少应体检一次。

扫码“练一练”

此外，应对员工健康状况做好有效的维护工作：员工进入公司后必须按规定接种各种疫苗，以增强自身的免疫功能。员工在工作期间如频繁出现某种病症，应立即到指定医院检查，如查出对从事本职业有害的任何病状，都应首先予以隔离治疗，直到完全恢复后，方可复工，对于情况严重者企业应和员工应协商处理，员工不得私自上岗复工。员工应时刻注意日常保健及饮食卫生，增强体质，杜绝感染各种传染病的可能。

（陈玉文　张永秉　关元宙）

第四章　文件管理

质量体系文件是描述和规范企业质量管理体系活动的一整套文件，是企业进行各项管理、开展业务经营活动的基本守则，企业各级管理人员和全体员工必须严格遵守，并正确执行质量体系文件上的内容。一个企业的质量管理就是通过对企业各项活动的过程进行规范化管理来实现的。因此企业质量管理体系文件的内容应当涵盖企业所有与药品质量相关的管理及业务活动，包括采购、收货、验收、储存、销售、运输、财务、信息、人力资源以及质量管理等方面。

文件管理是指文件的设计、制定、审核、批准、复制、分发、培训、执行、归档、变更、保存和销毁等一系列过程的管理活动。作为监督检查和管理的基本依据的文件应真实反映药品经营全过程，以便于进行追踪管理。通过文件管理建立一套文件化管理体系，从而可以明确管理和工作职责，以保证药品经营全过程按照制定的文件规定运行，并可作为对员工进行培训和教育的教材。

扫码“学一学”

第一节　质量管理体系文件概述

一、质量管理体系文件的定义

“质量管理体系文件”是指用于保证药品经营质量的文件管理系统。它由一切涉及药品经营质量管理的要求、书面标准和实施过程中的记录组成，贯穿于药品质量管理全过程，包括企业的质量管理制度、各部门和工作岗位的质量职责、质量管理工作程序以及经营活动中的相关记录和原始凭证等。

企业的质量管理是通过对工作过程的管理来实现的，因而就需要明确管理的过程要求、管理的人员、管理人员的职责、实施管理的方法以及实施管理所需要的资源，把这些用文件形式表述出来，就形成了企业质量体系文件。

质量管理体系文件是药品经营质量管理的决定性要素，是实施、保证和保持质量管理体系有效运行的基础。质量管理体系文件不仅是保证内部质量管理体系有效开展质量管理活动的基础和依据，也是企业开展内审的主要依据，同时也为企业提供了执行新版 GSP 要求的必要见证。

质量管理体系文件应当符合“事事有规定，事事按规定”的制定目标。应当注意的是，质量管理体系文件不等同于“质量管理文件”，质量管理文件仅是质量管理体系文件中的一个专项部分，而质量管理体系文件还包括操作规程、记录、报告、原始凭证等在内的一切与药品经营质量有关的所有文件。

二、质量管理体系文件的作用

1. 企业内部质量管理活动有序进行的依据

（1）质量管理体系文件给出了药品经营企业实现质量管理的目标和方法，使得企业各成员目标明确。

（2）质量管理体系文件界定了各个岗位人员的职责和权限，使得质量任务能合理分解，各成员协调一致完成质量管理工作。

（3）质量管理体系文件使得一切活动按规程，一切活动有记录，使得质量活动做到了有据可循，有凭可查，确保了质量活动的可追溯性和质量目标的实现。

（4）通过质量管理体系文件，可以了解质量体系的运行情况，因此质量文件是质量体系评价和审核的依据。

2. 企业内部审查和外部检查中质量保证能力的证明

（1）证明质量管理活动过程已经经过确认和优化。

（2）证明文件规定已经被有效实施。

（3）证明文件处于可控的状态。

3. 企业开展培训活动的教材 培训活动在 GSP 管理中起到重要作用，是员工职业素养提高的有效途径。员工有效开展质量管理活动的主要依据就是质量管理体系文件。通过培训，使得员工在岗位技能、培训内容和文件规定之间找到平衡，从而不断提高专业素养。

4. 企业提高产品质量的保证 质量文件对工作规范、质量控制规范都有明确的要求，具有很强的强制性，将产品质量的各种因素都处于有效的控制之中，从而保证了产品的质量。另一方面，质量文件使企业各项工作程序化、规范化和标准化，有利于企业建立起协调、高效和稳定的工作秩序，最大限度地减少外界因素对产品质量的影响，这不仅保证了产品质量的稳定性，而且也有利于产品质量的提高。

5. 企业质量体系持续改进的基础 通过对文件执行情况的了解，确定工作过程中可以不断改进的地方；当把质量改进成果纳入文件，变成标准化程序时，该成果就能可得到有效巩固。

三、质量管理体系文件建立的原则

药品经营企业制定质量管理体系文件时，应当按照相应的原则，以满足企业质量管理的目标和方针，在方法的选择和具体的实施上应当符合企业实际情况。质量管理体系文件应是长期遵循的、保证企业质量管理体系有效运行的基础文件系统。为使企业质量管理体系充分、高效地运行，企业在编制质量管理体系文件时应当遵循以下原则。

1. 合法性原则 质量管理体系文件内容应符合现行药品法律法规、政策文件的规定，围绕企业质量方针和质量目标来建立，覆盖质量管理的所有要求。

2. 系统性原则 质量管理体系文件应齐全、层次清晰，包括质量管理制度、部门职责、岗位职责、操作规程、工作程序、档案、报告、记录和凭证等。各部门质量管理程序、职责应紧密衔接。文件之间应保持内在的逻辑性、关联性、一致性，不互相矛盾。

3. 实用性原则 质量管理体系文件的编制过程中，做到既要和现行的法规、标准有效衔接，又能符合经营规模、经营方式、经营范围、操作过程、控制标准等企业实际，满足实际经营需要。

4. 前瞻性原则 质量管理体系文件的编制要具有一定的前瞻性，要考虑未来的发展变化，在编制过程中要善于学习外部先进的管理理念和经验，整合到自己的质量管理体系文件之中，不断学习，不断改进。

5. 指令性原则 质量管理体系文件是一切质量管理活动的准则，里面必须指明哪些事情应当要做，哪些事情不能做，以及应该如何去做，能够给予各岗位员工正确的指导。文件中写到的应做到，即严格按照文件的规定去做，活动的过程和经过应当记录。

6. 可操作性原则　制定的质量管理体系文件应当具有可操作性，文件中的所有规定应当是能够在企业实际中做到的，否则就不应当出现在质量管理体系文件中。

7. 可检查性原则　质量管理体系给各部门、各环节的职责和工作应当明确具体。文件中的时限要求尽可能地能够量化，便于监督和考核。

扫码“学一学”

第二节　文件系统的建立

文件是指一切涉及药品经营质量管理的标准、程序、规程与制度，包括质量管理制度、部门及岗位职责、操作规程、档案、报告、记录和凭证等。文件应随质量管理体系的运作环境的变化而变化，要始终保持有效。工作现场使用的文件应为现行有效的文本，不得出现已废止或者失效的文件。

一、质量管理体系文件制定的基本要求

1. 企业应当按照药品监督管理法律法规以及新版 GSP 的要求，结合企业管理实际制定质量管理体系文件。符合企业实际是指与企业的法定经营范围和经营模式相适应。

2. 质量管理体系文件应当涵盖到企业《药品经营许可证》核准的所有经营范围，对经营范围涉及的各品种类别均应明确规定其经营管理的具体要求。

3. 制定文件应当紧密结合企业管理的实际情况，包括企业的组织结构特征、采用的计算机及物流技术手段、管理及经营的模式等。

二、文件的分类

新版 GSP 规定，企业制定质量管理体系文件（表 4－1）应当符合企业实际。文件包括质量管理制度、部门及岗位职责、操作规程、档案、报告、记录和凭证等，并要求对质量管理文件定期审核、及时修订。

质量管理制度、部门及岗位职责、操作规程属于执行性文件，是开展各项工作和活动的基本准则和标准；档案、报告、记录和凭证属于结果性文件，也是对各项工作和活动进行追溯、核实的依据，要与企业计算机系统的功能紧密结合。

表 4－1　质量管理体系文件的分类

	一级分类	二级分类	具体内容
质量管理体系文件	方针目标	质量方针	质量工作总纲领
		质量目标	质量方针需量化
	质量管理制度	管理制度	明确做什么
		管理标准（未强制要求）	评判的标准或依据
	质量职责	部门职责	明确责任
		岗位职责	
	操作规程	具体的操作步骤和要求	操作方法
	记录文件	真实记载再现工作过程	评判操作结果

（一）质量管理制度文件

质量管理制度是企业根据质量管理工作的实际需要而制定的质量规则，是对企业各部

门和各业务环节如何实施质量管理做出的明确规定。

质量管理制度对企业质量管理过程具有权威性和约束力，是首要的支持性文件，明确了企业应该开展的全部的质量工作。操作规程、工作程序、文件记录等应与相对应质量管理制度中的内容和要求保持一致。

1. 药品批发企业质量管理制度 新版 GSP 第三十六条规定，药品批发企业质量管理制度应当包括以下内容：①质量管理体系内审的规定；②质量否决权的规定；③质量管理文件的管理；④质量信息的管理；⑤供货单位、购货单位、供货单位销售人员及购货单位采购人员等资格审核的规定；⑥药品采购、收货、验收、储存、养护、销售、出库、运输的管理；⑦特殊管理的药品的规定；⑧药品有效期的管理；⑨不合格药品、药品销毁的管理；⑩药品退货的管理；⑪药品召回的管理；⑫质量查询的管理；⑬质量事故、质量投诉的管理；⑭药品不良反应报告的规定；⑮环境卫生、人员健康的规定；⑯质量方面的教育、培训及考核的规定；⑰设施设备保管和维护的管理；⑱设施设备验证和校准的管理；⑲记录和凭证的管理；⑳计算机系统的管理；㉑药品追溯的规定；㉒其他应当规定的内容。

2. 药品零售企业质量管理制度 新版 GSP 第一百三十五条规定，药品零售质量管理制度应当包括以下内容：①药品采购、验收、陈列、销售等环节的管理，设置库房的还应当包括储存、养护的管理；②供货单位和采购品种的审核；③处方药销售的管理；④药品拆零的管理；⑤特殊管理的药品和国家有专门管理要求的药品的管理；⑥记录和凭证的管理；⑦收集和查询质量信息的管理；⑧质量事故、质量投诉的管理；⑨中药饮片处方审核、调配、核对的管理；⑩药品有效期的管理；⑪不合格药品、药品销毁的管理；⑫环境卫生、人员健康的规定；⑬提供用药咨询、指导合理用药等药学服务的管理；⑭人员培训及考核的规定；⑮药品不良反应报告的规定；⑯计算机系统的管理；⑰药品追溯的规定；⑱其他应当规定的内容。

（二）质量职责文件

质量职责是企业根据质量管理工作的需要，对组织机构中设置各部门和岗位的工作内容、工作目标、工作结果等提出的明确要求，即明确了相关的质量管理工作由谁负责完成的问题。

新版 GSP 第三十七条规定，部门及岗位职责应当包括：①质量管理、采购、储存、销售、运输、财务和信息管理等部门职责；②企业负责人、质量负责人及质量管理、采购、储存、销售、运输、财务和信息管理等部门负责人的岗位职责；③质量管理、采购、收货、验收、储存、养护、销售、出库复核、运输、财务、信息管理等岗位职责；④与药品经营相关的其他岗位职责。

（三）操作规程文件

企业应当制定药品采购、收货、验收、储存、养护、销售、出库复核、运输等环节及计算机系统的操作规程。其内容要求涵盖企业经营质量管理的各个环节，与相应的质量管理制度保持一致，符合工作实际和岗位要求。此外，各部门工作现场应有相应的现行操作规程文件。

操作规程是为进行某项质量活动或过程所规定的途径，是对各项质量活动采取方法的具体描述，也是企业规范经营活动的支持性文件。在操作规程中应明确规定何时、何地以及如何做，应采取什么材料、设备，用到了哪些质量管理体系文件，如何对活动进行控制和记录等。

新版 GSP 第一百三十八条规定，药品零售操作规程应当包括：①药品采购、验收、销售；②处方审核、调配、核对；③中药饮片处方审核、调配、核对；④药品拆零销售；⑤特殊管理的药品和国家有专门管理要求的药品的销售；⑥营业场所药品陈列及检查；⑦营业场所冷藏药品的存放；⑧计算机系统的操作和管理；⑨设置库房的还应当包括储存和养护的操作规程。

（四）记录文件

记录文件是阐明所取得的结果或提供所完成活动的证据性文件。记录是工作过程中的真实记载，反映工作的质和量，在需要追溯相关质量信息时可用于提供证据。在药品流通过程中，伴随着大量记录的流转，相关人员可以依据记录了解、追溯、控制药品流转的情况。因此，在药品流通过程进、存、销各环节建立记录，并在记录中真实记载有关所经营药品的质量信息，可以使得经营过程清晰、透明、可追溯。

新版 GSP 规定企业应当建立药品采购、验收、养护、销售、出库复核、销后退回和购进退出、运输、储运温湿度监测、不合格药品处理等相关记录，记录应做到真实、完整、准确、有效和可追溯。记录应与质量管理制度、操作规程、工作程序等上位文件保持一致，与企业实际相符。操作规程应对记录的规范填写提出要求。记录应及时填写，字迹清晰，不得随意涂改，不得撕毁。更改记录的，应注明理由、日期并签名，保持原有信息清晰可辨。

三、文件的编码

（一）编码的基本原则

所有 GSP 文件必须有易于识别的系统编码，以便于识别、控制及追踪，同时也可避免使用或发放过时的文件。系统编码的原则如下。

1. 系统性　应指定专人对所有文件进行统一分类、编码，并设计一个文件目录，为每个文件编号。该目录将作为上报的文件总目录的草案，便于归纳整理。

2. 准确性　文件应与编码一一对应，不可重复使用，以免造成混乱。编码的组成要严谨，能够体现它所对应的文件特征。

3. 可追踪性　按照文件编码可快速查找出文件，并从编码上可以查询出文件变更的历史。

4. 稳定性　文件编码一经确定，不应随意变动，应保持系统的稳定性，防止文件管理出现混淆。

5. 相关一致性　文件一旦经过修订，其总的分类编码不变，只改变修订号。对其他相关文件中出现的该文件编码也应同时进行修改。

（二）文件编码方法

GSP 文件系统的建立是个科学、系统的工作，如果 GSP 文件系统设计不合理、不规范，将给 GSP 文件的实施过程带来不便，甚至影响质量管理体系的有效运行。

为了便于文件识别、查阅和使用，所有的质量体系文件应有统一的编号。编号可根据质量活动的层次、部门、年代进行编排，以便识别和管理，编码应做到格式规范、类别清晰、一文一号。

1. 文件分类代号　企业可以根据经营管理和质量控制需要，划分经营管理和质量管理体系文件类别；可根据部门的职能，划分为采购部、销售部、财务部、行政部、质量管理部、储运部文件类别，也可根据发文性质将文件划分为内部可控文件、内部不可控文件、外部可控文件和外部不可控文件四类。其代号见表 4－2、4－3、4－4。

表 4－2　部门代号

部门名称	采购部	销售部	财务部	行政部	质量管理部	储运部
代号	CG	XS	CW	XZ	ZG	CY

表 4－3　发文性质代号

发文性质	内部可控文件	内部不可控文件	外部可控文件	外部不可控文件
代号	NY	NN	WY	WN

表 4－4　业务性质代号

业务性质	管理类	业务类
代号	GL	YW

2. 文件的编号　公司标准代号××代表××公司制定、批准、发布的企业标准；部门代号是用部门名称的二位汉语拼音字头表示；发文性质代号指对内/外发文，是否受控，该代号使用“内外”的汉语拼音字头及“是否”的英文头字母表示；业务性质代号是指文件的业务性质是管理类，还是业务类，用管理/业务两词的汉语拼音字头表示；年代号用四位数表示；序列号指公司按上述规定编列的顺序号，不足三位用零补齐（图 4－1）。

图 4－1　参照 ISO 9000 系列对文件编号的示意图

3. 文件目录的产生　企业在编码前，根据新版 GSP 要求和企业内部实际经营质量管理状况，统一确定文件编码的方法，分部门或分类别列出文件目录，建立文件目录。文件的编号、标题等应体现文件的性质。

四、文件的格式

文件格式就是指文件式样、内容、文字等的标准化或统一应用，文件应采用相同的标准文件格式，以保证文件系统的规范，这个对于文件系统的建立及其运行有着非常重要的作用。

（一）文件眉头

文件眉头是文件名称、性质等内容标明的重要格式，必须统一使用，使整个文件系统规范、有序。为了使得文件醒目、易于识别，文件如果有多页，每一页都要有眉头，后续页眉头只需第一栏（表 4－5）。

表 4-5　质量管理体系文件眉头式样

文件名称		文件编号	
起草部门		审核人	审核日期
起草人	起草日期	批准人	批准日期
版本号		生效日期	
分发部门		份数	

其中，“文件名称”栏填写文件的正式名称；“文件编号”由质量管理部门将质量管理文件统一编制编码；“分发部门”栏应详细注明文件分发到的部门、岗位及份数，确保文件分发、回收准确、快速；“版本号”应注明企业现行的版本号。

（二）版本号

企业应当根据实际，按照自己的习惯和需要，去做好质量体系文件题目、种类、目的以及文件编号和版本号的确定工作。发放新版文件时同时收回旧版文件，由文件管理人员统一处理。对需保存的旧版文件应另行明显标识，与现行文件隔离保存。

（三）文字要求

质量管理体系文件要用词准确、清晰和易懂，避免因用词不当产生歧义。文件中不允许出现模棱两可的字眼，如“定期进行质量事故处理情况的调查”中时间概念就很模糊，必须明确该检查的时间频率，例如，每月一次或每年一次等。再如，“发现问题要及时报有关部门并采取相应措施”中，对于“问题”“及时”“有关部门”“相应措施”等也比较模糊，应当在文件规定中尽可能地给予量化评价，需要更加具体细致。

（四）正文格式

1. 质量管理制度文件　质量管理制度是企业按照质量管理工作的实际需要而制定的质量规则，是对企业各部门和各业务环节如何实施质量管理做出的明确的规定。质量管理制度在企业管理中具有权威性和约束力，是企业质量管理体系首要的支持性文件，其规定内容的特征为“做什么”和“什么不能做”。

质量管理制度文件内容涉及面广，也比较烦琐，根据管理制度类文件的特点，其格式可以分为：文件制定的目的，文件制定的依据，文件的适用范围，该类制度文件的职责部门或岗位，文件内容包括程序、方法、注意事项等。

2. 质量职责文件　质量职责是指对企业各部门和各级各类人员在质量管理活动中所承担的任务、责任和权限的具体规定，是根据企业质量管理工作的需要，对质量管理的各相关部门和岗位的工作内容、工作目标、工作结果等提出的明确要求，即对于相关的质量管理工作明确规定了由谁来做。

质量管理职责文件的一般格式：文件制定的目的，文件制定的依据，文件的适用范围，部门职能或岗位职能，主要职责。

3. 操作规程文件　操作规程是为进行某项质量活动或过程所规定的途径（方法），是对各项质量活动采取方法的具体描述，操作规程企业质量管理活动的支持性文件。在质量程序文件中通常包括活动的目的和范围，明确规定何时（When）、何地（Where）以及如何做（How），应采用什么材料、设备，应用哪些质量管理文件，如何对活动进行控制和记录等。

操作规程还应当包括操作技术细节、操作方法等，是岗位操作人员正确开展质量工作的依据，是保证质量体系有效运行的规范。操作规程的制定要贯彻质量体系的方针，其内容要结合质量活动实际运行情况，突出关键点，文字力求简练、易懂、易记。条目的先后顺序要求与操作顺序一致。任何涉及质量管理工作的活动都应该制定操作规程。

操作规程文件的基本格式为文件制定的目的，文件制定的依据，文件的适用范围，该类文件的职责，文件内容包括操作的时间、地点，遵循的原则，操作的方法，使用的工具或材料，需要满足的标准等。

4. 记录文件 记录是阐明所取得的结果或提供所完成活动的证据性文件。在药品流通过程中，伴随大量记录的流转，记载着药品流向的时间、地点、品名、规格、数量、生产企业、供货企业、价格、金额等，工作人员可以依据记录了解、追溯控制药品流转的情况。

记录类文件种类繁多，根据记录的类别、事项，其格式也不相同，以《药品入库验收记录》为例进行说明。《药品入库验收记录》的格式如下：验收日期、药品通用名、商品名、剂型、规格、单位、数量、批号供货企业、批准文号、出厂检验报告、合格证、有效期、注册商标、生产厂家、质量状况、验收结果、验收员、库管员。

扫码“学一学”

第三节　文件系统的运行

一、文件的编制

企业应当建立文件编制管理的操作规程，系统地设计、制定、审核、批准和发放文件。所编制的文件应当经质量管理部门审核。文件编制的一般程序如下所示。

1. 文件的起草 一般由使用部门负责起草，在起草过程中应与文件涉及的人员、其他部门讨论协商，征求意见，使文件一旦实施后，具有可行性。

2. 文件的审核 文件形成后，由质量工作领导组织审核，主要审核其与现行 GSP 标准是否相符以及文件内容的可行性，文字应简练、确切、易懂，不能有两种以上的解释，并且与公司已生效的其他文件没有相悖的含义。经质量领导组织审查后的文件如需修改，应交回原起草人员进行修改，直至符合要求。

3. 文件的批准和生效 审核通过的文件由质量管理部门按标准格式打印后，由文件的起草人、审核人签字，交企业负责人批准签字，加盖公司公章后生效。制定人、审核人、批准人不可为同一人。

4. 文件的复制 文件不得随意复印，如培训需要复印件，必须经质量管理部门批准并在复印件上盖有“供学习用”印章。文件复制不允许手抄写，常采用复印这种复制方式：复制件必须清晰，易识读。每份复制的文件（记录除外）加盖拷贝顺序号，便于管理和回收。文件复制后需由复印人填写“文件复制记录”。

5. 文件的颁发和回收 质量管理部门应规定发放范围，制定文件清单、编号，批准生效的文件按规定数量复印并颁发。文件颁发给部门及收阅人时，收发双方须在文件发放记录上签字。一旦新文件生效使用，前版文件必须交回，且不得在工作现场出现。当文件进行了修订，且新修订的文本已被批准使用，则原文件自新文件生效之日起废止，并要及时回收。当发现文件有错误、影响质量管理体系有效运行时，必须立即废止并及时回收。文件收回时必须在文件回收记录上登记签字。

6. 文件归档　回收的文件质量管理部门要有一整套完整的归档文件，文件归档后要及时填写文件归档记录。

7. 文件的销毁　以下文件要销毁：文件起草（或修订）过程中的草稿、打印过程的草稿；回收的旧版文件，归档一份后的其余文件；其他的废止文件。所有这些文件，统一由质量管理部门收集、清点、建账，撰写文件销毁申请，经总经理批准签字后，指定专人销毁，并指定监销人，做好文件销毁记录，防止失密。

8. 文件的修订　文件体系的建立是一个不断健全、完善的过程，可能因各种因素的变化导致各类文件失去其原有的实用性、可操作性和意义，因此有必要定期对各类文件统一进行修订或销毁。

质量文件应定期检查、不断修订，一般每隔两年对现行文件进行复检检查，做出修订评价。当企业所处内、外环境发生较大变化，如国家有关法律、法规和企业的组织结构、经营结构、方针目标发生较大变化时，应对文件进行相应的修订，以确保其适用性和可操作性。

文件的修订一般由文件的使用者或管理者提出，质量管理制度、岗位职责、操作程序的修订，应由质量管理人员提出申请并制定修订的计划和方案，上交企业负责人评价修订的可行性并审批。文件的修订过程可视为新文件的起草，修订的文件一经批准执行，其印制、发放应按有关规定执行。文件如因个别字错误，在不影响文件执行有效性的前提下，可予以更正，更正时必须由文件制订部门向文件管理部门提出，在被修改处加盖“更正章”作为明显标识，以防误用。

二、文件的使用

文件使用总的原则是文件的起草、修订、审核、批准、替换或撤销、复制、保管和销毁等应当按照操作规程管理，并有相应的文件分发、撤销、复制、销毁记录。

文件的使用包括分发、培训、执行、归档和变更等环节，必须对这些环节进行管理，其管理目的是，确保文件的使用过程规范化、程序化，文件使用有质量。

1. 分发　在文件执行之日前应分发到相应岗位，分发应有记录，发放的文件要加盖原印章，同时要如数收回旧文件；原版文件复制时不得产生任何差错；复制的文件应当清晰可辨。

2. 培训　无论是新文件还是更改后的文件，质量管理部门都应根据文件的具体内容和要求，视具体情况，保证文件使用者在执行前均受到相关培训，并经考核合格。培训工作由质量管理部门统一安排进行。

3. 执行　文件初始执行阶段，质量管理部门应注意加强监督检查，并对执行结果进行必要的评估，以保证文件执行的有效性，文件应根据评估结果及时进行复核修订。分发和使用的文件应当为批准的现行文本，已撤销的或旧版文件除留档备查外，不得在工作现场出现，防止旧版文件的误用。

4. 归档　现行文件样本及原件应统一归档，更新时应有记录并归档，旧文件收回集中归档；文件应当分类存放、条理分明，便于查阅。质量管理制度、操作规程、岗位职责、确认、验证、变更等其他重要文件应当长期保存。

5. 变更　由使用者或管理者提出变更理由和内容，由原文件的批准人评价变更的可行性并审批，使用者按审批意见执行变更，同时检查相关文件的变更情况，变更应予记载。

三、记录文件的管理

和程序文件一样，记录也是非常重要的文件，记录文件是药品经营质量管理有序进行的基础文件，对于产品质量追溯、质量管理的提高与改进起着极其关键的作用。记录文件的管理就是对记录文件的产生、使用等环节进行控制，使得记录真实、及时规范和标准。

（一）建立记录的内容和规定

记录是工作过程的真实记载，反映工作的质和量，为工作的有效性提供客观证据，在需要追溯质量相关信息时提供证据。新版 GSP 第三十九条明确规定，企业应当建立药品采购、验收、养护、销售、出库复核、销后退回和购进退出、运输、储运温湿度监测、不合格药品处理等相关记录，做到真实、完整、准确、有效和可追溯。

企业在药品流通过程的进、存、销各环节，应建立各种质量记录，并在质量记录中载明有关药品质量信息，能做到按批号进行追踪。企业建立的各项记录及内容应当通过企业计算机系统进行相关环节的操作后自动生成，企业应按照新版 GSP 要求对相关记录内容的要求，确保各项记录内容的真实、完整、准确、有效和可追溯，严禁伪造记录、擅自删除经营数据。

（二）电子记录的管理

1. 电子记录的概念 电子记录（Electronic Records）是指依靠计算机系统进行创建、修改、维护、存档、找回或发送的诸如文字、图表、数据、声音、图像及其他以电子形式存在的信息的任何组合或其他可靠方式记录数据资料。在电子记录的范畴中，电子签名是管理电子记录的有效手段。电子签名（Electronic Signatures）在法律上完全等效于传统的手工签名，指的是计算机对一些符号的执行、采纳或者被授权的行为进行数字处理。

2. 电子记录的分类 对药品经营企业提出实行计算机管理是 2004 年《开办药品批发企业验收实施标准（试行）》第十七条："具有专用的计算机和服务器中央数据处理系统，并运用该系统对在库药品的分类、存放和相关信息的检索以及对药品的购进、入库验收、在库养护、销售、出库复核进行记录和管理，对质量情况能够进行及时准确的记录。"2000 年版 GSP 中未有计算机方面的要求。新版 GSP 的第七节为计算机系统，要求企业建立能够符合经营全过程管理及质量控制要求的计算机系统，实现药品可追溯。不仅对企业购销存的软件系统相关做出了明确要求，还增加了药品电子监管等要求，通过信息化手段实时记载药品流通情况，全面实现药品流通网络化管理及动态监控。

根据电子记录的记录方式，将电子记录分为三类。

（1）药品经营的各环节操作人员手动录入数据形成的记录，这种记录的一部分是基础数据，另一部分是一些现阶段不能实现自动采集的数据，必须经由操作人员手动从终端录入。

（2）计算机化系统自动生成的记录，其中包括控制设施自动采集的数据形成的记录，也包括根据基础数据生成的数据。

（3）将记录或记录的信息加工整理后，以电子形式储存归档形成的档案。

3. 电子记录的 GSP 管理 药品经营企业电子记录的管理原则应当和纸质记录管理一致，应当符合 GSP 管理标准，比如记录应该字迹清晰、内容真实、数据完整，有执行人和复核人的签名；记录应保持整洁，不得撕毁和任意涂改；更改时，在更改处签名，并使原数据仍可辨认等。具体管理措施如下。

（1）有计算机操作规程，生成电子记录的计算机化系统必须经过验证，其后的运行状态应当和验证过的状态一致。

（2）计算机管理信息系统的功能设计、操作权限、数据记录等应符合质量管理文件的规定，覆盖企业能够控制和施加影响的所有质量过程。

（3）生成和管理电子记录的系统应该是封闭的系统（Closed System），该系统设计时应该为不同的管理人员和使用人员分配不同的权限。应通过授权、设定密码使各部门或岗位操作人员获得对应的计算机操作权限。有经授权的人员方可输入或更改数据，更改和删除情况应当有记录；应当使用密码或其他方式来控制系统的登录；关键数据输入后，应当由他人独立进行复核。

（4）各部门或岗位操作人员应严格按照规定权限开展相关质量活动，进行数据的录入、复核或更改。计算机化系统本身能够生成准确和完整的复制件，在获得权限之后能够拷贝、转存、发送。由系统自动获取的数据形成的记录，应按时间顺序存储。在遭遇断电或其他突发事故后，记录的内容能够立即恢复并且不失真。

（5）数据信息出现错误或需要改动时，必须由质量管理部门审核，必须将改动前的信息完整保留，还要求改动人准确填写改动的原因并签名，而这些信息同样将被保留在数据库中。

（6）计算机数据应真实、完整、准确、有效、安全和可追溯。比如，对于自动采集到的数据，应保证它在生成、传输、存储环节中不失真；对于手工录入的数据或其他信息，应允许在经操作员两度确认后仍能够改正不正确的输入。

（7）为了不影响人机交互，存储的信息被显示在屏幕上的时候，应该能够被人读懂，只有计算机本身能读懂是不可以的。

（8）应重视电子记录系统的开发者、维护者和使用者的学历、培训经历和经验，他们所具备的学历、培训经历和经验要能够保证他们胜任工作。

（三）书面记录和凭证

书面记录主要是指各种原始票据，如随货同行单、发票、发运单、送货单、委托运输证明材料等单据；工作记录，如质量查询，质量投诉、培训、健康检查档案等。

书面记录及凭证是体现质量体系贯彻执行的原始载体，是企业开展质量工作的真实反映，是连接各工作环节的纽带，可以为质量管理工作和结果提供客观、完整的证据材料。

书面记录及凭证应当及时填写，并做到字迹清晰，不得随意涂改，不得撕毁。更改记录的，应当注明理由、日期并签名，保持原有信息清晰可辨。做到真实、完整、准确、有效和可追溯。

（四）记录和凭证的保存

新版 GSP 第四十二条规定，记录及凭证应当至少保存 5 年。疫苗、特殊管理的药品的记录及凭证按相关规定保存。一般而言，疫苗的记录及凭证应当保存至超过药品有效期 2 年。特殊管理的药品应建立专门登记台账，处方留存不少于 5 年（《麻醉药品和精神药品管理条例》规定为麻醉药品处方至少保存 3 年，精神药品处方至少保存 2 年）。特殊管理药品专用账册的保存期限应当自药品有效期期满之日起不少于 5 年。

如果药品零售经营企业是通过电子记录数据的，应当有电子记录数据备份、存放管理

扫码“练一练”

制度，采取安全、可靠方式定期备份。电子记录数据应由专人负责、定期备份，可采用直接备份、数据库系统备份工具备份等不同方式，不得存在漏备、备份工具本身出差错或不工作的现象。

备份数据的储存设备应与原数据储存设备设在不同地点。数据储存场所应具备防火、防盗、防磁、防外部入侵盗取的保护设施。电子记录数据的保存时间应与文件规定一致，不少于新版 GSP 所规定的时限。

（梁　毅　于　泳　蔡洋洋）

第五章　设施与设备

药品经营企业的设施与设备主要是用于药品的储存、经营、监测、验收与养护等需要的空间场所以及使其状态满足要求的装置和措施，此外还包括运输过程中的装置。为了满足药品流通发展的需要，适应新的药品市场监管新需要，新版 GSP 提升了对硬件方面的要求，全面推行计算机信息化管理，着重规定计算机管理的设施、网络环境、数据库及应用软件功能要求；明确规定企业应对药品仓库采用温湿度自动监测系统，对仓储环境实施持续、有效的实时监测；对储存、运输冷藏、冷冻药品要求配备特定的设施设备以及运输工具。设施与设备是实施 GSP 的基础，强化硬件要求，保证必要的设施与设备才能更好地保障药品质量；同时，也能提高药品经营市场的准入门槛，提升药品经营企业整体水平。

扫码“学一学”

第一节　设施与设备的分类及配置原则

在药品流通中，需要特定设施设备来保证药品的质量，药品经营企业需要根据经营品种与经营规模来配置相应的设施设备，这样既可以满足 GSP 等法规的要求，也可以节约成本。

一、设施与设备的分类方法

设施设备的分类有很多种，这里主要介绍两种方法。

1. 按流通过程阶段分类　按照药品流通过程的不同阶段进行分类，主要分为验收、存储、养护、陈列、配送设施设备。

（1）验收设备　药品的验收主要是对药品的外观性状、包装与标识的检查，所配置的验收设备应有验收项目的针对性，还要结合企业所经营药品的范围、类型等方面来考虑。验收设备通常包括分析天平、澄明度检测仪、崩解仪、标准比色仪、操作台等。

（2）存储设备　在企业所经营的药品中，有的可能需要低温保管，因此需要配置冷藏柜、电冰箱、空调、除湿器、温度与湿度显示装置等设备来保证药品质量。储存特殊管理药品、贵重商品的设备应该牢固、密闭、安全、可靠，具有专用性，如经营中药材、中药饮片的，应当有专用的库房和养护工作场所，直接收购地产中药材的应当设置中药样品室（柜）。

（3）养护设备　此类设备包括但不限于避光、通风、防潮、防虫、防鼠等设备，有效调控温、湿度及室内外空气交换的设备，符合储存作业要求的照明设备，用于药品的库内搬运的设备，消防、安全设备等。

（4）陈列设备　通常由多层结构组成的货架、货柜构成，应该符合牢固、安全、易于标识和识别陈列其中药品的要求。

（5）配送设备　用于零货拣选、拼箱发货操作及复核的设备：包括衡器、调剂工具、小型粉碎切片干燥设备、包装用品等；根据药品运输设备的要求，运输药品应当使用封闭式货物运输工具。运输冷藏、冷冻药品的冷藏车及车载冷藏箱、保温箱应当符合药品运输过程中对温度控制的要求。冷藏车应具有自动调控温度、显示温度、存储和读取温度监测数据的功能；冷藏箱及保温箱应具有外部显示和采集箱体内温度数据的功能。

2. 按设施设备的作用分类 根据配置相应的设施设备在药品质量维护过程中起的作用进行分类。

保持药品质量的设施设备，如：对于温、湿度有特殊要求的药品需要配置冷藏箱，阴凉柜等存储设施。

评价药品质量的设施设备，如：用于药品检测的设施设备：分析天平、电子天平、澄明度测试仪、三用紫外分析仪、电子秤等。

防止药品差错、污染、交叉污染和混淆的设施设备，如用于药品陈列的货架和柜台，防虫防鼠防潮的设施设备。

二、设施与设备的配置原则

我国药品批发企业数目众多，它们所经营的药品不尽相同，它们所使用的设施和设备在性能、规格、品牌等方面也不尽相同。但是，它们在药品验收、储存、养护、陈列、配送等业务环节，所承担的确保药品质量的责任是完全相同的，因此，企业所具备的设施和设备虽然在形式上千差万别，但所配置设施与设备的总原则是必须能够对在经营活动各环节的药品质量提供保证。具体内容如下。

1. 与经营规模相适应的原则 企业经营规模的大小不同，所配置设施与设备的要求也不相同，所需要的设施与设备的大小、数量、类型也不尽相同。如果企业为了降低成本，使用功能或容量小于所经营药品规模必需的设施与设备，那么就不可避免地会使经营活动中出现工作差错与服务差错，药品质量发生不良变化等，所以，企业配置设施与设备应该与本企业的经营规模相适应。

2. 与所经营药品的质量属性相适应的原则 药品经营企业，不论是零售企业、零售连锁企业或是规模不等的批发企业，都有自己的经营范围，而在经营范围内，又经营着许多不同的剂型与品种。这些不同的剂型和不同类型的品种都有着自己的质量属性，对设施设备都存在着保持质量与防止差错和满足国家法律法规的不同要求，比如经营特殊药品、危险品、易挥发药品等，就要求企业具有与之相对应的特殊的设施和设备，否则，这些药品的质量就很难得以保证。因此，药品经营企业配置设施与设备要与本企业所经营的药品品种质量属性相适应。

3. 重点突出、适当配置的原则 药品生产和经营过程，都必须保证药品质量，哪怕有一个环节的疏漏，消费者使用的都很可能是质量不合格的药品。然而药品生产过程和药品的经营过程有很大的差别，比如药品在生产过程中暴露在环境中的机会和时间比药品在经营过程中的大得多也长得多。药品的质量基本上是在生产中形成的，因此，药品经营企业没有必要，也不需要按照药品生产活动中的某些环节的标准和要求来配置有关设施与设备。药品经营企业应该结合药品经营业务的特点与药品质量在经营过程中需得到确认与保持的主要环节与内容，在本企业设施与设备的配置上做到重点突出，适当配置，这样就可以大大降低经营成本。

4. 合理布局的原则 药品经营企业的经营业务流程，有着不同的业务环节和业务分工；药品在经营过程中的流动由于其他经营要素和内外条件的不同与变化，也存在着流动状态与方向的变化，同时，受经营品种与剂型的多元化等影响，这些流动状态与方向又呈多元化的状态。所以，为了防止由于上述原因而造成质量差错，只是具有必要的设施和设备是不够的，还需要将物流及经营要素的状态、性质、方向进行区别并得到有效的识别，使设施和设备在空间排列和组合上符合要求，因此，药品经营企业应根据自身的业务流程、经营品种与类型，对本企业的经营设施与设备进行合理的布局。

5. 科学管理的原则　设施和设备配置是否合理的问题还和其能否得到科学的管理密切相连。药品经营企业必须结合本企业的实际情况，对照 GSP 的要求，加强对这些设施与设备的管理，比如在设施设备如何运行、如何保养、如何维护、如何确保药品质量、如何防止各种形式与内容的差错等方面进行科学的管理，这也是合理配置的目的所在，因此，科学的管理也是设施和设备合理配制的重要内容。

扫码“学一学”

第二节　经营场所与设施设备

对于药品经营企业而言，所谓场所就是指药品交易、验收入库、储存养护、出库的具体地点和位置。药品的特殊性要求药品经营场所有特殊的措施来满足药品的特殊要求，以此来保证药品的质量和用药的安全性。

一、经营场所

（一）基本要求

药品经营企业的经营活动是多层面、多内容、多环节、多因素的。在新版 GSP 中，药品零售企业场所可分为营业场所、药品储存区和办公生活辅助区三个区域，要求零售企业的营业场所应当与其药品经营范围、经营规模相适应，并与药品储存、办公、生活辅助及其他区域分开；药品批发企业场所可分为营业场所、药品仓储区、验收场所和配送中心四个区域，企业应当具有与其药品经营范围、经营规模相适应的经营场所和库房；药品储存作业区、辅助作业区应当与办公区和生活区分开一定距离或者有隔离措施。本章主要讲解 GSP 规范中对零售企业经营场所的要求。

（二）零售企业的经营场所

零售企业的营业场所主要是指企业进行药品现货交易、样品陈列、信息咨询和相关管理的场所。这些场所对于零售企业来说是确保药品质量的最重要的阵地，因为药品将在此脱离经营环节最终流入消费者的手中。因此 CSP 对于药品零售企业的营业场所有一系列的要求，首要要求是营业场所应当与其药品经营范围、经营规模相适应。与此同时，营业场所应当具有相应设施或者采取其他有效措施，避免药品受室外环境的影响，并营造宽敞、明亮、整洁、卫生的环境。

营业场所应该按照药品分类管理的要求和提供无差错服务的原则，通过合适而安全的方式，对不同类别、不同用途、不同剂型、不同品名的药品加以区分和标识，如有必要可设立特定的区（柜）并提供有效的标识指引。这种方式是在符合 GSP 要求的前提下，结合本企业的实际情况和经营特点去灵活实施，也就是既可以通过不同的柜台（橱窗）去实施，也可以在同一柜台（橱窗）内去实施，现实中更多的是将两者结合起来。值得注意的是，经营中药材与饮片的零售企业应在营业场所内布置专门的零售区域，这个区域一定要和成品药区域严格分离，比如使用不同的房间进行销售。经营特殊药品或国家有专门规定要求的其他药品的零售企业，应当有符合 GSP 要求的专门的陈列与存放区（柜），从而使得这些药品和其他药品严格分离，但不一定要求有其他的房间。

（三）批发企业的经营场所

这里所指的经营场所主要是指药品批发企业进行经营业务洽谈、样品展示、信息传输和其他相关管理的场所，也包含辅助区域与办公用房。这些场所对于药品经营企业规范药品营销和管理活动起着一定的作用。经营场所应当与其经营药品的范围和经营规模相适应。

二、经营场所的设施与设备

（一）基本要求

零售企业需要根据企业经营范围和规模，配备相应设施或者采取其他有效措施，避免药品受室外环境的影响，并营造宽敞、明亮、整洁、卫生的环境。零售企业主要从药品的陈列、存放、调配、温湿度监测、调控等方面保证药品的质量，常用的设备有货架、柜台，以及监测、调控温度的设备；经营中药饮片的企业，需要存放饮片和处方调配的设备；经营冷藏药品的企业，需要有专用冷藏设备；对于经营特殊药品（第二类精神药品、毒性中药品种等）的企业，要有符合安全规定的专用存放设备；对于需要拆零销售的药品，企业需要配备调配工具和包装用品。

（二）主要设施与设备

1. 货架和柜台 主要用于药品的陈列，便于药品的分类，对药品进行标识；以及保证药品与地面之间的有效隔离；还用于防止药品的污染、交叉污染、混淆与差错，保证药品的质量（图 5 -1）。

图 5 -1　货架和柜台

2. 监测、调控温度的设备 为了满足药品对温度的要求，保证药品的质量，主要设备是空调和温度计。空调调控温度，温度计记录温度。

3. 药品拆零销售所需的调配工具、包装用品

（1）药品拆零　药品的零售单位外包装拆封后，以单位内包装或以带包装的药品最小服用单位出售的特殊情况。对于有引湿性、吸潮、易霉变、易风化的药品一般不拆零销售，特殊情况外除外。

（2）拆零的原则

1）对于质量比较稳定的药品，需由顾客主动提出拆零要求；未经顾客同意，营业员不得擅自拆零药品。

2）药品拆零必须确保最小服用单位的最小包装的完好性，不得直接暴露于空气中。

3）拆零的工作台及工具保持清洁、卫生，防止交叉污染。

（3）拆零的工具　药品拆零销售需要调配工具和包装工具。

1）调配工具　消毒用具、加盖托盘、剪刀、镊子、医用手套等。

2）包装工具　清洁药袋，应符合卫生要求和调配要求，不得对药品造成污染；药袋上应有：药品名称、规格、数量、用法用量、批号、有效期、药店名称等内容。

拆零销售还应配备便于操作和清洁的专用柜台。

4. 经营中药饮片的，有存放饮片和处方调配的设备　中药的存放和处方调配需要专门的工具，如：戥称、中药柜、镊子、药匙、研钵等。具体的设施请参照本章第五节。

5. 经营冷藏药品的，有专用冷藏设备　在药品的零售中对于一些对温度有特殊要求的药品需要放置在冷藏设备中，以此来保证药品的药效。需要冷藏的药品如下。

（1）注射针剂　如糖尿病患者使用的胰岛素。

（2）口服药　部分腹泻药，如：丽珠肠乐、培菲康。

（3）外用药　治疗角膜炎、青光眼的滴眼药。

（4）栓剂　放于肛门的栓剂，如富康特等。栓剂如不冷藏会因软化变形而无法正常使用。

（5）生物制剂　含有“生物”“活性因子”等字样的药品，因其活性成分易变质、分解，所以均要放置冷藏箱冷藏。

（6）其他　磺酸、阿曲库铵、丙泊酚注射液、爱可松（罗库溴铵）注射液、依托咪酯注射液、（-18℃）人体组织黏合剂（艾碧福）、人血白蛋白、鱼精蛋白等。

冷藏设备是为了满足药品对温、湿度的要求，关于药品的冷藏设备的配置：一种是使用冷柜和在药品柜中安装空调，如采用这种方式，在使用中需要在其中放置温、湿度计进行温湿度的监测以及记录；另一种则是采用制冷设备和展柜一体化的冷藏柜和阴凉柜，阴凉柜和冷藏箱可以设置温湿度的数值，便于对温、湿度的监测与调控（图5-2、图5-3）。

图5-2 阴凉柜图

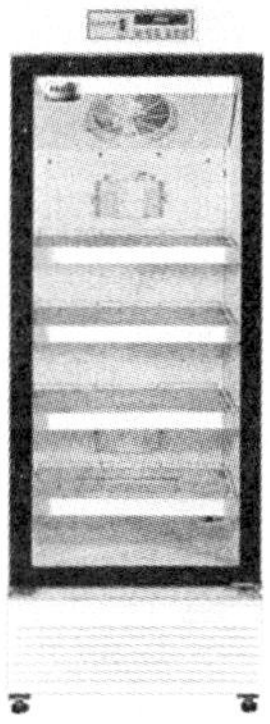

图5-3　冷藏箱

6. 经营第二类精神药品、毒性中药品种等，有符合安全规定的专用存放设备　根据国务院颁布的《麻醉药品和精神药品管理条例》、原卫生部发布的《麻醉药品、精神药品处方管理规定》的要求，零售企业需要对第二类精神药品进行特殊管理，毒性中药品种等需要配备专用的设备进行放置，不可以在柜台上进行陈列摆放。

三、经营场所与设施设备的管理

（一）对经营场所管理的基本要求

1. 企业应当对营业场所温度进行监测和调控，以使营业场所的温度符合常温要求。

2. 企业应当定期进行卫生检查，保持环境整洁。存放、陈列药品的设备应当保持清洁卫生，并采取防虫、防鼠等措施，防止污染药品，不得放置与销售活动无关的物品。

3. 药品的陈列应当符合以下要求：①按剂型、用途以及储存要求分类陈列，并设置醒目标志，类别标签字迹清晰、放置准确；②药品放置于货架（柜），摆放整齐有序，避免阳光直射；③处方药、非处方药分区陈列，并有处方药、非处方药专用标识；④处方药不得采用开架自选的方式陈列和销售；⑤外用药与其他药品分开摆放；⑥拆零销售的药品集中存放于拆零专柜或者专区；⑦第二类精神药品、毒性中药品种等不得陈列；⑧冷藏药品放置在冷藏设备中，按规定对温度进行监测和记录，并保证存放温度符合要求；⑨中药饮片柜斗谱的书写应当正名正字；装斗前应当复核，防止错斗、串斗；应当定期清斗，防止饮片生虫、发霉、变质；不同批号的饮片装斗前应当清斗并记录；⑩经营非药品应当设置专区，与药品区域明显隔离，并有醒目标志。

4. 企业应当定期对陈列、存放的药品进行检查，重点检查拆零药品和易变质、近效期、摆放时间较长的药品以及中药饮片。发现有质量疑问的药品应当及时撤柜，停止销售，由质量管理人员确认和处理，并保留相关记录。

5. 企业应当对药品的有效期进行跟踪管理，防止近效期药品售出后可能发生的过期使用。

6. 企业应当建立能够符合经营和质量管理要求的计算机系统，并满足药品电子监管的实施条件。

7. 企业应当按照国家有关规定，对计量器具、温湿度监测设备等定期进行校准或者检定。

（二）营业场所温湿度的控制与监测

营业场所的环境温度应当符合常温要求，能够保持经营场所过程中具有适宜的人居环境，并能够满足常温药品对储存环境的要求。零售企业在管理制度中要明确规定温湿度调控手段，并明确相关人员职责；确保温湿度监测记录、调控记录完整；超标时应及时采取有效措施调控。

（三）环境的卫生

营业场所存放药品的货架、柜台以及冷藏设备不得放置除药品以外的其他物品。规范药品经营场所的卫生管理工作。零售企业应能创造一个良好的营业环境，防止药品污染变质并保证药品质量。零售企业需要保持营业场所的卫生条件达标，环境整洁，并能防止污染，确保防止药品污染的措施有效。

（四）药品陈列摆放

对于药品陈列摆放的要求主要是为了保证药品的安全。新版 GSP 增加了对营业场所药品进行科学的、合理的分类管理，加强处方药的监管，规范非处方药的管理等要求。

零售企业对营业场所的布局标识应符合以下要求。

1. 分类标签应当准确无误，防止误导顾客。
2. 避免阳光直射。
3. 专用柜组标志（OTC、外用药、处方药等）。
4. 外用药、拆零药品、中药饮片应与其他药分开陈列。
5. 特殊药品不得陈列。
6. 中药饮片柜斗管理，定期清斗，不同批次不得混放。

7. 非药品专售区。

（五）药品陈列养护检查

零售企业要制定明确的制度，使工作人员明确职责，熟悉规程，对检查养护做到完整的记录，从而及时发现药品在陈列及存放过程中出现的过期、虫、霉、变质以及破损、污染等现象，防止把不合格药品销售给顾客。

（六）药品效期的管理

对近效期药品应当根据药品有效期、用量等因素来确定可销售药品的合理数量，防止售出后发生过期使用的可能。零售企业首先要确定所有的药品均在有效期内，防止过效期药品售出，近效期药品在计算机系统中应能被提示以及限销。零售企业应该在销售近效期药品时告知顾客，并提醒顾客注意，同时需要根据顾客的用药时间和用药量进行估算，避免近效期药品售出后可能产生过期使用的现象。

（七）计算机系统的建立

零售企业应建立覆盖药品购进、储存、销售全过程质量控制的电子管理系统，实现对药品经营与管理的管控。计算机系统的范围要覆盖药品经营质量管理全过程——购进、储存、销售，并应及时升级系统，完善系统功能。在使用计算机系统时，要确保数据录入的及时性，操作完成后应当及时录入；确保数据的原始性，应当依据实际操作的内容录入，不得随意修改；确保数据的完整性，应将所有药品的经营、质量管理信息录入系统。

（八）仪器的校准或检定

计量器具：秤、电子天平等应每年检定，检定误差较大的应进行校准或维修，误差不在规定范围内的不得使用；温、湿度监测设备应该每年检定。零售企业保证计量器具和温、湿度计的准确性，确保药品在规定的储存条件下储存，确保药品用量的准确性，保证药品质量，确保顾客用药安全和切身利益。计量标准化管理是实现药品经营质量管理的前提和保证。

第三节　库房与设施设备

扫码“学一学”

仓库是用来储存、养护药品和有关物资的地方，药品等物资在库期间的质量状况取决于仓库条件、保养技术及管理水平。仓库是药品经营企业保证药品质量必备的和最基础的设施，仓库的条件和管理状况反映了经营企业在药品质量保证方面的能力。我们需要了解库房需要满足的基本要求以及需要的设施设备。

一、库房的基本要求

库房的选址、设计、布局、建造、改造和维护应当符合药品储存的要求，防止药品的污染、交叉污染、混淆和差错。因此，药品经营企业必须重视仓库的建设，使其库房在规模、分区、布局、设施的配备、内环境等方面满足要求。首先，药品经营企业应当具有与其药品经营范围、经营规模相适应的经营场所和库房；其次，库房、辅助作业区应当与办公区、生活区分开一定距离或者有隔离措施；再次，库房的规模及条件应当满足药品合理、安全储存的要求，便于开展储存作业；最后，库房应当配备相适应的设施设备，保证药品质量。

二、库房的分类

仓库设置包括仓库的布局、规模、选址、建筑设计和设施配套等内容。药品品种繁多、作用各异，对储存的要求较高。因此，在设置仓库时，企业必须结合所经营药品的性能要求，有针对性地加强仓库基础设施建设，要根据企业的实际情况来决定仓库的布局规模以及设施设备等设计，首先我们划分一下仓库的类型，从而更好地了解仓库。

（一）按用途划分

按照仓库在药品流通中的用途来划分，药品仓库可分为大型储存型仓库、中转批发仓库和专用仓库三类。

1. **大型储存型仓库**　主要用于集中储存收购的整批或数量大的药品，一般储存期或周转期较长，基本采用整批出或者整批进、整箱出或整箱进的收发货方式。

2. **中转批发仓库**　主要用于集中储存收购的整批或整箱药品，前店后仓，一般储存期或周转期较短，基本采用整批进或整箱进分散出或零星出的收发货方式。

3. **专用仓库**　特种仓库，如危险品仓库、特殊药品仓库等，主要储存特殊药品，如易燃、易爆、有腐蚀性、易挥发等一些对人体或建筑物有一定危险性的药品，这种仓库必须根据所储存商品不同的性能要求进行建造。

（二）按储存条件划分

按照药品理化性质对储存的温湿度条件的要求来划分，药品仓库可分为常温库、恒温库、保温库、低温库和去湿库五种类型。

1. **常温仓库**　有些药品0℃以下易冻结而造成分子结构破坏失去药效，而有些药品在30℃以上时易融化而变质，温度控制在1～30℃范围内的仓库就叫常温库。

2. **恒温仓库**　某些药品需储存在阴凉干燥处，要求在10～20℃之间，超过20℃则易变质。温度控制在此范围内的仓库就叫恒温库。一般来说，在条件允许的情况下可将常温仓库改建为恒温仓库。

3. **保温仓库**　某些商品不适宜在0℃以下储存，而需保温储存，需装置暖气或中央空调。有保温设施的仓库就称保温仓库。

4. **低温仓库**　某些药品要求温度不宜超过10℃，也不宜低于2℃，也就是在2～10℃之间储存最为理想，温度控制在此范围内的仓库就叫低温库。

5. **去湿仓库**　在江南或沿海地区梅雨季节，高温、高湿环境下药品易发生霉变，为了保证药品质量，有条件的仓库可根据仓库面积或仓容量的大小配置去湿机，或采用通风手段除湿干燥，这类仓库就称为去湿仓库。

（三）按建筑结构和操作设施划分

按照仓库的建筑结构和操作设施来划分，药品仓库可分为简易仓库、多层常规仓库和高层立体仓库三种。

1. **简易仓库**　一般单层建筑仓库，其结构较为简单，一般适用于性能稳定或没有特殊要求的药品。这种仓库不仅结构简单，用于药品存储养护的设施和设备也比较简易。

2. **多层常规仓库**　两层或多层、结构采用钢筋混凝土结构的仓库，仓库的容量比较大，用于存储和养护的设施和设备也比较齐整，我国大中型药品批发或连锁零售经营企业的仓库以此居多。这种仓库的结构合理，也易于现有的存储和养护设备运作，便于管理，基本能满足各类药品存储养护的需要。

3. 高层立体仓库 采用钢筋混凝土结构，库内无柱、无层楼板，库内高度可在10m以上，配备高层立体货架，充分利用库内面积和空间。存取药品时，将药品置于标准托盘里，通过起重机械垂直或水平移动存放或支取。高层立体仓库内部结构和设备通常包括：高层货架、堆垛机（采用轨道式升降起重机或电瓶式升降叉车，配以统一规格的托盘）、叉车或输送机，控制系统可采用人工机械控制、半自动控制或中央微机控制。随着科学技术的发展和客观对药品质量保证能力要求的不断提高，以及企业经营药品的规模化和多样化，建造机械化、自动化、程控化的立体仓库已成为一种发展趋势。

三、库房的选址、建筑装修、布局与分区

（一）库区的选择

仓库宜选在远离居民集中的闹市区、工业化工区的地点，这样可以避免过量粉尘、有害气体及污水等对库区的污染。库房应建在地势较高、地质坚固、宽阔平坦、远离江、河、湖的干燥地方，这样便于雨季迅速排水，库区干燥通风。仓库还应建立在交通方便的地方，便于药品运输和消防安全等。

库区内的地面硬化或绿化，硬化可以通过沥青混凝土地面实现，厚度在3cm左右，或厚度2~4cm的水泥地面，便于清洁、耐腐蚀并且承重能力强。绿化最简单的方法就是种植草坪，这样既能美化环境，又能吸收有害气体和尘埃，但不得种植易引虫，有花絮、花粉、绒毛的花草和树木。

库内地面应高于库外地面，库外四周必须设置排沟道，并保持畅通。库内地面以水泥或其他硬质建筑建材铺设，铺设层下应施以防水材料，如沥青、油毡等，这样可以防止库房地面返潮或雨水积水。

库区内应环境整洁，无垃圾废弃物堆积。

（二）库房的建筑与装修

库房应采用易于清扫的结构，墙与墙、地面与墙、顶棚与墙相接处应有一定的弧度以利于清扫。

库房的设计建筑应能做到防止鸟类、昆虫、鼠和其他动物进入。

库房内墙面、地板面和天花板表面都应当坚硬、光滑，无裂缝和空隙，没有微粒脱落现象。

库房主体应采用发尘量小，不易黏附尘粒、吸湿性小的材料。

库房门窗结构密闭，设计及造型应简单、适用，易于清扫，又不易积尘，门框不得加设门槛。

库房内管线、电器、给水管道和通信线路要合理布局，管道尽量争取暗装。

室内装修应采用发尘量小、便于清扫、吸湿性小、隔热好、不开裂、不产生缝隙、不易燃、防静电、不易黏附尘粒的材料。

墙面装修基本有以下几种：抹灰刷白墙面、油漆墙面、白瓷砖墙面、乳胶漆墙面等，可根据具体情况选用。

地面装修基本有以下几种：水泥砂浆地面、水磨石地面、人造大理石地面、环氧树脂

地面，可根据具体情况选用。

（三）库房布局与分区

为了便于管理，仓库内部区域一般分为：储存作业区、辅助作业区、办公区和生活区。储存作业区包括库房、货场、保管员工作室；辅助作业区包括验收养护室、分装室；办公生活区包括办公室、宿舍、车库、食堂、厕所、浴室。储存作业区、辅助作业区、办公区和生活区之间应保持一定的距离，或采取必要的隔离措施，以防止对库房及药品造成污染，确保药品安全。在大型仓库中应将不同区域置于不同的建筑中，并将储存作业区和辅助作业区置于上风向，多层仓库可将三者置于不同的楼层中。

药品库房可划分为待验库（区）、合格品库（区）、不合格品库（区）、退货库（区）、发货库（区）等专属性五大库（区）。经营特殊药品、危险药品、贵重药品等的药品经营企业不允许在仓库设立相应的专门库（区）。经营中药饮片的药品经营企业不允许在仓库设立零货称取（分装）的专门库区。在药品储存时这些专门的库区都应实行色标管理。即使是在同一专门库（区）内，也应按照药品分类管理的要求和防止差错的原则对不同类别、不同品种、不同批号、不同有效期的药品进行进一步的划区，适当地分开，并清楚、正确地指引和标识。

也可以按药品功能属性分区，一般分为药品出库区，特殊药品库区，医疗器械库区，食品、保健食品库区，中药、中药饮片库区、外用药品区等。

按药品的剂型或外观性状分区，分为注射剂、片剂、胶囊、颗粒剂、丸剂、软膏、液体制剂、油剂等。

按照药品的批号分类堆放，同品种药品按批号分垛堆放，药品堆垛要求整齐划一即棱对棱、角对角、上下左右一条线。

四、库房的管理

（一）库房面积与储量计算

1. 库房储量 库房有效面积和单位面积储存量的乘积，即库房的容量，或称该库房的储存能力。库房储量可以反映库房的储存能力。它是指在一定条件下，库房或货场单位面积可以储存商品的最高数量，是每平方米储存面积的储存量标准。

2. 库房有效面积 库内面积 -（建筑物或障碍物和必要距离的面积 + 不能堆货的空地面积 + 走道、支道面积）。

3. 库内面积 库房内部的面积，直接从库房内墙根纵横丈量计算。

（二）库房温、湿度管理

药品由于性质的不同，对温度和湿度的要求也不相同，当温、湿度与所存储药品性质不相适应时，就会给药品质量带来负面影响。因此在药品储存过程中，必须对库房的温、湿度进行控制。要做好温湿度控制，需要保管和养护人员熟悉药品性能，掌握各类药品储存所需要的温度和湿度。

1. 温、湿度要求 根据经营的药品的储存要求，设置不同温湿度条件的库房。冷库温度为 2 ~ 10℃；阴凉库温度不高于 20℃；常温仓库温度为 1 ~ 30℃；各库房相对湿度保持在 35% ~ 75% 之间。对于有特殊温、湿度储存条件要求的药品，应设定相应的库房温湿度条件，保证药品的储存质量。

2. 温、湿度管理

（1）温、湿度调控　仓库需要配备有效调控温、湿度及室内外空气交换的设备，如：温湿度监测仪、除湿机、加湿器、空调、排风扇等。

温度的控制与调节除了利用恒温库、低温库等设施外，普通仓库主要采取通风降温、遮光降温、加冰降温、密封保温等措施进行温度的调控。

关于湿度的控制与调节，仓库的湿度的控制可以采用喷雾增湿、通风散潮、密封防潮、吸湿散潮等措施进行湿度的调控。

（2）温、湿度自动监测、记录　企业应当对药品仓库采用温、湿度自动监测系统，对仓储环境进行持续、有效的实时监测，有效防范储存中可能产生的影响药品质量安全的风险，确保药品质量安全。自动化的监测和库房温湿度的记录能够更为全面地掌握库房环境的变化情况，从而及时地发现问题、解决问题。

自动温、湿度监测系统由传感器、数据传输模块、显示终端、主控计算机及软件、不间断电源组成，其结构如图 5－4。

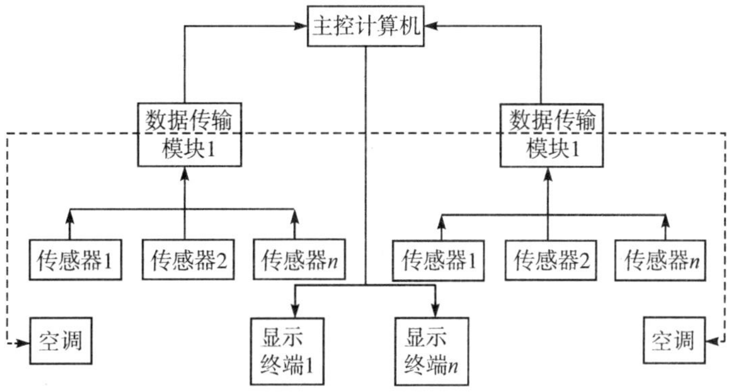

图 5－4　温湿度监测系统结构

1）传感器　又称探头，作用是采集现场的温湿度数据。温度传感器、湿度传感器可以是分开的，也可以是一体的。考虑到安装维护的方便性，一般选用温度、湿度一体的传感器。有的传感器直接带数据显示，有的需要外接显示终端，可以根据使用的需要来选用。药品库房对传感器的稳定性要求很高，万一传感器出现故障，可能影响药品存储环境，从而导致药品变质。对于系统温湿度测量设备的最大允许误差应当符合以下要求：测量的范围在 0～40℃之间，温度的最大误差为 ±0.5℃；测量范围在 －25～0℃之间，温度的最大允许误差为 ±1.0℃；相对湿度的最大允许误差为 ±5% RH。

温湿度传感器的数量要满足以下基本要求：每一独立的药品库房或仓间至少安装 2 个测点终端，并均匀分布；平面仓库面积在 $300m^2$ 以下的，至少安装 2 个测点终端；$300m^2$ 以上的，每增加 $300m^2$ 至少增加 1 个测点终端，不足 $300m^2$ 的按 $300m^2$ 计算。

平面仓库测点终端安装的位置，不得低于药品货架或药品堆码垛高度的 2/3 位置。高架仓库或全自动立体仓库的货架层高在 4.5～8m 之间的，每 $300m^2$ 面积至少安装 4 个测点终端，每增加 $300m^2$ 至少增加 2 个测点终端，并均匀分布在货架上、下位置；货架层高在 8m 以上的，每 $300m^2$ 面积至少安装 6 个测点终端，每增加 $300m^2$ 至少增加 3 个测点终端，并均匀分布在货架的上、中、下位置；不足 $300m^2$ 的按 $300m^2$ 计算。

高架仓库或全自动立体仓库上层测点终端安装的位置，不得低于最上层货架存放药品的最高位置。储存冷藏、冷冻药品仓库测点终端的安装数量，必须符合本条上述的各项要求，其安装数量按每 100m^2 面积计算。

选择传感器的安装位置时，既要考虑到采样的合理性，又不能影响存储空间。因为建筑物墙体或柱梁与空气的温、湿度可能有一定差别，传感器的探测部分不要紧贴着墙或柱梁，最好有 1cm 以上的间隙，以免得到的检测数据失真。2～8℃的低温库对于温、湿度传感器分布的要求更高。一般要考虑极端点的温、湿度，多安装几个传感器，例如空调出风口、门口、避风角落、屋顶、柱梁等位置。由于开门时冷空气会逃逸，一般情况下门口的温度最高，空调出风口温度最低，如果门口温度低于 8℃，出风口温度高于 2℃，库内的温度基本能保证符合要求。

2）数据显示　有的是分区域显示，比如收货区、发货区、退货区等；有的是单点显示。分区域显示的，如果区域较大，需要安装多个传感器；显示值可以是该区域多个传感器采集数据的平均值，也可以显示区间值。显示值可以是实时的，也可以是某一时间段的平均值。这几种方式的实现难度都不高。系统应当自动对药品储存运输过程中的温、湿度环境进行不间断监测和记录。系统应当至少每隔 1 分钟更新一次测点温、湿度数据，在药品储存过程中至少每隔 30 分钟自动记录一次实时温、湿度数据，在运输过程中至少每隔 5 分钟自动记录一次实时温度数据。当监测的温、湿度值超出规定范围时，系统应当至少每隔 2 分钟记录一次实时温、湿度数据。

当监测的温、湿度值达到设定的临界值或者超出规定范围，系统应当能够实现就地和在指定地点进行声光报警，同时采用短信通讯的方式，向至少 3 名指定人员发出报警信息。

当发生供电中断的情况时，系统应当采用短信通讯的方式，向至少 3 名指定人员发出报警信息。

3）数据记录的处理　系统各测点终端采集的监测数据应当真实、完整、准确、有效。

测点终端采集的数据通过网络自动传送到管理主机，进行处理和记录，并采用可靠的方式进行数据保存，确保不丢失和不被改动。系统具有对记录数据不可更改、删除的功能，不得有反向导入数据的功能；系统不得对用户开放温、湿度传感器监测值修正、调整功能，防止用户随意调整，造成监测数据失真。

企业应当对监测数据采用安全、可靠的方式按日备份，备份数据应当存放在安全场所，数据保存时限应符合《药品经营质量管理规范》第四十二条的要求。系统应当与企业计算机终端进行数据对接，自动在计算机终端中存储数据，并可以通过计算机终端进行实时数据查询和历史数据查询。

系统应当独立地不间断运行，防止因供电中断、计算机关闭或故障等因素，影响系统正常运行或造成数据丢失。系统不得与温湿度调控设施设备联动，防止温湿度调控设施设备异常导致系统故障。

五、库房的设施与设备

（一）基本要求

库房场所为了保证药品的质量需要配备相应的设施设备，主要在陈列、温湿度监测、调控、养护、特殊药品以及其他特殊要求药品储存等方面满足要求。

设施设备需要保证药品与地面有一定的距离；自动监测、记录库房温湿度；可以调控温湿度及室内外空气交换；设置不同的区域满足操作的需要；保证照明以及养护的要求；对于特殊药品需要根据国家规定进行配备；对于中药材、中药饮片，冷藏、冷冻药品的设施设备的要求参考第五章第四节。

（二）设施设备

1. 保持药品与地面有一定距离的设备，具有防潮、防鼠的作用，如适当材料做成的地垫、货架。

2. 自动监测、记录库房温湿度的设备，所有仓库需24小时自动监测仓库温度，365天不间断，每个仓库配备不小于2个监测探头，并有超过规定温度时的自动报警设备。

3. 调控温、湿度及室内外空气交换的设备，如温湿度监测仪、除湿机、加湿器、空调、排风扇等。

4. 避光设备，仓库窗户避光可用窗帘、有色玻璃、毛玻璃等，朝北窗户可不用窗帘。

5. 通风排水设备，如排风扇、一楼或地下需要的排水设施。

6. 防鼠、防虫、防鸟设备，如挡鼠板、老鼠夹、捕鼠器、粘鼠板、电子驱鼠器、紫外线灭蚊灯等。

7. 防潮设施，如药品仓库专用除湿机、干燥机等。

8. 符合储存作业及安全用电要求的照明设备、安全照明要求仓库无阴暗区，有便于商品标识识别的光线强度，即灯光无死角；危险品库房要安装防爆灯。

9. 消防、安全设备，如消防栓、灭火器、门禁、探头等。

10. 储存特殊药品、贵重药品的具有安全功能的专用保管设备，如毒麻中药材的专柜（双人双锁），如果经营范围中有生物制剂，需要有带除湿功能的恒温冰箱等；储存麻醉药品、一类精神药品、毒性药品、放射药品等专用仓库也应有相应的安全保卫措施。

扫码“学一学”

第四节　有特殊要求的药品库房和设施设备

对于一些对环境有着特殊要求的药品，在储存、运输及销售等环节中需要配备与之相适应的库房与设施设备，来达到药品对于环境的要求，保证药品的质量。

一、中药材、中药饮片的库房和设施设备

（一）库房

经营中药饮片的企业仓库要有饮片储存箱；经营中药材、中药饮片的药品经营企业，应有专用的库房和养护场所，直接收购地产中药材的应当设置中药样品室（柜）。

（二）设施设备

中药的存放和处方调配需要专门的工具，如：戥称、中药柜、镊子、药匙、研钵等。

1. 戥称　调配中药处方常用的戥称有大小两种，大的主要用于调配一般饮片药物处方，其称量范围在1～500g之间，小的主要用于调配一些细料贵重药和毒性中药处方，称量范围在200mg～50g之间。

2. 中药柜　在零售药店销售的中药存放于中药柜。中药柜，亦称中药橱、药柜子、药斗子，贴墙摆放，其高不过鼻，宽不超臂展长度，有“平视观上斗，展手及边沿”的特点。由于药柜有上下左右七排斗（不包括底层的三个四格抽屉），故又称七星斗柜（图5－5）。因其调剂药品，方便易取，找药容易，故又有“抬手取，低头拿，半步可观全药匣”的特点。一斗三格，等份正方，可容普通根茎质重饮片1kg（1公斤），故称斤斗。药斗内右侧

斗傍上面镶嵌有可涂擦的标价板，以便零售，且以 10g 为准。对盛装含糖及黏液质较多饮片的药斗，加装抽拉斗盖，以防污染。

斗柜特点：放置药品种类多，方便药品调剂，是医院、药店等中药饮片经营者的必备药柜。

图 5－5　中药柜

中药柜传统是为木质中药柜，现在也有不锈钢中药柜。木质中药柜可采用松木、梧桐木、水曲柳、香椿木等；不锈钢中药柜柜体采用优质冷轧钢板精工制作，表面处理为聚能脂静电粉末喷涂（环保无毒害、无气味）。现代科技的发展，使中药柜的材料发展为不锈钢，在设计上有的依然仿古，有的已经有了创新。

3. 镊子、药匙和研钵　在零售药店销售中药饮片的过程中，需要对中药饮片用研钵进行粉碎，饮片粉碎后的盛装需要用镊子和药匙进行操作。

二、冷藏、冷冻药品的库房和设施

（一）基本要求

冷藏、冷冻药品是指用于治疗、预防疾病的，需要在一定温度下冷藏保存的药品，以生物制品为主，主要指疫苗类制品、血液制品以及用于血源筛查的体外生物诊断试剂等药品。冷藏药品与普通药品不同，其研制、生产、经营、使用都有特殊的要求，购、销、运、存过程中都采用非常规的方式、方法进行必需的管理，一旦出现疏漏就可能损害人体、危害社会。

经营冷藏、冷冻药品的，应当配备以下设施设备：与其经营规模和品种相适应的冷库，经营疫苗的应当配备两个以上独立冷库（图 5－6）；用于冷库温度自动监测、显示、记录、调控、报警的设备；冷库制冷设备的备用发电机组或者双回路供电系统；对有特殊低温要求的药品，应当配备符合其储存要求的设施设备。

图 5－6　冷库

（二）冷库

应按照企业的要求，合理划分冷库收货验收、储存、包装材料预冷、装箱发货、待处理药品存放等区域，并有明显标示。验收、储存、拆零、冷藏包装、发货等作业活动，必须在冷库内完成。

（三）运输药品设施设备

新版 GSP 中新增了药品运输设备的要求，运输药品应当使用封闭式货物运输工具。运输冷藏、冷冻药品的冷藏车及车载冷藏箱、保温箱应当符合药品运输过程中对温度控制的要求。

冷藏车（图 5－7）具有自动调控温度显示温度、存储和读取温度监测数据的功能，其配置符合国家相关标准要求；冷藏车厢具有防水、密闭、耐腐蚀等性能，车厢内部留有保证气流充分循环的空间。

冷藏箱、保温箱（图 5－8）具有良好的保温性能；冷藏箱具有自动调控温度的功能，保温箱配备蓄冷剂以及与药品隔离的装置。

冷藏、冷冻药品的储存、运输设施设备配置温湿度自动监测系统，可实时采集、显示、记录、传送储存过程中的温湿度数据和运输过程中的温度数据，并具有远程及就地实时报警功能，可通过计算机读取和存储所记录的监测数据。

图5－7　冷藏车

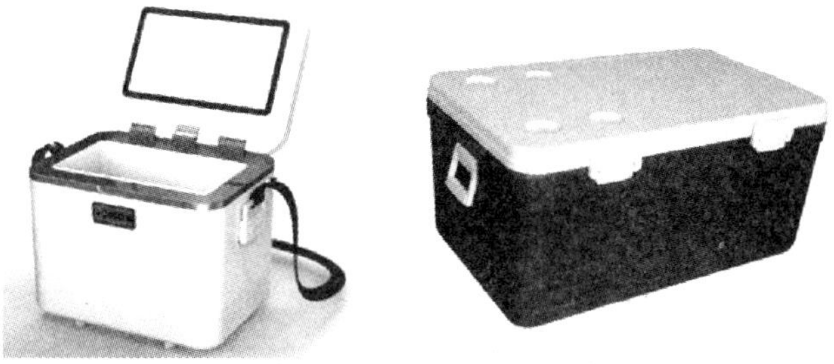

图5－8　冷藏箱和保温箱

扫码“学一学”

第五节　设施设备管理

为了保证企业用于药品验收、储存及养护的设备、仪器、计量器具等能正常发挥作用，从而为药品验收和储存养护提供物质保障，应对仪器设备进行科学的管理。

一、设施设备的日常管理

1. 对所有的设施设备进行彻底的统计和排查，建立设施台账和设备台账（表5－1），并逐一核实档案，是否内容一致。

表5－1　设备仪器台账

序号	编号	名称	规格型号	生产厂家	购置日期	使用日期	使用地点	用途	负责人	备注

2. 对于设施建立管理规程、建立设备的标准操作规程，对设备的使用状况进行记录（表5－2）。

表5－2　设备仪器使用记录

名称		型号		编号		使用地点	
日期	使用目的	开始时间	使用状况	停止时间	操作人	备注	

二、设施设备的维护保养

设施和设备的维护保养分为预防性维修、故障维修。进行日常的检查和后续的跟踪过程其实就是预防性维修，设备一旦发生故障，就是故障维修。

1. 预防性维修　企业首先应制定书面的预防性维修的管理程序及标准操作程序，并根据设备的关键程度和设备本身的特点制订具体的预防性维修计划和预防性维修项目。预防性维修计划内容包括设备名称，设备编号，负责部门或人员，具体的维护内容，每项维护项目的时间及期限、周期（频率）。预防性维修的频率应根据以下内容而定：用途（相同的设备由于用途不同，可能需要设定不同的维护频率）、经验、风险分析、供应商的建议。

2. 故障维修 当设备在运行中出现故障或发现存在故障隐患时所采取的纠正性的措施，叫作故障维修，主要包括维修或备件更换等活动。设备在故障后如何维修也需要有批准的书面流程并按其执行。

必须对所有的维护和维修活动都进行适当的记录，记录应按照要求进行管理和存档（表 5－3）。

表 5－3 设备仪器检修维护记录

<table>
<tr><td>名称</td><td colspan="2"></td><td>启用日期</td><td></td><td>使用地点</td><td></td></tr>
<tr><td>编号</td><td colspan="2"></td><td>型号</td><td></td><td>使用部门</td><td></td></tr>
<tr><td>维修时间</td><td>维修原因</td><td>维修内容</td><td>维修结果</td><td>维修人</td><td>使用人</td><td>备注</td></tr>
<tr><td></td><td></td><td></td><td></td><td></td><td></td><td></td></tr>
<tr><td></td><td></td><td></td><td></td><td></td><td></td><td></td></tr>
</table>

三、计量检定的管理

在药品经营企业中，为了保证药品的质量和用药的安全性，需要对企业中的一些设备仪器按照国家计量的规定和企业内部的要求进行校准检定。对于国家强制检定的仪器需要到国家计量的行政单位进行计量，其他的设备仪器可以根据企业的实际情况，到第三方进行检测或者企业内部进行校准。

药品经营企业要做好需要检定校准的设备仪器台账，需要进行检定校准的仪器设备有：天平、台秤、温湿度监测设备（温湿度监控探头、温湿度记录仪、手持测温仪）等。

此外还要做好计量器具的校准周期计划。仪器设备需要定期检定校准。经检定校准合格的设备仪器，应有检定证书及检定合格标识，并在设备仪器显著位置粘贴合格证以及标注检定校准证书号，保证检定校准的可追溯性。

扫码“练一练”

（华 文 崔 京 周清萍）

第六章　采购与验收

药品的采购和验收环节涉及的对象有很多，比如药品的供应商、药品的质量、药品的运输条件等，每一个环节都和药品质量紧密相连。在采购和验收环节，新版 GSP 对采购活动、首营企业和首营品种的审核资料、供货单位销售人员的资质、质量保证协议内容、直调药品的采购、特殊药品采购、进货质量评审、运输方式的核实、冷藏和冷冻药品的验收、验收地点、验收时的抽样等方面做了明确的标准要求，为药品经营的质量提供了更切实的保障。

扫码“学一学”

第一节　供应商的选择

一、供应商的选择原则

上游企业产品质量水平决定着下游企业产品质量水平的边界，因此供应商的选择就成为药品经营质量管理所要面临的首要环节。供应商选择的总原则是全面、具体、客观，建立和使用一个全面评价指标体系，对供应商质量管理体系与产品质量做出评价。当然，也要综合考虑供应商的经营业绩、人力资源开发、成本控制、技术开发、用户满意度、交货协议、履行能力等因素。具体体现在以下几个方面。

1. 系统全面性原则　全面系统评价体系的建立和使用。

2. 简明科学性原则　从可行性、可操作性的角度出发，使得供应商评价和选择步骤、选择过程透明化、制度化和科学化。

3. 稳定可比性原则　评估体系应保持稳定运作，标准统一，尽可能减少主观因素的干扰。

4. 采购比例原则　购买产品数量一般不超过供应商产能的 50%，尽可能不要选择全额供货的供应商。如果仅由一家供应商负责 100% 的供货和 100% 成本分摊，则采购风险较大，因为一旦该供应商出现问题，势必影响企业经营的正常运行。同类产品的供应商应选择 3 ~ 5 家，且应分为主次供应商，以保证供应的稳定性。

二、供应商的资质审核

在药品采购活动中，企业首先面对的问题就是如何选择合格的供应商，因此要对供应商的资质进行审核，包括供方产品质量与标准的符合性、能力评价和再评价等方面，新版 GSP 中特别强调了首营审核的相关要求。

1. 首营审核的重要性　所谓首营审核，是对首次发生供需关系的企业及首次采购的药品进行选择时以质量为首决条件的审核。由于我国药品流通市场的跨地域性特征，以及药品品种剂型多地重复生产的现状，流通企业对生产企业及品种剂型相关性的知晓度较低。而对与本企业首次发生购销业务关系的企业，流通企业对其的了解往往是从零开始，经营企业为维护自身利益和质量信誉，应建立内审程序，进行药品引进及采购、销售过程的质量控制。2016 年版新修订 GSP 已经规定了药品经营企业对首营企业和首营品种的审核要求，新版 GSP 不仅重申了首营审核的重要性，而且扩大了首营品种的监控范围，并将首营审核纳入质量体系管理和质量风险管理的范畴。由此可见，通过对首营企业进行资质和质量保证能力的审核、对首营品种进行合法性和质量基本情况的审核，可以在了解和掌握企业及品种基本情况的同时，防止违法经营企业和不合格药品进入供应链，并有效控制药品运行过程中的质量风险，保证人民用药安全有效。

2. 首营品种的审核管理 为了遵循首营审核管理规程，企业在选择品种及供应商时必须始终坚持把质量放在“首位”，严格进行购进程序控制，保证从合格的供应商处购进合法的和质量可靠的药品。有效程序控制的关键在于职责划分和分权管理。采购部门负责引进企业和药品的调研、选择以及资料的收集和登记；质量部门行使首营质量管理权，负责首营质量审核。在实践中，对进行首营审核时需将对方提供的资料与国家药品监管部门或企业所在地药品监管部门网站上公布的资料进行核对，特别是供应商为药品经营企业的，要审核其所供应的药品类别是否属于依法批准的经营范围。对蛋白同化制剂、肽类激素、含特殊药品复方制剂等国家实施特殊监管措施药品的供应商；对血液制品、疫苗、中药注射剂、输液等高风险品种的供应商，除审核药品注册证等常规资料外，还应索取并核查专项批件，必要时结合首营申报资料，进行实地考察。首营审核时应按照国家药品监管部门的《药品说明书和标签管理规定》中的有关要求，涉及商品名和注册商标使用、专利及中药保护品种等特殊项目，则应索取相应的批件、证书和缴费凭证等；有委托加工的需提供受托方的资质证明材料和委托生产批件；有医疗器械组合包装的需提供相关批件和医疗器械厂家的资质证明材料。

按照新版 GSP 第七十一条规定有关企业应当定期“对药品采购的整体情况进行综合质量评审，建立药品质量评审和供货单位档案，并进行动态跟踪管理”的要求，企业应实施首营审核档案管理。根据长期的药品质量评审和供货单位经验积累，我们在企业资源计划系统（Enterprise Resource Planning，ERP）中建立首营品种基础信息，其中涉及知识产权、商品的专利及商标资料等信息的维护，以上信息应及时更新并录入 ERP 系统。在实践中，我们同时将供应商和生产厂家的基础信息录入 ERP 中，并根据《统计码编码手册》的要求，对商品、供应商进行不同的管理、咨询、分析及集合维护，经流转审批后形成“首次经营品种审批数据库”，对首营品种实行统一编码，分类管理，按动态管理的思路，当年引入的首营品种跟踪管理应延伸到下一年度。在首营审核施行中，质量部门的管理职责不仅是前期的审核，还应包含对过程的监控和对不良供货企业或不合格品种的否决权。一方面，质量部门应经常注意收集药监部门发布的与首营品种通用名相同的药品不良反应信息和市场质量监管信息，分析该品种的质量稳定性和可靠性；另一方面，质量部门应指导销售部门收集用户对首营品种的质量评价，了解药品使用单位的信息反馈，关注该药品的不良反应信息，做好市场分析。一旦首营企业发生诚信缺失或所供药品出现质量问题等不良情况，应及时录入企业的“供应商质量资信档案数据库”。通过首营品种市场信息的反馈，流通企业能掌握质量动态，及时采取必要的可控措施，规避企业经营过程中的质量风险

3. 首营企业的审核要求 要对首营企业的资质、合法资格、销售人员以及发票等方面进行审核。审核首营企业的资质和合法资格时，应当查验加盖其公章原印章的《药品生产许可证》或《药品经营许可证》复印件、营业执照及其年检证明复印件、GSP 认证证书或 GSP 认证证书复印件、相关印章、随货同行单（票）样式、开户户名、开户银行及账号、《税务登记证》和《组织机构代码证》复印件，并确认以上资料真实、有效。必要时，还应对供应商进行现场考核并记录，该记录应当列入药品质量档案。

4. 销售人员资质审核 在对首营企业的资质和合法资格进行审核后，要对供货单位销售人员的资质进行审核。对于销售人员，企业要审核加盖供货单位公章原印章的销售人员身份证复印件，以及加盖供货单位公章原印章和法定代表人印章或签名的授权书。授权书应当载明被授权人姓名、身份证号码，以及授权销售的品种、地域、期限和供货单位及供货品种相关资料。

5. 质量保证协议及其他 在以上两种内容审核通过后，企业应当与供货单位签订质量保证协议内容。质量保证协议要明确双方质量责任；药品质量符合药品标准等有关要求；药品包装、标签、说明书符合有关规定；药品运输的质量保证及责任；质量保证协议的有效期限。供货单位应当提供符合规定的资料且对其真实性、有效性负责，并应按照国家规定开具发票。

在审核活动完成及质量保证协议签订后，企业应当向供货单位索取发票。发票应当列明药品的通用名称、规格、单位、数量、单价、金额。不能全部列明的，应当附《销售货物或者提供应税劳务清单》，并加盖供货单位发票专用章原印章、注明税票号码。发票上的购、销单位名称及金额、品名应当与付款流向及金额、品名一致，并与财务账目内容相对应。发票按有关规定保存。

扫码“学一学”

第二节 合同与质量保证协议的要求

一、合同与质量保证协议基本要求

（一）药品采购合同基本要求

药品采购合同是为了规范药品采购交易行为，防范和控制药品采购风险而设立的。药品采购合同是指在药品采购过程中，与药品供应商共同协商并签订的协议和合同等，内容一般包括贸易与结算条款、质量保证条款、违约责任等。

（二）质量保证协议基本要求

质量保证协议的主旨是供应商有责任提供良好的产品（包括但不限于原料、半成品及成品），因此从产品进到供应商，一直到客户（包括但不限于代工客户、经销商、代理商及最终消费者）使用的有效期间内，若有因供应商产品的品质不良和环境因素的危害造成的一切损失，一切赔偿责任应由供应商承担。

新版 GSP 第六十五条规定，企业与供货单位签订的质量保证协议至少包括以下内容。

1. 明确双方质量责任。
2. 供货单位应当提供符合规定的资料且对其真实性、有效性负责。
3. 供货单位应当按照国家规定开具发票。
4. 药品质量符合药品标准等有关要求。
5. 药品包装、标签、说明书符合有关规定。
6. 药品运输的质量保证及责任。
7. 质量保证协议的有效期限。

二、合同与质量保证协议基本内容

（一）药品采购合同基本内容

药品采购合同的基本内容一般包括药品质量信息、包装、运输方式、买方与卖方的责任、违约责任等。

药品的质量信息一般包括药品的品种、剂型、数量、规格、采购金额等，在签订合同时，要和企业药品采购清单（表6－1）所列内容保持一致。

运输方式要按照药品需要的方式与供应商沟通，尤其是冷链药品，一定要确保药品的运输方式和法规要求一致。

在签订药品采购合同时，最重要的就是买方与卖方的责任分担以及违约责任的归属。卖方要承担的责任包括保证药品质量符合要求，运输方式与签订内容一致，到货日期与买方要求一致等。买方要承担的责任则是按照合同约定的付款方式和日期进行交付等。相应的，如果买方和卖方没有达成合同上所规定的要求，那么就构成了违约责任。违约责任也在合同上有体现。本章附件6－11是药品采购合同的示例。

表6－1　药品采购清单

序号	药品通用名	药品商品名	剂型	规格	转换系数	包装规格	质量层次	中标价	采购价	采购数量	金额	生产企业	备注

（二）质量保证协议基本内容

新版GSP中关于质量保证协议的规定是明确双方质量责任、药品质量符合药品标准等有关要求；药品包装、标签、说明书符合有关规定；药品运输的质量保证及责任；质量保证协议的有效期限；供货单位应当提供符合规定的资料且对其真实性、有效性负责，并应当按照国家规定开具发票。

新版GSP中对质量保证协议进行严格的规范要求，可见药品质量协议在药品采购当中的重要地位。质量保证协议是为了验证供应商提供的药品符合法律要求所签订的协议，协议的生效表明供应商以及其提供的药品质量是符合法律要求的。协议的内容包括对供应商资质的审核。要验证其生产资质或经营资质，并确保证明这些资质的材料是有效真实的。在采购药品之前，供应商可以提供一系列的样品供买方进行检验，确保药品质量符合药品标准等要求。到货后，则要保证药品的包装、标签和说明书等符合要求。同样，影响药品质量的药品运输方式也应体现在药品质量协议当中，要保证药品在运输途中的质量稳定。附件2是质量保证协议的示例。

扫码“学一学”

第三节　药品分类采购

一、首营药品的采购

新版 GSP 第六十三条规定：“采购首营品种应当审核药品的合法性，索取加盖供货单位公章原印章的药品生产或者进口批准证明文件复印件并予以审核，审核无误的方可采购。”因此企业在对首营药品进行采购时，要进行详尽的审核，审核的内容包括药品的品名、规格、单位、储存条件、性能、质量标准、疗效等各个有关药品信息的内容。

药品经营企业对首营品种的合法性和首营品种质量的基本情况必须进行审核。审核由采购人员会同质量管理人员共同进行。

采购人员负责向首营品种的生产或经营企业索取资料并进行初审。索取加盖供货单位公章原印章的药品生产或者进口批准证明文件复印件并予以审核，审核无误的方可采购。首营品种所有材料应完整、清晰、有效，不符合以上要求的材料，质量管理人员应配合采购人员重新向首营品种的供货企业索取。采购人员对以上材料进行初审后填写《首营品种审批表》，在《首营品种审批表》上签署初审意见并签字，并提交质量管理人员审核。

质量管理人员对采购人员提交的首营品种资料进行审核，审核首营品种供货企业提供材料的完整性、真实性和有效性，审核首营品种的合法证明文件是否符合规定。

首营品种材料审核合格后，质量管理审核人在《首营品种审批表》上签署审核意见并签字，报企业质量负责人审批。

企业质量负责人在《首营品种审批表》上签署审批意见并签字，审批通过后方可经营。任何人不得擅自购进经营，未通过审核批准的首营品种。首营品种首次到货时，企业必须查验该品种该批药品检验报告书，无药品检验报告书不得验收入库。首营品种的所有审核材料由质量管理部门按药品质量档案管理要求归档保存。

二、直调药品的采购

直调药品是指将已购进但未入库的药品从供货方发送到向本企业购买同一药品的需求方。直调药品分为“厂商直调”和“商商直调”两种。厂商直调，即本企业将经营药品从药品生产厂商直接发运至药品购进单位的经营形式；商商直调，即本企业将经营药品从药品经营企业直接发运至药品购进单位的经营方式。直调药品的供货企业，必须是列入本企业合格供货方名单的药品生产或药品批发企业。收货单位应是具备合法资格的药品生产、经营、使用单位。直调药品的采购流程见本章附件 6 - 3 所示。

三、特殊管理药品的采购

特殊管理药品在管理和使用过程中，应严格执行国家有关管理规定。在进行特殊药品的采购时，首先应严格按照《药品管理法》的要求，掌握麻醉、精神药品相关的法律法规和政策；同时要配备工作责任心强、对业务熟悉的药学专业技术人员负责麻醉、精神药品的采购及管理工作，明确责任；进行特殊药品采购的人员应保持相对稳定；采购时，要根据本单位需要，按有关规定购进麻醉、精神药品，保持合理的库存。购买药品时付款应当采取银行转账方式；麻醉、精神药品入库验收必须货到即验，至少双人开箱验收，清点验收到最小包装，验收记录双人签字；入库验收应采用专簿记录，记录内容包括日期、凭证号、品名、剂型、规格、单位、数量、批号、有效期、生产单位、供货单位、质量情况、验收结论，验收和保管人员签字；在验收中发现缺少、破损的，应双人清点登记，报单位领导批准并加盖公章后向供货单位查询，并报当地药品监管部门处理；麻醉、精神药品库必须配备保险柜，门窗有防盗设施。二级以上和有条件的单位应安装报警装置。使用量大的麻醉、精神药品库应与 110 报警系统联网。

采购二类精神药品时，必须向合法的生产企业或具有经市药品监督管理部门批准的经营单位采购。二类精神药品入库验收必须货到即验，双人开箱验收，验收记录双人签字；入库验收应采用专薄记录，记录内容包括日期、凭证号、品名、剂型、规格、单位、数量、批号、有效期、生产单位、供货单位、质量情况、验收结论，验收和保管人员签字；对进出库（柜）的二类精神药品建有专用账册，进行逐笔记录，记录内容包括日期、凭证号、领用部门、品名、剂型、规格、单位、数量、批号、有效期、生产单位，发药人、复核人和领用人签字，做到账、物、批号相符，实行批号管理和追踪，必要时应能及时查找或追回；过期、失效或破损的二类精神药品必须登记在册，经上级部门批准后方可销毁，并对销毁情况进行登记，记录内容包括销毁日期、地点、品名、规格、剂型、数量、销毁方式、销毁批准人、销毁人、监督人签字；购买的二类精神药品只限于在本单位流转，不得擅自转让或借用给其他单位；发现二类精神药品在运输、储存、保管过程中发生丢失或被盗、被抢的应当立即报告当地公安部门、药品监管部门和卫生主管部门。

扫码“学一学”

第四节　采购记录与采购药品的质量审评

一、采购记录

新版 GSP 强化了采购记录的重要性与作用，理顺了采购记录与验收记录的关系，明确了采购记录的不可替代性。新版 GSP 第六十八条规定：“采购药品应当建立采购记录。”新版 GSP 第七十三条规定：“药品到货时，收货人员应当核实运输方式是否符合要求，并对照随货同行单（票）和采购记录核对药品，做到票、账、货相符。”新版 GSP 附录二《收货与验收》第二条规定：“药品到货时，应当根据药品采购记录对药品随货同行单（票）进行查验。”

收货人员应当查验药品随货同行单（票），没有随货同行单（票）或随货同行单（票）与备案样式不符的，不得收货。

收货人员应当对照随货同行单（票）查询采购记录，没有采购记录的不得收货。

收货人员应当对照随货同行单（票）与采购记录内容，如随货同行单（票）中供货单位、生产厂商、药品的通用名称、剂型、规格、数量、收货单位、收货地址等内容与采购记录内容不符的，不得收货，并通知采购部门进行处理。

采购部门应当与供货单位核实随货同行单（票）相应内容不符的原因，由于供货单位操作原因造成的随货同行单（票）内容差错的，由供货单位提供正确的随货同行单（票）后，收货人员方可收货；对于数量不符的，应当与供货单位核实确认后，按照采购制度的要求重新办理采购手续，采购记录与药品随货同行单（票）数量一致后方可收货；不属于以上情形的，应当报质量管理部门进行处理。

从上述条款的要求可以看出，将采购记录作为收货的主要依据以及强化采购记录的作用也是新版 GSP 在收货验收方面的重大改变之一。随着采购记录在收货时的作用，很多企业的流程也将随之改变。

二、采购药品的质量审评

（一）采购药品质量审评的基本要求

药品经营企业应当定期对药品采购的整体情况进行综合质量评审，建立药品质量评审和供货单位质量档案，并进行动态跟踪管理。对药品采购进行质量评审的意义是掌握药品进货质量情况，确认供货单位的质量保证能力、质量信誉以及所有购进药品的质量状况，并对今后企业的采购工作给予指导意见。

（二）药品质量审评的内容

1. 供货企业的法定资格和质量保证能力。包括供货企业《药品生产许可证》或《药品经营许可证》复印件、营业执照及其年检证明复印件、GSP 认证证书或 GSP 认证证书复印件、《税务登记证》和《组织机构代码证》复印件、相关印章、和随货同行单样式、开户户名和开户银行及账号，及其运行情况。

2. 供货企业提供品种的合法性和质量可靠性以及供货情况。包括供货品种的质检报告、验收合格率、储存养护、销后退回、顾客投诉及不合格药品等。

3. 供货企业独立的经济核算能力和质量信誉。包括供货企业与公司签订的合同、质量保证协议的执行情况，及供货能力（准确到货率）、运输能力（准时到货率）和售后服务质量、质量查询等方面。

4. 供货单位与企业业务联系的销售人员的合法资格的验证。

（1）药品供货企业证照复印件，查看经营范围是否与销售人员销售的药品相符。

（2）药品销售人员身份证复印件，应加盖了供货单位公章原印章。

（3）药品供货企业法人授权委托书，应加盖了供货单位公章原印章和法定代表印章或签名，查看被授权人姓名、身份证号码，以及授权销售的品种、地域与有效期限。

（三）药品质量的动态跟踪

质量管理部门负责药品质量的动态跟踪，包括收集药品从入库到销售的一系列数据进行汇总分析，从而保证药品的质量。药品质量的动态跟踪包括内部动态信息和外部动态信息。内部动态信息包括质量管理部门对药品进行检验所产生的相关信息，外部信息包括顾客的反馈和建议等。营销部门和其他相关部门应当协助质量管理部门进行药品动态信息的收集，并按照相应的程序将药品信息反馈给质量管理部门，使质量管理部门能在第一时间内解决药品质量存在的问题，保证药品质量动态的有效性。

扫码“学一学”

第五节 验收内容与验收地点

一、验收内容

（一）单据的验收

药品到货时，收货人员应当核实运输方式是否符合要求，并对照随货同行单（票）和采购记录核对药品，做到票、账、货相符。随货同行单（票）应当包括供货单位、生产厂商、药品的通用名称、剂型、规格、批号、数量、收货单位、收货地址、发货日期等内容，并加盖供货单位药品出库专用章原印章。冷藏、冷冻药品到货时，应当对其运输方式及运输过程的温度记录、运输时间等质量控制状况进行重点检查并记录。不符合温度要求的应当拒收。

（二）药品验收

验收药品应当按照药品批号查验同批号的检验报告书。供货单位为批发企业的，检验报告书应当加盖其质量管理专用章原印章。检验报告书的传递和保存可以采用电子数据形式，但应当保证其合法性和有效性。企业新版 GSP 第六十九条规定："进行药品直调的，可委托购货单位进行药品验收。购货单位应当严格按照本规范的要求验收药品和进行药品电子监管码的扫码与数据上传，并建立专门的直调药品验收记录。验收当日应当将验收记录相关信息传递给直调企业。

（三）抽样检查

对于验收时抽样的具体要求，新版 GSP 第七十七条规定："同一批号的药品应当至少检查一个最小包装，但生产企业有特殊质量控制要求，或打开最小包装可能影响药品质量的，可不打开最小包装；破损、污染、渗液、封条损坏等包装异常以及零货、拼箱的，应当开箱检查至最小包装；外包装及封签完整的原料药、实施批签发管理的生物制品，可不开箱检查。"

二、验收地点

验收应在符合规定的场所进行，在规定时限内完成；新版 GSP 中明确应当按品种特性要求放于相应待验区域进行验收，见第七十五条规定："收货人员对符合收货要求的药品，应当按品种特性要求放于相应待验区域，或设置状态标志，通知验收。冷藏、冷冻药品应当在冷库内待验。"第七十九条规定："特殊管理的药品应当按照相关规定在专库或专区内验收。"

扫码"学一学"

第六节　验收的基本要求与程序

一、验收的基本要求

在进行药品验收时，企业的仓库必须设置有待验区，并有明显的黄色标识，药品的验收一般在待验区进行，但单次到货量大的品种可临时设置动态待验区。同样的，大包装药品的检查和抽样工作也应在待验区按规定进行。

企业的仓库必须设置有符合要求的验收养护室，包装标签和说明书的检查、药品外观质量的检查等在验收养护室完成。需要冷藏的药品可以在冷柜处即时验收、存放。

企业应当建立库存记录，验收合格的药品应当及时入库登记；验收不合格的，不得入库，并由质量管理部分处理。

进行药品直调的，可委托购货单位进行药品验收。购货单位应当严格按照本规范的要求验收药品，并建立专门的直调药品验收记录。验收当日应当将验收记录相关信息传递给直调企业。

验收药品应当做好验收记录，包括药品的通用名称、剂型、规格、批准文号、批号、生产日期、有效期、生产厂商、供货单位、到货数量、到货日期、验收合格数量、验收结果等内容。验收人员应当在验收记录上签署姓名和验收日期。

中药材验收记录应当包括品名、产地、供货单位、到货数量、验收合格数量等内容。中药饮片验收记录应当包括品名、规格、批号、产地、生产日期、生产厂商、供货单位、到货数量、验收合格数量等内容，实施批准文号管理的中药饮片还应当记录批准文号。

二、验收的程序

药品验收工作的简单程序如下：首先是收货员在接货现场进行大数点收和包装外观检查，然后是验收员在库内进行细数验收、质量验收，验收员根据供货单所列的各项要求进行检查，按规定抽样、化验；最后做好验收记录并且签字保存。

库内药品验收具体操作程序如下。

1. 取得请验凭证 采购部签字的送货凭证（随货同行凭证）为购进药品请验凭据；销售部签发的《药品销后退回通知单》为销后退回药品的请验凭据。验收员以请验凭证为依据按照相关药品验收的管理制度的规定对药品进行验收。

2. 一般项目的核对 对照实物核对请验凭证，包括：日期、供货单位、品名、剂型、规格、生产企业、批号有效期、数量、批准文号（或进口药品注册证号、医药产品注册证号）等。

3. 药品包装的质量检查 药品内、外包装应牢实、无破损、无变形、无污染、封口完好。

4. 开箱检查与抽样 查验整件包装中有无产品合格证，并按本制度所规定的原则抽样。

5. 合格证、标签、说明书检查 包装内应该有产品合格证，包装的标签、说明书应符合《药品包装、标签和说明书管理规定》的要求，中药饮片包装的标签按《药品管理法》及实施条例、《中国药典》的规定进行检查。

6. 药品的外观质量检查 在不破坏药品内包装的前提下检查药品的性状应符合要求，注射液还必须做可见异物检查并记录。中药饮片的外观质量按《中药饮片的管理制度》中的规定检查。

7. 药品有关要求的证明或文件检查 验收首营品种，应检查该批号药品的质量检验报告书，并在验收记录的备注栏注明；验收进口药品，应检查《进口药品注册证》《进口药品检验报告》《进口药材批件》复印件并在验收记录中注明。

8. 签发药品验收（收货单） 上述工作完成后，应在计算机上录入验收的数据，购进药品打印《药品验收（收货单）》，销后退回药品打印《销售退回单》，签字后连同收货凭证交仓管员签收。

9. 处理质量问题

（1）购进药品验收发现质量问题，验收员填写《药品拒收通知单》，一式 3 份，报质量管理部确认。质量管理部签写确认和处理意见后返回给验收员，确认合格的，打印《药品验收（收货单）》；确认不合格的，仓管员在《药品拒收通知单》上签字，确认对药品的临时保管责任。

（2）销后退回药品验收发现质量问题，验收员填写《药品质量问题报告、确认单》1 份，报质量管理部确认。质量管理部确认为不合格的，按《不合格药品管理的制度与程序》

处理。

10. 填写相关的记录

（1）验收使用了的仪器设备的，填写《仪器设备使用记录》。

（2）做了可见异物检查的填写《可见异物检查记录》。

（3）验收员留存的《药品验收（收货单）》为《药品验收记录》的纸质凭证，可以证明计算机自动生成的《药品验收记录》的真实性和有效性。

扫码“学一学”

第七节　入　库

一、入库手续

1. 药品采购回来后首先办理入库手续，由采购人员向库房管理员逐件交接。库房管理员要根据采购计划单的项目认真清点要入库药品的数量，并检查好药品的规格、通用名称、剂型、批号、有效期、生产厂商、购货单位、购货数量、购销价格、质量，做到数量、规格、品种准确无误，质量完好，并在接收单上签字（或在入库登记簿上共同签字确认）。

2. 库房管理员需按所购药品名称、供应商、数量、质量、规格、品种等做好入库登记。

3. 库房管理员要对所有库存物品进行登记建账，并定期核查账实情况，质量部应当定期盘库。

4. 药品入库，要按照不同的种类、规格、功能和要求分类、分别储存。

5. 药品数量准确、价格不串。做到账、卡、物、金相符合。

6. 精密、易碎及贵重药品要轻拿轻放，严禁挤压、碰撞、倒置，要做到妥善保存。

二、入库程序

1. 药库必须根据新版 GSP 建立健全药品入库的验收程序，以防伪劣药品进入药库，切实保证药品质量。做到质量完好、数量准确。

2. 药库必须设立专（兼）职验收员，验收人员应经过专业培训，由具有一定业务和工作能力的人员担任。

3. 入库药品必须依据入库通知单对药品的品名、规格、数量等逐一进行验收，并对其质量、包装进行检查。具体要求如下：①仔细点收大件，要求入库通知单与到货相符；②对入库通知单所列项目逐一核对品名、规格、数量、效期、生产厂名、批号、批准文号、注册商标、合格证等；③检查药品外观，看质量是否符合规定，有无药品破碎、短缺等问题。发现质量不合格或可疑，应迅速查询拒收，单独存放，做好标记，并立即上报质量负责人处理。

4. 进口药品除按一般规定验收外，应有加盖供货单位红色印章的《进口药品注册证》和《进口药品检验报告书》复印件，进口药品应有中文标签。

5. 特殊药品必须双人逐一验收。

6. 凡验收合格入库的药品，必须详细填写入库记录，验收员要签字盖章。药品入库记录必须完整、准确、字迹工整，保存 5 年备查。

7. 因工作不认真或玩忽职守导致不合格药品入库者一经查实，给予行政处理和经济处罚，情节严重者移交司法机关追究刑事责任。

三、验收人员应拒收的情形

在进行药品验收，发现以下情形时，验收人员可以拒收。

1. 所购进药品与随货销售清单、增值税发票不符。

2. 税票缺失或迟滞。

3. 进口药品缺失当批次进口药品批件和进口药检报告，或中药饮片缺少单批次药检报告等。

4. 质量异常，包括外包装质量异常，如：包装变形、破损、受污染、标签脱落或印刷字迹模糊不清等。

5. 药品外观形状质量异常，如：片剂裂片、变色，药品发霉、变质，颗粒结块，液体渗漏，注射液内有可见异物等。

6. 药品内在性质质量异常，如：药品有效期过期、注射液做可见异物检查不合格，被药监部门认定为假药、劣药等都应该拒绝验收入库。

附件 6－1　药品采购合同的示例

根据《中华人民共和国药品管理法》，明确交易双方的权利和义务，特订立本合同。

第一条　甲方须根据乙方所提供的药品信息，以网上采购的形式采购以下药品，甲方通过药品网上交易系统向乙方发送订单通知，乙方据此供货；双方确认后的订单为本合同的重要组成部分。

乙方对甲方通过平台发出的订单通知，自甲方发出订单通知起一个工作日内必须确认。

第二条　乙方须按购销合同采购药品一览表向甲方供应药品。

第三条　乙方应保证甲方在使用药品时免受第三方提出的有关专利权、商标权或保护期等方面的权利的要求。

第四条　乙方所供应药品的质量应符合国家药品相关标准，药品包装、质量及价格须与入围品种的挂网信息一致，不得更改，按甲方要求提供相应的药检报告书，并将药品送到甲方指定地点。

第五条　供货期限

乙方应自确认甲方订单通知起一个工作日内交货，最长不超过两个工作日；急救药品乙方应在 4 小时内送到。

第六条　供货价格与货款结算

（一）供货价格：按平台所公布的采购价格执行，该价格包含成本、运输、包装、伴随服务、税费及其他一切附加费用；合同履行期间，如遇政策性调价，按平台更新后的价格执行，包括尚未售出的药品。

（二）货款结算：甲方在收到配送药品之日起最迟不得超过 60 日进行货款结算。

第七条　药品验收及异议

甲方对不符合质量、有效期、包装和订单数量要求的药品，有权拒绝接收，乙方应对不符合要求的药品及时进行更换，不得影响甲方的临床应用。甲方因使用、保管、保养不善等自身原因造成产品失效或质量下降的，后果自负。

第八条　甲方的违约责任

（一）甲方违反本合同的规定，通过平台以外途径购买替代挂网入围药品，承担违约责任；

（二）甲方无正当理由违反合同规定拒绝收货或违约付款的，应当承担乙方由此造成的损失；

以上两种情形，乙方有权向当地纠正医药购销和医疗服务中不正之风工作领导小组办公室举报。

第九条　乙方的违约责任

（一）乙方确认甲方发出的订单通知后拒绝供货的，应承担违约责任。

（二）乙方所供药品因药品质量不符合有关规定而造成后果的，按相关法律规定处理。

以上两种情形，甲方有权向当地纠正医药购销和医疗服务中不正之风工作领导小组办公室举报。

第十条　合同当事人因不可抗力而导致合同实施延误或不能履行合同义务，不承担误期赔偿或终止合同的责任。（“不可抗力”系指那些合同双方无法控制、不可预见的事件，但不包括合同某一方的违约或疏忽。这些事件包括但不限于：战争、严重火灾、洪水、台风、地震及其他双方商定的事件）。在不可抗力事件发生后，合同双方应尽快以书面形式将不可抗力的情况和原因通知对方。除另行要求外，合同双方应尽实际可能继续履行合同义务，以及寻求采取合理的方案履行不受不可抗力影响的其他事项。不可抗力事件影响消除后，双方可通过协商在合理的时间内达成进一步履行合同的协议。

第十一条　合同的变更及解除

由于药品生产企业关、停、并、转的原因造成合同不能履行的，乙方应及时向甲方通报并提供省级以上药监部门证明，双方可以解除就该药品订立的合同，合同如需变更，须经双方协商解决。

第十二条　本合同未尽事项，经双方共同协商，可根据以上两个文件及相关法律法规的规定签订补充协议，补充协议与正式合同具有同等法律效力。

第十三条　因合同引起的或与本合同有关的任何争议，由双方当事人协商解决；协商或调解不成，当事人可依照有关法律规定将争议提交仲裁，或向人民法院起诉。

第十四条　本合同自双方签订之日起生效，自本合同生效之日起在合同期内发生的有关网上交易的各项事宜，均受本合同的约束。

第十六条　本合同有效期从　　年　月　日起，至　　年　月　日止。

附件 6－2　药品经营质量保证协议书

为保证药品质量、维护企业形象，根据《中华人民共和国药品管理法》《中华人民共和国产品质量法》《药品经营质量管理规范》（2016 年版）等法律法规和有关要求，甲乙双方本着合理、公平、公正的购销原则，经协商一致，签订以下药品质量保证协议。

一、甲方质量责任

（1）甲方在经营乙方提供的药品时，若发生质量问题，应及时通知乙方并提供详细、确定的质量信息，配合乙方做好调查取证和善后处理工作。

（2）甲方在向乙方购进药品时，应向乙方提供合法、有效的企业资格证书（证照复印件、加盖甲方原印章）并提供采购人员合法资格的验证资料。

（3）甲方应按 GSP 有关规定储存乙方所供药品，由于甲方储存不当造成的药品质量问题由甲方自行负责。

二、乙方质量责任

(1) 乙方负责向甲方提供其合法的《药品经营许可证》、营业执照及其年检证明、《药品经营质量管理规范》认证证书、《税务登记证》和《组织机构代码证》复印件并加盖原印章。另提供相关印章、随货同行单(票)样式、银行开户户名、开户银行及账号。

(2) 乙方若首次向甲方供货或乙方的销售业务人员变换时，乙方须向甲方提供有其公司法人代表印章或者签名的药品销售业务人员“授权书”原件及加盖乙方公章原印章的销售人员身份证复印件。授权书应当载明被授权人姓名、身份证号码，以及授权销售的品种、地域、期限。

(3) 乙方向甲方提供符合质量标准的合格药品，药品的包装、标签、说明书等应符合国家和行业的有关规定，其包装能确保商品质量和货物运输要求。并在运输过程中严格按照包装标识进行，确保药品质量。

(4) 乙方所供整件药品内必须附药品合格证明。

(5) 乙方供应药品的同时，须提供相应的生产批件、质量标准及出厂检验报告书等相关资料，供应进口药品时，须提供《进口药品注册证》及同批号《进口药品检验报告书》复印件。进口血液制品应提供《生物制品进口批件》和同批号的《进口药品检验报告书》复印件。中国香港、澳门和台湾地区企业生产的药品须提供《医药产品注册证》及同批号《进口药品检验报告书》复印件。以上批准文件应加盖乙方质量管理机构原印章。

(6) 乙方向甲方提供中药材须标明品名、产地、供货单位、供货日期，中药饮片须标明品名、生产企业、生产日期、实行批准文号管理的中药材和中药饮片的品种还需标明批准文号。

(7) 乙方提供的药品因质量问题(包括包装质量)而造成甲方的一切损失，由乙方负责，如双方对药品质量产生争议，以法定检验部门的检验报告为准。

(8) 药品运输的质量保证及责任，乙方通过铁路、公路运输或委托运输公司送货，要保证药品质量；药品在运输途中所造成的一切损失或损坏，由乙方负责。

(9) 乙方应当按照国家规定给甲方开具发票；发票应当列明药品的通用名称、规格、单位、数量、单价、金额等；不能全部列明的，应当附《销售货物或者提供应税劳务清单》，并加盖甲方发票专用章原印章、注明税票号码。发票上的购、销单位名称及金额、品名应当与付款流向及金额、品名一致，并与财务账目内容相对应。

三、协议说明

(1) 本协议所涉及的条款，如不违反法律法规的强制性规定，以双方合议为准。

(2) 上述条款经双方确认无异，本协议未尽事宜之处，由双方协商解决。

(3) 本协议一式两份，甲、乙双方各执一份，自签订之日起生效，有效期一年。

附件 6－3　直调药品的采购流程

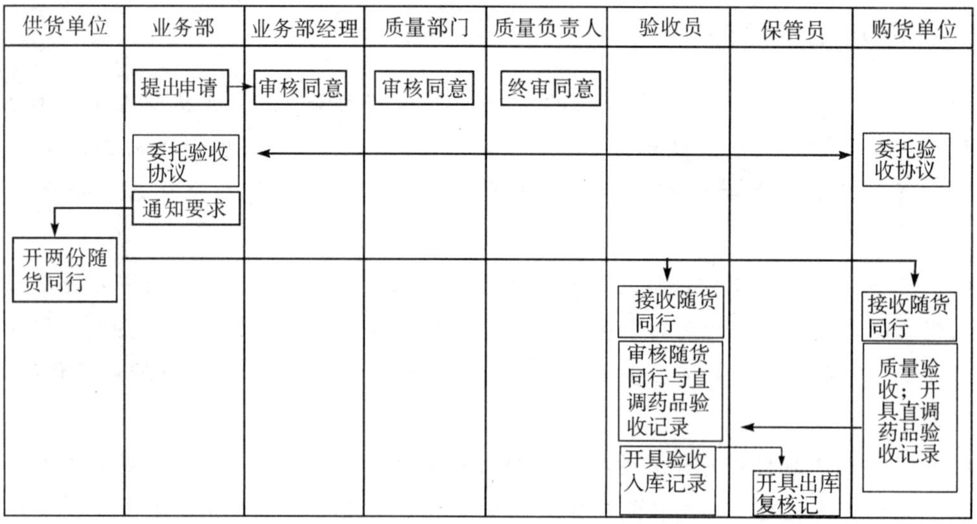

（于　泳　梅　鑫　汤梦璐）

扫码“练一练”

第七章　储存与养护

从供应链及现代物流角度来看，药品的储存在整个药品流通过程中持续时间最长，药品在此过程中发生质量变化的风险较高。在流通过程中，药品经过采购、验收和入库等环节之后，就进入储存与养护阶段。从药品质量得到评价后而继续在效期内保持稳定的角度来说，这是保证药品质量的最重要的环节。新版 GSP 对药品的储存与养护工作做出了详细规定，只有对储存与养护环节进行全方位控制，才能控制药品质量，故而达到“安全、有效”的终极目的。

第一节　药品储存

扫码“学一学”

一、储存的基本要求

各种药品的功能是由药物本身性质所决定，与其他物质一样，每种药物的内在成分在不断运动和变化，这就构成了它在贮藏期间易发生变化的内在因素，加上自然条件的影响，必然会发生物理、化学以及生物学等变化。而这些相互影响又互为关联的变化，要求我们不仅要了解掌握药品内在质变的形式，同时还需要了解自然条件（如温度、湿度、空气等）变化的规律。

新版 GSP 对药品储存的要求分为药品批发和药品零售两方面，具体如下。

（一）药品批发

1. 按包装标示的温度要求储存药品，包装上没有标示具体温度的，按照《中华人民共和国药典》规定的贮藏要求进行储存。

2. 储存药品相对湿度为 35% ~75% 。

3. 在人工作业的库房储存药品，按质量状态实行色标管理：合格药品为绿色，不合格药品为红色，待确定药品为黄色。

4. 储存药品应当按照要求采取避光、遮光、通风、防潮、防虫、防鼠等措施。

5. 搬运和堆码药品应当严格按照外包装标示要求规范操作，堆码高度符合包装图示要求，避免损坏药品包装。

6. 药品按批号堆码，不同批号的药品不得混垛，垛间距不小于 5cm，与库房内墙、顶、温度调控设备及管道等设施间距不小于 30cm，与地面间距不小于 10cm。

7. 药品与非药品、外用药与其他药品分开存放，中药材和中药饮片分库存放。

8. 特殊管理的药品应当按照国家有关规定储存。

9. 拆除外包装的零货药品应当集中存放。

10. 储存药品的货架、托盘等设施设备应当保持清洁，无破损和杂物堆放。

11. 未经批准的人员不得进入储存作业区，储存作业区内的人员不得有影响药品质量和安全的行为。

12. 药品储存作业区内不得存放与储存管理无关的物品。

（二）药品零售

1. 按剂型、用途以及储存要求分类陈列，并设置醒目标志，类别标签字迹清晰、放置准确。

2. 药品放置于货架（柜），摆放整齐有序，避免阳光直射。

3. 处方药、非处方药分区陈列，并有处方药、非处方药专用标识。

4. 处方药不得采用开架自选的方式陈列和销售。

5. 外用药与其他药品分开摆放。

6. 拆零销售的药品集中存放于拆零专柜或者专区。

7. 第二类精神药品、毒性中药品种等不得陈列。

8. 冷藏药品放置在冷藏设备中，按规定对温度进行监测和记录，并保证存放温度符合要求。

9. 中药饮片柜斗谱的书写应当正名正字；装斗前应当复核，防止错斗、串斗；应当定期清斗，防止饮片生虫、发霉、变质；不同批号的饮片装斗前应当清斗并记录。

10. 经营非药品应当设置专区，与药品区域明显隔离，并有醒目标志。

二、药品的储存管理

药品经过验收入库之后就进入了药品储存阶段，储存时应满足定置原则，将某一类或是某几类药品放入相同的储存环境中存放，所以应先将品种繁多的药品分类，将储存药品的仓库分库分区、货位规划，并将分类完成的药品放入规定的货位中堆垛或是放入货架存放。将药品的储存工作做好对于防止药品混淆、差错、污染和交叉污染有很重要的意义，同时也更便于接下来在库养护、检查和出库等工作的开展。

（一）储存的分库（区）分类

分库（区）分类是根据 GSP 的要求，参照储存药品的自然属性和企业仓储设备条件，将药品分为若干大类，仓储分为若干货库（区），每库（区）又分为若干货位，并按序编号。在分库（区）分类的基础上，按固定药品的存放地点，实行仓储分库（区）管理，药品分类存放。图 7－1 为药品储存仓库。

图 7－1　药品储存仓库

1. 分区管理　为了有效控制药品储存质量，应对药品按其状态进行分区管理，即仓库作业区分区管理。一般将仓库分为：待验区、不合品区、合格品区、发货区以及退货区。同时，为了杜绝库存药品存放误差，应对在库药品实行色标管理，按照库房管理的实际需要，库房管理区域色标划分的统一标准：待验区药品库区、退货药品库区为黄色，合格药品库区、中药饮片零活称取库区、待发药品库区为绿色，不合格药品库区为红色，三色标牌以底色为准，文字可以用白色或黑色表示，防止出现色标混乱。

2. 按温湿度条件管理　应按药品的温湿度要求将其存放在相应的库中，药品经营企业各类药品储存均应保持恒温，企业应按药品包装、说明书的温度要求储存药品。对没有标示具体温度的药品，企业应按照《中华人民共和国药典》规定的贮藏要求进行储存。常温 10～30℃，阴凉处为不超过 20℃，凉暗处为避光且不超过 20℃，冷处 2～10℃。未规定温度要求的，一般是指常温，各库房的相对湿度应保持在35% ~75%之间。企业所设的冷库、阴凉库以及常温库在所要求的温湿度范围，应保证药品质量，以符合药品规定的储存条件为原则，进行科学合理的设定，即所经营药品表明应存放于何种温度下，企业就应当设置相应的温湿度范围的库房。

对于标识有两种以上不同温度储存条件的药品，一般应存放于相对低温的库中，如某一药品标识的储存条件为：20℃以下有效期3年，20 ~30℃有效期1年，应该将该药品存放于阴凉库中。

3. 特殊管理要求　麻醉药品、一类精神药品、医疗用毒性药品、药品类易制毒化学品应专库或专柜存放，双人双锁管理，有相应的安全防盗设施设备。麻醉药品、一类精神药品可同库存放，医疗用毒性药品单独存放。

二类精神药品应专库或专柜存放，专人管理；蛋白同化制剂、肽类激素应专库或专柜存放，双人双锁管理；特殊管理药品应专账记录，并按国家有关规定保存，记录保存期限不少于5年。

4. 疫苗管理要求　近年来，我国疫苗安全事件频发，建立长效监管机制刻不容缓。新版GSP依据《国务院关于修改 < 疫苗流通和预防接种管理条例 > 的决定》，对疫苗的采购、运输和储存也提出了更高的要求。其中，第四十九条明确规定，储存、运输冷藏、冷冻药品的，应当配备以下设施设备：与其经营规模和品种相适应的冷库，储存疫苗的应当配备两个以上独立冷库；用于冷库温度自动监测、显示、记录、调控、报警的设备；冷库制冷设备的备用发电机组或者双回路供电系统；对有特殊低温要求的药品，应当配备符合其储存要求的设施设备冷藏车及车载冷藏箱或者保温箱等设备。

（二）货位的管理

规划货位，是指根据物资的外形、包装与合理的堆码苫垫方法及操作要求，结合保管场地的地形，规划各货位的分布或货架的位置。在分库（区）分类确定了各储货区存放药品的大类或品种之后，货位规划确定药品的存放方法和排列位置。

1. 货位的区划　企业应结合本企业建筑形式，面积大小，库房楼层或固定通道的分布和设施设备状况，以及储存物料（药品）需要的条件，将储存场所划分为若干货库（区），每一货库（区）再划分为若干货位，每一货位固定存放一批物料（药品）。货库（区）的具体划分，通常以货库为单位，即以每一座独立的仓库建筑为一个或若干个货库（区）。在多层建筑中也有按楼层划分货库（区）的。易燃易爆危险品一般为具特殊要求的独立建筑的货库（区）。自动化的高位立体仓库在电脑中进行分设货位。一般而言，按物料类别（原辅料、包装材料、成品等）划分货库，每一货库分为四个作业功能区，也就是接收、待验、合格、不合格区。为提高库容利用率及减少货物转运，一般待验区、合格区为同一区，采用动态管理，当物料为待验时挂黄牌，合格的物料则挂绿牌，以示区别。

此外，企业按物料性质、储存条件等对各类货库分设子库区，如常温、冷藏、防冻、阴凉、控湿分设库区；固体与液体分设库区；易挥发、易串味的物料（药品）与其他物料分设库区；原药材与净药材分设库区；危险品、特殊药品、贵重药品分设库区并按相应规定管理且立明显标志。子库区内不再分设接收、不合格区的作业功能区。

2. 货位布置的方式　一般有横列式、纵列式和混合式三种。所谓横列式，就是货垛或货架与库房的宽平行。若货垛或货架与库房的宽垂直排列，就是纵列式。两者皆有，则为混合式。货位的长和宽要与库房的长宽成可约的倍数，以便提高库房面积利用率。这种布置方式有利于库内通风和物资进出库，较好地利用自然采光，但这种方式支道多，面积利用率低，特别是采用叉车作业时，这种货位布置使叉车必须进行直角转弯，操作不便，并需要足够宽的通道，减少了储存面积。因此当采用托盘储存结合叉车作业时，可采用不同的布置形式。

保管品种多而出入库频繁时，托盘尽可能紧靠通道，减少通道宽度和缩短叉车行走距离。如果药品品种多且每个品种数量较大，亦可在通道每侧堆存两列或更多列的托盘，以节约储存面积。库房纵向两端的托盘可用横向排列（与装卸线平行），库内之间的托盘采取纵向排列，可以保证托盘堆垛稳固，避免一个货位两头同时作业，以策安全。

通道的宽度主要取决于叉车的回转半径、货物的外形尺寸以及其他因素。通道所需的宽度，我们用 A 表示，则其公式如下。

$$A = r - r_1$$

式中，r、r_1 分别为叉车的外侧和内侧的回转半径。

由于叉车的转向轮在转弯时要向一边滑动，故回转半径稍增大，在确定通道宽度时，应适当增加一些余量。为了减少通道的宽度，充分利用仓库面积，可将通道一边的货盘斜堆成 30°或 45°，叉车取货时只需要做 30°转向，因此通道宽度可以减少二分之一。配货场采用托盘储存的库房最好设有收发货的配货场，以便有机动场所可供货物进出检查、安排货位之用。空托盘的堆放位置，既要便于使用时搬取，也要便于管理维修。通常将空托盘放于库门旁，以便向库边站台搬运。

零星货物可堆放在零星小件储存区中，这个库区可供拼凑装盘的小件货物堆放之用，尽量靠近磅秤，以减少过磅搬运的距离。该货区应明显易找，货位划分较小。

一些药品由于其本身或包装，如特殊形状及复杂的货件不能采用叉车托盘作业，因此需设置人工装卸区，其货位大小可按此类物资所占比重及堆垛高度而定。当库房收货数量超过正常容量时，为了保证连续的进货，可将一部分辅助通道改为预备货位。

3. 货位的编号 亦称方位制度，它是在分区分类和划好货位的基础上，将存放药品的场所，按储存地点和位置排列，采用统一的标记，编上顺序号码，做出明显标志，并绘制分区分类、货位编号平面图或填写方位卡片，以方便仓储作业。货位编号是一项复杂而细致的工作，仓库规模越大，编号也愈复杂。货位编号的方法很多，货位区段划分和名称很不统一，采用的文字代号也多种多样。因此各仓库要根据自身实际情况，统一规定出本库的货位划分及编号方法，以达到方便作业的目的。

例如，企业可采用“四号定位”法，即将库房号、区号、层次号、货位号，或库房号、货架号、层次号、货位号这四者统一编号，这也是目前企业多采用的编号方法。编号的文字代号，有英文、罗马及阿拉伯数字来表示，例如：以 3—8—2—3 来表示 3 号库房 8 区 2 段 3 货位，以 4—5—3—15 来表示 4 号库房 5 号货架 3 层 15 格。货位编号可标记在地坪或柱子上，也可在通道上方悬挂标牌，以资识别。货架可直接在架上标记，规模较大的仓库要求建立方位卡片制度，即将仓库所有药品的存放位置记入卡片，发放时即可将位置标记在出库凭证上，可使保管人员迅速找到货位。一般较小的仓库不一定实行方位卡片制度，将储存地点注在账页上即可。

4. 货位的规划 货位的区划只是确定了各储货区存放药品的大类或品种，而货位规划是为了解决药品的存放方法和排列位置。所谓货位的规划，是指根据医药商品的外形、包装与合理的堆码苫垫方法及操作要求，结合仓储场地的地形，规划各货位的分布或货架的位置。

企业规划货位的原则要求为：货位布置要紧凑，提高仓容利用率；便于收货、发货、检查、包装及装卸车，灵活合理；堆垛稳固，操作安全；通道流畅便利，叉车行走距离短。当这些要求不能同时满足时，企业应设计多个方案比较，权衡利弊，最后确定一个较优方案。

（三）堆垛

堆垛也称码垛，是指将入库的药品向上和交叉堆放，可以增加药品在单位面积上的堆放高度和堆放数量，减少药品堆放所需的面积，提高仓容使用效能。图7－2为仓库药品堆垛。

图7－2　仓库药品堆垛

1. 堆垛要求　药品堆垛总的要求根据药品性质、包装形式及库房条件（如荷重定额和面积大小）而定，应做到安全、方便和节约这三个方面。

（1）安全　包括人身、药品和设备三方面的安全。药品堆码应合理、整齐、牢固，以保证工作人员的人身安全。药品按批号堆码，不同批号的药品不得混垛。搬运和堆码药品应当严格按照外包装标示要求规范操作，堆码高度符合包装图示要求，避免损坏药品包装。堆垛时，要根据包装的坚固程度和形状，以及药品性质的要求，仓库设备等条件进行操作。要轻拿轻放，防止药品及包装受损，要做到“三不倒置”，即轻重不倒置，软硬不倒置、标志不倒置；要留足“五距”，使储存药品做到“五不靠”，即四周不靠墙、柱，顶不靠顶棚和灯；要保持“三条线”，即上下垂直，左右、前后成线，使货垛稳固、整齐、美观。要严禁超重，保证库房建筑安全。

（2）方便　药品应按品种、批号堆码，便于检查盘点、先产先出、近期先出、按批号发货等作业方便。要保持走道、支道畅通，不能有阻塞现象。垛位编号要利于及时找到货物。要垛垛分清，尽量避免货垛之间相互占用货位。要垛垛成活（一货垛不被另一货垛围成“死垛”），使每垛药品有利于先进先出，快进快出，有利于盘点养护等作业。

（3）节约　对仓容量的节约。药品堆垛，必须在安全的前提下，尽量做到“三个用足”，即面积用足，高度用足，荷重定额用足，充分发挥仓库使用效能。但实际上不可能所有货垛同时都达到“三个用足”，因此，堆垛时一定要权衡得失，侧重考虑面积与高度或面积与荷重一个方面，堆垛前一定要正确选择货位，合理安排垛脚，堆垛方法和操作技术也要不断改进和提高。

2. 货垛安排

（1）“三距”及作用　货垛的“三距”指垛距、固定设施距和底距，即货垛之间不能依靠，不能依墙靠柱，不能与屋顶或照明设备相连，同时货垛要与地面保持距离。

1）垛距　为了防止污染和交叉污染，新版GSP中明确规定了货垛与货垛之间的距离不少于5cm。

2）固定设施距　货垛和墙、顶、温度调控设备及管道等设施之间的距离。墙距指货垛与墙壁之间的必要距离。留出墙距，能防止墙壁的潮气影响药品，便于开关窗户，通风散潮，检点药品，进行消防工作，同时起到保护仓库建筑安全的作用。墙距分为外墙距和内墙距两种。墙外无其他建筑物的称外墙，墙外有其他建筑物与之相连的称内墙。

3）顶距　货垛与屋顶之间的必要距离。留出顶距，能起到通风散潮，查漏接漏，隔热散热，便于消防等作用。同时，还应该留出货垛与温湿度控制设备，管道等之间的必要距离，防止药品受到影响，起到通风散潮、防火等作用。新版 GSP 规定药品与库房内墙、顶、温度调控设备及管道等设施间距应不小于 30cm。

4）底距　货垛与地面间的距离。留出底距，能起到防止药品受地面潮气。新版 GSP 规定药品应置于地垫、货架上，与地面间距不小于 10cm。

在满足要求的基础上，企业还应结合药品性能、储存场所条件、养护与消防要求、作业需要对“三距”进行调整。

（2）货垛可堆层数及计算

1）货垛不超重可堆层数的计算　以一件药品的占地面积计算，其计算公式如下。

不超重可堆层数 = 每件药品实占面积 × 每平方米库房荷重技术定额/每件药品毛重

例如，药品面积 0.48m ×0.40m，毛重 38kg，每平方米荷重定额 1500kg，其不超重可堆层数如下。

$$0.48\times0.4\times1500/38=7\text{（层）}$$

以一批药品整垛占地面积计算，其计算公式如下。

不超重可堆层数 = 整垛药品实占面积 × 每平方米库房荷重技术定额/每层件数 × 每件毛重

2）货垛不超高可堆层数计算　货垛不超高可堆层数，是指货垛留出顶距以后的可堆层数，其计算公式如下。

不超高可堆层数 =（库房实际高度 - 顶距）/每件药品高度

例如：多层建筑库房的中层仓间，高度为 4.3m，储存药品每件高度 0.38m，其不超高可堆层数如下。

$$(4.3-0.3)/0.38=10\text{ 层}$$

（3）货垛的排脚　要先测定药品的可堆层数，再进行脚形排列。货垛排脚有两个内容：一是货垛脚数的安排；二是货垛脚形的安排。脚数与脚形都是以货垛的最底一层为准。排脚时，根据药品可堆高层数，先排脚数；再根据外包装占地面积和堆垛要求，排出脚形。

计算脚数的公式如下。

脚数 = 货垛药品总件数/药品可堆层数

脚形的排列，是根据药品的实占面积与货位的深度和宽度综合考虑排列的。脚形排列关系到货垛的稳固，点数和发货的方便，应该十分重视。

3. 货垛基本形式

（1）行列式　将单品种或多品种药品用背靠背的方法排成双行以上的行列。这种堆垛形式便于收发、溯垛和检查，适用于小批量药品，但有时堆垛不够牢固，也不节省库房面积。

（2）重叠（墩台）式　按照垛底摆脚数，重叠堆高。货垛每层排列一致，不交错，不压缝，数量相同。如包装不够平整，堆垛高低不一且不稳，可在上下层间加垫，如夹放木板条等，使层层持平有牵制，防止倒垛。此法适用于体积较大，包装一致的药品，其优缺点与行列式相反。

（3）交错（压缝）式　按照垛底摆脚数形状，利用包装两边不等（长形）特点，纵横排列，逐层交错压缝堆高（也可二、三层交错压缝一次）。此法堆垛，具有相互咬紧，保持货垛稳固的优点。

（4）屋脊式　将货垛上部两旁的药品由下而上逐层缩小形成屋脊式。这种堆垛牢固，适用于露天堆放，上面加盖雨布可以防风吹日晒和雨淋。

（5）“五五化”的堆垛　以五为基本计量单位，码成各种总数为五的倍数的货垛。不同的物资和包装，有不同的五五化方法，如外形较大的可五五成方，较高的可以五五成行，较小的物资可以五五成包，带眼的物资可五五成串，定型定尺的可以五五抽头堆垛等。由于五五化堆垛并不解决垛形问题，因此，同样必须符合上述堆垛方法的要求。五五堆垛方法能把大小不一、形状各异、无规则的物资摆成较有规则的各种定量包装和货垛，这样就能做到过目成数，美观整齐，提高出库速度，便于盘点和保管。

4. 货架储存　药品在库内除了堆垛之外，也采用货架放置。库（区）常用的货架主要有以下几种：层架，层架分为开式和闭式、单面和双面结构；层架格；抽屉式和橱式货架；调节式货架；装配式货架；活动货架（移动式货架）等。

在库区内，货架应背靠背地成双行排列，并与主通道垂直，单行货架可以靠防火墙放置，同时还要考虑药品的发放情况，如周转快的药品架应放在发运区附近，周转慢的放在库内较远的地区。货架标志应放在各行货架面向通道的两端，以便标明各行货架编号及存放物资的种类，层格架（抽屉架）每格（每一抽屉）应有固定标签的位置。货架内物品应按从后向前的顺序以及按编号的位置存放，并留一定数量的空位，以便在储存新品种时使用。架存药品的数量取决于药品的品种、规格尺寸以及发放的要求，没有必要拆开过多的原箱药品置于架上。为了便于补充，零散药品的识别标志都应放在货架格的开口处，以便识别。某些不易辨认的药品，在格内可保留一个标志齐全的样品，以助于识别。货架格容积的利用率达到75%，即认为符合要求，如果低于这个标准，应调整货架格的尺寸。

对于药品分垛的规定，新版GSP规定，药品应按批号堆码，不同批号的药品则不得混垛。

（四）储存管理的其他规定

1. 特殊药品的管理

（1）麻醉药品、一类精神药品、医疗用毒性药品、药品类易制毒化学品应专库或专柜存放，双人双锁管理，有相应的安全防盗设施设备。麻醉药品、一类精神药品可同库存放，医疗用毒性药品单独存放。

（2）二类精神药品应专库或专柜存放，专人管理。

（3）蛋白同化制剂、肽类激素应专库或专柜存放，双人双锁管理。

（4）特殊管理药品应专账记录，并按国家有关规定保存，记录保存期限不少于5年。

同时，对特殊管理药品的不合格品，应按照国家有关规定处理。

2. 质量可疑及不合格药品的管理

（1）质量可疑的药品　质量状态不能确定的药品。质量可疑的药品应存放于标志明显的专用场所，进行有效隔离，并立即在计算机系统中锁定、停售，同时报告质量管理部门确认。怀疑为假药的，及时报告药品监督管理部门。

1）发现质量可疑的药品，企业有关人员应按照操作权限立即在计算机系统中锁定，同时报告质量管理部门确认。

2）质量可疑的药品应存放于专用场所，并有效隔离，不得销售。

3）质量管理部门应对质量可疑的药品进行调查、分析、裁决，并提处理意见。

4）怀疑为假药的，应经质量负责人批准后及时报告药品监督管理部门。

5）质量可疑的药品的处理应建立详细的处理记录。

（2）不合格药品　对不合格药品应查明并分析原因，及时采取预防措施。不合格药品的处理过程应有完整的手续和记录。

1）企业应制定不合格药品管理制度，明确不合格药品处理程序、处理措施。

2）企业有关人员应按照操作权限在计算机系统中对不合格药品进行即时锁定，不得销售。

3）不合格药品应存放于不合格药品库（区），并有效隔离，设置明显标志。

4）不合格药品应由质量管理部门监督销毁或退货，并做好记录，包括报损审批手续、销毁记录。

5）质量管理部门应负责对不合格药品进行调查并分析原因，及时采取预防措施，防止再次发生。

3. 计算机系统在储存中的应用 新版 GSP 强调计算机系统在药品经营活动中的应用，在药品储存与养护过程中，具体规定如下。

（1）企业应采用计算机系统对储存环境进行实时监测控制，保证使其达到药品的储存要求，如对温湿度进行动态检测。

（2）企业应当采用计算机系统对库存药品的有效期进行自动跟踪和控制，采取近效期预警及超过有效期自动锁定等措施，防止过期药品销售。

（3）质量可疑及不合格药品应当立即采取停售措施，并在计算机系统中锁定。

（4）计算机系统应根据企业的质量管理基础数据及相关制度，对库存药品定期生产相应的计划及纪录，如药品养护计划、效期报表等。

（5）企业应当建立能够符合经营全过程管理及质量控制要求的计算机系统，实现药品可追溯。

扫码“学一学”

第二节　药品养护

药品养护是药品经营企业确保库存药品质量的一项重要工作，药品经质量验收检验，进入仓储，到药品销售交货后流出，在企业滞留期间的质量都要靠养护工作提供充分的保障。药品的养护即根据药品的储存特性要求，采取科学、合理、经济、有效的手段和方法，通过控制调节药品的储存条件，对药品储存质量进行定期检查，达到有效监控药品质量变异，确保储存药品质量的目的。

一、养护内容

（一）养护人员的职责

养护人员从药品入库起，到销售付货止，对全部待售药品质量负有检查和养护责任。这种责任包括将药品出现质量问题的可能控制在最低限度，并对质量有问题的药品及时发现和报告，定期汇总、分析养护信息。

1. 指导督促仓储和销售环节正确存放和陈列药品。养护人员应指导仓储和销售环节正确存放和陈列药品，及时发现、纠正和汇报药品存放和陈列中的违规行为。药品必须存放在规定的温度和湿度条件的环境下，不同状态的药品应使用不同色标，近效期药品有明显标志，不同类别的药品应分库或分区存放，药品堆垛的技术参数、混垛时限和批号顺序应符合要求等。

在零售企业进行陈列时则应做到，药品放置于货架（柜），摆放整齐有序，避免阳光直射；按剂型、用途以及储存要求分类陈列，并设置醒目标志，类别标签字迹清晰、放置准确；处方药、非处方药分区陈列，并有处方药、非处方药专用标识；处方药不得采用开架自选的方式陈列和销售；外用药与其他药品分开摆放；拆零销售的药品集中存放于拆零专柜或者专区；第二类精神药品、毒性中药品种等不得陈列；冷藏药品放置在冷藏设备中，按规定对温度进行监测和记录，并保证存放温度符合要求；中药饮片柜斗谱的书写应当正名正字；装斗前应当复核，防止错斗、串斗；应当定期清斗，防止饮片生虫、发霉、变质；不同批号的饮片装斗前应当清斗并记录；经营非药品应当设置专区，与药品区域明显隔离，并有醒目标志。

2. 确保企业的仓储条件、养护设施和检测仪器发挥应有的作用。养护人员应观察和研究企业现有的仓储条件、养护设施和检测仪器是否与经营实际相适应，最大限度地利用现有仓储条件，确保现有设施、仪器能正常运行，发挥应有的作用，做好对这些设施和仪器的日常维护、保养，以及检查、复核和周期检定的送检或请检工作。对于仓储条件需要改进的，设施、仪器需要更换或添置的，养护人员要及时向有关部门以书面形式报告或通报。

3. 制订养护计划、确定重点养护品种及养护方案。养护人员应根据季节变化和市场药品质量动态，拟定和修订药品养护计划，如表7－1是药品养护计划。确定重点养护品种，重点养护品种是指在规定的储存条件下仍易变质的品种、有效期在两年内、包装容易损坏的品种、贵重品种和特殊药品等。这些品种的养护应在质管部门指导下重点关注。

表7－1　药品养护计划

文件名称：药品养护计划		编号：	
起草部门：	起草人：	审阅人：	批准人：
起草日期：	批准日期：	执行日期：	版本号：

1. 药品养护目的

根据药品的储存特性要求，采取科学、合理、经济的手段和方法，通过控制调节药品的储存条件，对药品储存质量进行定期检查，达到有效防止药品质量变质、确保储存药品质量的目的。

2. 养护原则

严按要求、手段科学、控制条件、定期检查、防止质变。

3. 养护工作主要内容

在质量管理人员的指导下，制订药品养护工作计划，确定重点养护品种，检查控制在库药品的储存条件，定期检查药品质量，对发现的问题及时采取有效的处理措施。

4. 基本要求

4.1 对近效期药品填报“近效期药品催销表”，上报质量管理部、采购部、销售部。

4.2 在计算机系统管理软件中设置药品近效期自动报警程序，对所储存药品的有效期实施动态监控，按月汇总、生成“近效期药品催销表”，分别传递至质量管理部、采购部、销售部。

4.3 定期检查药品储存条件及在库药品质量。

4.4 按季度定期汇总分析、上报药品养护质量信息。

4.5 建立药品养护档案。

4.6 确定重点养护品种包括主营品种、首营品种、质量性状不稳定的品种、有特殊储存要求的品种、储存时间较长的品种、近期发生过质量问题、药监局重点监控品种。具体品种按年度制定及调整，实行动态管理，重点养护品种确定后，报质管部审核后实施。

5. 养护具体措施

5.1 药品养护按照“三三四”的原则进行循环检查，每季度为一个循环周期。养护员每季度对入库3个月后库存要的外观、包装等质量状况进行一次循环检查，并建立养护记录；每月对主营品种、首营品种、质量性状不稳定的品种、有特殊储存要求的品种、储存时间较长的品种、近期发生过质量问题、药监局重点监控品种进行重点养护，并建立养护档案。

5.2 检查色标和药品储存是否符合规定。

5.3 库房的温湿度自动监测系统的数据记录，要每日备份，以备查询。如库房温、湿度超出规定范围，应及时采取调控措施，并予以记录。

5.4 检查卫生状况是否符合规定，工作场所保持干净卫生，无积灰、无积水、无鼠害、无虫及其他杂物。

5.5 养护设施设备定期检查，保证正常运转，并做好检查、使用记录。

5.6 每日及每月对冷库进行维护并记录。

质量部门审批：

4. 做好日常质量检查、养护的记录，建立养护档案。药品日常检查记录不必像质量验收记录那样详尽，但也要能反映出检查的时间、地点、方法、检查药品的类别、品种数，养护档案表，表 7－2 是药品养护档案表，并定期汇总、分析养护信息。对中药材和中药饮片应当按其特性采取有效方法进行养护并记录，所采取的养护方法不得对药品造成污染。养护员把主要精力放在检查药品质量本身，发现有问题的药品应当及时在计算机系统中锁定与记录，并通知质量管理部门，对有问题药品做出相应处理。为保证养护人员能认真负责地开展工作，应强化责任追究机制，加强业务指导和培训。

有人把库存药品狭义地理解为存放于仓库的药品，而将营业厅或付货场所的药品排除在外，这就会给养护工作带来死角。养护人员主要通过对待售药品的定期循环质量检查、加强对重点品种的养护和检查密度，从而保证药品质量，及时发现各种药品质量问题或质量疑点并采取对应措施。养护人员在进行打开药品内包装的检查时，必须在符合卫生要求的条件下进行。非破坏性检查进行完毕后必须认真恢复包装原貌，确保不因检查对检品内在质量和外在质量带来不利影响。

表 7－2　药品养护档案表

<table>
<tr><td>品名</td><td></td><td>规格</td><td></td><td>生产企业</td><td></td><td>有效期</td><td></td></tr>
<tr><td>别名</td><td></td><td>批准文号</td><td></td><td>地址</td><td></td><td>负责期</td><td></td></tr>
<tr><td colspan="4">外文名</td><td></td><td>注册商标</td><td></td><td>使用期</td></tr>
<tr><td colspan="4">用途</td><td></td><td>生产许可证号</td><td></td><td></td></tr>
<tr><td colspan="4">质量标准</td><td></td><td>检验项目</td><td></td><td></td></tr>
<tr><td>性状</td><td colspan="4"></td><td rowspan="3">包装情况</td><td colspan="2">内：</td></tr>
<tr><td rowspan="2">储藏要求</td><td colspan="4" rowspan="2"></td><td colspan="2">中：</td></tr>
<tr><td colspan="2">外：</td></tr>
<tr><td rowspan="7">质量问题摘要</td><td>年　月　日</td><td colspan="2">生产批号</td><td>质量问题</td><td>年　月　日</td><td>生产批号</td><td>质量问题</td></tr>
<tr><td></td><td colspan="2"></td><td></td><td></td><td></td><td></td></tr>
<tr><td></td><td colspan="2"></td><td></td><td></td><td></td><td></td></tr>
<tr><td></td><td colspan="2"></td><td></td><td></td><td></td><td></td></tr>
<tr><td></td><td colspan="2"></td><td></td><td></td><td></td><td></td></tr>
<tr><td></td><td colspan="2"></td><td></td><td></td><td></td><td></td></tr>
<tr><td></td><td colspan="2"></td><td></td><td></td><td></td><td></td></tr>
</table>

（二）养护的措施

药品在仓储中发生质量变化的因素有两方面：①内因，主要是药品本身物理、化学等性质的变化引起的；②外因，外界环境影响也非常重要。我们讨论的养护措施主要是控制药品在保管过程中影响药品质量的外界因素，如：日光、空气、温湿度及微生物等。由于这些因素的作用，使药品分解变质、失效或者增加毒性。

1. 避光　有些药品对光敏感，日光中的紫外线还能加速其的氧化、分解，光线不仅能使药品失效，还能使之毒性增加。如：肾上腺素遇光变玫瑰红色，维生素 C 遇光变黄棕色，双氧水遇光分解为水和氧气等。因此，在养护过程中必须采取相应的避光措施。除药品的包装必须采用避光容器或其他遮光材料包装外，药品在库贮存期间应尽量置于阴暗处，对门、窗、灯具等可采取相应的措施进行遮光，特别是一些大包装药品，在分发之后剩余部分药品应及时遮光密闭，防止漏光，造成药品氧化分解、变质失效。不常用的怕光药品可贮存于严密的药箱内，存放常用的怕光药品的柜架应以不透光布遮蔽。如银盐、双氧水等遇光易变化的药可用棕色玻璃瓶或用黑纸包裹的玻璃瓶包装，存放在阴凉干燥、日光不易直射到的地方，门窗注意遮光；肾上腺素、乙醚、三氯甲烷等必须用密闭避光容器，并尽量采用小包装，容器内尽量少留空间。

2. **降温**　对怕热药品，根据其性质分别存放于“阴凉处”“凉暗处”或“冷处”“阴处”，药品对贮存温度有特殊要求的按说明书内容贮存。“凉暗处”“阴凉处”一般指不超过20℃，“冷处”指温度2～10℃。一般而言，多数药品在2℃以上时温度愈低，对保管愈有利。温度过高，能使许多药品变质失效，特别是生物制品、抗生素、疫苗血清制品等对温度的要求更严。如青霉素加水溶解后在25℃经过24小时，即大部分失效。卡介苗、破伤风抗毒素等生物制品在高温中很快失效，所以诸如脏器制剂、疫苗、菌苗注射剂等生物制品一般可置地下室或冰箱、冷藏库内贮存。即使是普通药品过高温度下贮存，仍能影响药品的质量。因此，必须保持药品贮存期间的适宜温度。

对于普通药品，当库内温度高于库外时，可启开门窗通风降温。在夏季对于不易吸潮的药品可进行夜间通风。应注意通风要结合湿度一起考虑，因为药品往往怕热也怕潮，只要库外温度和相对湿度都低于库内，就可以通风降温。装配有排风扇等通风设备的仓库，可启用通风设备进行通风降温。对库内温度较高，需尽快降温的或不适宜开窗通风降温者，如室内没有空调实施的，可采用加冰降温，一般是将冰块或冰盐混合物盛于容器中，置于库内1.5m左右高度，让冷气自然散发、下沉。也可采用电风扇对准冰块吹风，以加速对流，提高降温效果。但要注意及时排除冰融化后的水，因冰融化后的水可使库内湿度增高，故易潮解的药品不适宜此方法。挥发性大的药品如乙醚、浓氨溶液等，常温下容器内压大，还要避免激烈震动，开启前应充分降温，以免药液冲出（特别是浓氨溶液）造成伤害事故。

3. **保温**　温度过高可引起药品变质，同样温度过低也会对药品质量产生不良影响。如甲醛溶液在9℃以下存放可聚合成血色聚合物沉淀，注射剂、水剂在零下5℃时即易冻裂，乳剂可因冻结使乳化力破坏，解冻后药液分层不能再供药用等。在我国长江以北地区，冬季气温有时很低，有些地区可出现零下30～40℃甚至更低。这对一些怕冻药品的贮存不利，必须采取保温措施。一般可采用统一供暖、火炉取暖、火墙取暖等方法，提高库内温度，保证药品安全过冬。统一供暖的应注意暖气管、暖气片离药品应有一定距离，并防止漏水情况。火炉取暖应在火炉周围左、右、后三方用砖砌成防护墙，防护墙与货垛的距离不得少于0.5m，库内不能存放易燃易爆药品。生火炉期间应有专人看管，注意防火，加强消防措施，同时要防止库内因长时间燃烧而造成缺氧空间，导致人员煤气中毒事故。火墙取暖应注意火墙暖库必须远离其他库房，添火口设在库外，库内药品要离暖墙1m以上，并经常检查墙壁有无漏火现象。一些特别怕冻的药物在严寒季节也可存放在保温箱内。

4. **降湿**　潮湿对在库药品质量的影响很大。湿度太大能使药物吸湿变质，吸湿可使某些氯化物（钠、钾、铵、铁、钙盐等）、溴化物等浓度降低，使乙酰氨基酚、水杨毒扁豆碱等水解失效，泡腾散吸湿后即失去泡腾作用；甘油栓、片剂、丸剂、胶囊剂（尤其是糖衣片、丸剂）吸湿变软，膨胀裂开或粘连，使微生物易于生长而霉变失效等。

在我国气候潮湿的地区或阴（梅）雨季节，药品库房往往需要采取空气降湿的措施。一般来说，库内相对湿度应控制在75%以下为宜，控制方法可采用通风降湿，密封防潮及人工吸潮降湿相结合。通风降湿要注意室外空气的相对湿度，正确掌握通风时机，一般应是库外天气晴朗，空气干燥时，才能打开门窗进行通风，使地面水分、库内潮气散发出去。

密封防潮是阻止外界空气中的潮气入侵库内。一般可采取措施将门窗封严，必要时，对数量不多的药品可密封垛堆货架或货箱。人工吸潮是当库内空气湿度过高，室外气候条件不适宜通风降湿时，采取的一种降湿措施。一般可采用生石灰（吸水率为自重 20% ~30%）、氯化钙（100% ~150%）、钙镁吸湿剂、硅胶等，一般装入容器 1/4 左右的吸湿剂，在其上存放药品，及时更换饱和的吸湿剂。有条件的可采用降湿机吸湿。此外，减少潮湿来源也是必不可少的，如减少围护结构传入的湿量，地面施工时采用防水材料，隔断地下湿气泛潮，怕湿药品尽量放置在楼上等。

5. 升湿 湿度太小能使某些含结晶水的药物如硼砂、硫酸阿托品、磷酸可待因、咖啡因、硫酸镁、硫酸锌、硫酸铜、明矾等风化，风化后失水量不等，使剂量难于掌握，特别是剧毒药，可能因此而超过剂量引起中毒等事故。在我国西北地区，有时空气十分干燥，必须采取升湿措施。具体方法：向库内地面洒水，或以喷雾设备喷水；库内设置盛水容器，贮水自然蒸发等。一些对对湿度特别敏感的药品还须密闭保湿，使内装药物与外界空气隔绝。如玻璃容器要采用适当的瓶塞与瓶盖，软木塞易为强酸强碱或氧化剂所腐蚀和破坏，醇、乙醚、三氯甲烷等有机溶媒能浸出软木中的杂质而被污染，故这类药品不宜用软木塞。必要时软木塞可以浸蜡处理，在下面衬一层铝箔或涤纶薄膜。橡皮塞在低温下易硬化，高温下成柔软黏性物，且可溶于某些有机溶媒，故这类药品以用磨口玻璃塞为宜。特别易于风化的药物宜贮于密封容器内置于凉爽处，空气不宜过于干燥，温度也不宜过高。

6. 抗氧化 空气对药品的影响，关系最大的是氧气和二氧化碳。氧气可使铁盐、亚汞盐分别成为高铁盐、高汞盐，麻醉乙醚与三氯甲烷氧化成过氧化物及有毒的光气，油脂及含油脂的软膏酸败，挥发油氧化变质。二氧化碳则使某些药物碳酸化，例如使某些氢氧化合物或氧化物吸收二氧化碳成碳酸盐，使磺胺类钠盐、巴比妥类盐生成游离状磺胺类、巴比妥类而难溶于水。此类药品一般保管方法：主要方法是注意密封，隔绝空气，易受二氧化碳影响的药品，亦可贮于生石灰干燥箱中。

7. 效期管理 时间也是影响药品质量的因素之一，有些药品因其本身性质不稳定，尽管贮存条件适宜，时间过久，亦将逐渐变质失效。如：抗生素、生物制品和一些化学药品等。对此，往往都规定一定的有效期限。对有效期药品，一定要在规定效期内使用。在新版的 GSP 中新增计算机系统对库房内的药品有效期监测管理的内容，药品批发企业应当采用计算机系统对库存药品的有效期进行自动跟踪和控制，采取近效期预警及超过有效期自动锁定等措施，防止过期药品销售。同时，对药品零售企业也做出进行药品有效期管理的规定：企业应对药品的有效期进行跟踪管理，防止近效期药品售出后可能发生的过期使用。

8. 防虫、防鼠与防火 库内物品堆集，鼠害常易侵入，造成损失。特别是一些袋装原料如葡萄糖等一旦发生鼠害则严重污染药品。因此，必须防鼠灭害，一般可采用下列措施：认真观察，堵塞一切可能窜入鼠害的通道；库内无人时，应随时关好库门、库窗（通风时例外），特别是夜间；加强库内灭鼠，可采用电猫，鼠夹，鼠笼等工具；加强库外鼠害防治，仓库四周应保持整洁，不要随便乱堆乱放杂物，同时要定期在仓库四周附近投放灭鼠药，以消灭害源。

药品的包装尤其是外包装，大多数是可燃性材料，所以防火是一项常规性工作。在库内四周墙上适当的地方要挂有消防用具和灭火器，并建立严格的防火岗位责任制。对有关人员进行防火安全教育，进行放火器材使用的培训，使这些人员能非常熟练地使用放火器材。库内外应有防火标记或警示牌，消防栓应定期检查，危险药品库应严格按危险药品有关管理方法进行管理。

（三）药品养护制度

以下为某公司的药品养护制度。

1. 制定目的：为规范药品仓储养护管理行为，确保药品储存养护质量，特制定本制度。

2. 制定依据：《药品管理法》及《药品经营质量管理规范》。

3. 适用范围：适用于本公司在库药品的养护工作管理。

4. 内容

4.1 从事养护工作的人员应当具有药学或者医学、生物、化学等相关专业中专以上学历或者具有药学初级以上专业技术职称；从事中药材、中药饮片养护工作的，应当具有中药学中专以上学历，或者中药学初级以上专业技术职称。

4.2 坚持以“预防为主，消除隐患”的原则，开展在库药品养护工作，防止药品变质失效，确保储存药品质量的安全有效。

4.3 质量管理部负责对养护工作的技术指导和监督，包括处理药品养护过程中的质量问题，监督考核药品养护工作质量。

4.4 计算机管理系统依据质量管理基础数据和养护管理制度，对库存药品按期自动生成养护工作计划，提示养护人员对库存药品进行有序、合理的养护。

4.5 养护人员根据库房条件、外部环境、药品质量特性等对药品进行养护。

4.5.1 指导和督促保管员对药品进行合理储存与作业。

4.5.2 检查并改善储存条件、防护措施、卫生环境。

4.5.3 指导保管员对库房温湿度进行有效监测、调控。

4.5.4 按照养护计划对库存药品的外观、包装等质量状况进行检查，并建立养护记录；对储存条件有特殊要求的或者有效期短的品种应重点养护。

4.5.5 发现有问题的药品应当及时在计算机系统中锁定和记录，并通知质量管理部门处理。

4.5.6 对中药材和中药饮片应当按其特性采取有效方法进行养护并记录，所采取的方法不得对药品造成污染。

4.5.7 定期汇总、分析养护信息。

4.6 对计算机系统近效期预警品种提示业务部做出相应的处理。

4.7 对质量可疑药品应当立即采取停售措施，挂“待处理牌”或移至待处理区，并在计算机系统中锁定，同时报告质量管理部门确认。对存在质量问题的药品应当采取以下措施。

4.7.1 存放于标志明显的专用场所，并有效隔离，不得销售。

4.7.2 怀疑为假药的，及时报告药品监督管理部门。

4.7.3 不合格药品的处理过程应当有完整的手续和记录。

4.7.4 对不合格药品应当查明并分析原因，及时采取预防措施。

4.8 经质量管理部审批、确定重点养护品种，建立重点品种的养护档案，结合经营品种的动态情况，及时调整重点养护品种的目录，不断总结经验，为药品储存、养护提供科学依据。

4.9 按照药品温、湿度储存条件的要求，设置储存药品的相应库房，常温库温度在10～30℃之间，阴凉库温度20℃以下，冷藏库温度在2～10℃之间，相对湿度在35%～75%

之间。

4.10 保管员根据温湿度自动监测数据，对库房的温湿度采取相应的调控措施。

4.11 库存药品存放要实行色标管理。

二、医药商品的分类保管与养护

以上我们对药品养护的一般方法做了介绍，以下，我们根据各类医药商品的不同特点，就它们的保管和养护再做具体说明。

（一）各类药品制剂

1. **片剂** 易受湿度、温度、光线、空气的作用而开裂、霉变、变色、变质失效、糖衣变色发黏等。贮存片剂的库房应保持干燥凉爽。片剂贮存一年后，经常检查其崩解度或溶出度，考察其质量。

2. **注射剂** 应采用符合注射液性质的玻璃容器包装，阴暗处保存，严冬季节注意防冻。橡胶塞小瓶粉针剂应防潮引起粘瓶结块，大输液不得横置倒放，不要震动、挤压、碰撞瓶塞而漏气。

3. **散剂** 一般吸潮性比较大，保管的重点是防止吸潮而结块、霉败。

4. **胶囊剂** 胶囊壳易吸潮使胶囊发软粘在一起，遇热易软化，而过于干燥则又使胶囊失水开裂，应存于玻璃容器中，置于干燥凉爽处，温度不宜高于 30℃，相对湿度以 70% 左右为宜，贮存一年后应检查其溶出度。

5. **丸剂** 特别是蜜丸，吸潮极易霉变。应特别注意密封和干燥。

6. **滴眼剂** 性质一般均不稳定。滴眼剂的有效期一般较同一原料的其他制剂短。此剂型贮量不宜过多，应存放阴凉处或冰箱中。

7. **软膏剂** 特别是乳膏剂，易受温度、微生物影响，而酸败、分层、变色、分解等，应存于凉爽、干燥、避光处。温度不可超过 30℃，最好保持在 15℃以下。眼膏应贮于灭菌容器中，密闭、15℃以下保存。

8. **粉剂** 受热受潮易软化变形，应置于硬纸小盒内，裹以蜡纸或铝箔纸，以防粘连，应在 25℃以下贮存，炎热夏季贮存于冰箱中。

9. **生物制剂** 极易受潮结块生霉失效，应放干燥、避光、凉爽处保存。有时还需要冷藏。

10. **糖浆剂与合剂** 宜用洁净干燥，不超过 50ml 的细颈玻璃瓶装贮，瓶口严封、避光置凉爽处，以防生霉。

（二）特殊药品

特殊药品一般是指麻醉药品、精神药品、医疗用毒性药品和放射性药品，也包括戒毒药品。这些药品应专库或专柜加锁集中存放，绝不允许与其他药品混放，应设置专职人员保管、专用账卡登记管理制度；严格出库手续，随时和定期核对账货，做到数字准确，账货相符；按药品的性质决定贮藏条件，如麻醉药品的大部分品种遇光易变质，故都应注意避光保存；由于破损、变质、过期失效而不可供药用的药品，应清点登记，列表上报，监督销毁，并由监销人员签字备查，不得随便处理。这里特别需要指出的是放射性药品，大多数药品能自发地、不断地放射出穿透力很强的射线，人体受到过量的照射会引起很大的损害，例如放射性碘化钠溶液、放射性磷酸钠注射液等，这些药品的保管和养护除了满足其理化性质和剂型特点之外，还应注意防护设施和设备的完善。

（三）医疗器械

医疗器械应根据其制造材料的特性的不同进行合理的储存和养护。严格控制温度、湿度和腐蚀性气体的霉变、锈蚀和老化等影响，医疗器械应存放在干燥、通风良好、无腐蚀性气体的库房内。其中，橡胶、乳胶、塑料和医用高分子材料应存放在干燥通风的阴凉场所，切忌受阳光直接照射，应远离热源，避免与酸碱、油类和腐蚀性气体接触。

精密医用光学仪器应专室存放，室内除应通风、干燥和无腐蚀性气体外，还应有防尘设施。医用电子、电气设备应严格防潮。X线胶片应存放在阴凉干燥的库内，温度控制在26℃以下，相对湿度控制在70%以下，远离热源；与放射源隔离。有特殊要求的医疗器械，应按商品的特性储存，如荧光房应防潮、防热、防震、防重压、防光照。贵重医疗器械应存放在有安全设施的专用库房内。

齿科材料中易挥发的液剂等应专室存放。牙髓失活剂、牙托水等齿科材料还应按毒性药品和危险品的管理要求，专室存放。

医疗器械应按出厂日期堆垛。每一堆垛中混垛日期不应超过半年，医疗器械中的橡胶、乳胶、塑料制品等包装易变形的怕压商品，应每隔半年翻码整垛一次。

（四）中药材和中药饮片

对中药材和中药饮片应当按其特性采取有效方法进行养护并记录，所采取的养护方法不得对药品造成污染。中药材和中药饮片作为药品中的一个特殊分类由于其形态、成分、性能的多样性及复杂性在储存过程中发生质量变异的概率相对较大。因此中药饮片储存养护的方法、标准及技术要求也相对较高其应用的手段也具有多样性。按照不同品种养护要求和季节的变化企业应在养护过程中采取有针对性的合理措施。为防止霉变腐败可采取晾晒、通风、干燥、吸湿、熏蒸、盐渍及冷藏等方法为防止虫害，可采取曝晒、加热、冷藏、药物熏蒸等方法为防止药性的挥发可采取密封、降温等方法，为防止变色、泛油可采取避光、降温等方法。随着现代科学技术的不断发展，在药品养护中对新技术、新方法的应用也日益广泛中药饮片的养护应做好记录。

（五）退货商品的保管与养护

医药商品的销货退回应由同意退货的部门填写退货通知单，表7－3为退货通知单，分别通知要求退货单位及本企业的运输、仓储、业务、财会等部门，退货商品到达后，一般商品存入专门的退货库（区）内。收货人员根据运单核定清点后，书面通知验收人员验收后，做好记录，包括退货单位、日期、品名、规格、数量、退货原因、质量情况。一份记录交收货人员，凭以登入销货退回商品档案。

表7－3　退货通知单

要求退货单位		来函日期		来函号		原发票号	
品名		规格		单位		数量	
生产企业		生产批号				复函号	
退货原因答复意见（含到站及收货人）							

公章：　　　　　　　　　　　　经手人：

如果是进货退出，应征得供货方同意后办理退货手续，属于质量问题退货应经本企业质管部门确认后方可向对方提出。

三、在库质量检查

对储存的药品进行在库质量检查是养护工作中很重要的一部分，通过检查，及时了解药品的质量变化，以便采取相应的防护措施，并验证所采取的养护措施的成效，掌握药品质量变化的规律。新版的 GSP 中明确规定药品零售企业应当定期对陈列、存放的药品进行检查，保持环境整洁。存放、陈列药品的设备应当保持清洁卫生，不得放置与销售活动无关的物品，并采取防虫防鼠等措施，防止污染药品。重点检查拆零药品和易变质、近效期、摆放时间较长的药品以及中药饮片。发现有质量疑问的药品应当及时撤柜，停止销售，由质量管理人员确认和处理，并保留相关记录。

（一）检查的时间与方法

药品质量检查的时间和方法，应根据药品的性质及其变化规律，结合季节气候、贮存环境和贮存时间长短等因素掌握，大致可分为以下三种。

1. **“三三四”检查** 每个季度的第一个月检查 30%；第二个月检查 30%；第三个月检查 40%，使库存药品每个季度能全面检查一次。

2. **定期检查** 一般上、下半年对库存药品逐堆逐垛各进行一次全面检查，特别对受热易变质、吸潮易引湿，遇冷易冻结的药品要加强检查。对近有效期药品、重点养护的品种、麻醉药品、精神药品、医疗用毒性药品、放射性药品等特殊管理的药品，要重点进行检查。

3. **随机检查** 一般是在汛期、雨季、霉季、高温、严寒或者发现有商品质量变质苗头的时候，临时组织力量进行全面或局部的检查。

（二）检查的内容与要求

药品检查的内容包括：库房内的温湿度，药品贮存条件及药品是否按库、区、排、号分类存放，货垛堆码、垛底衬垫、通道、墙距、货距等是否符合规定要求，药品有无倒置现象，外观性状是否正常，包装有无损坏等。在检查中，要加强对质量不够稳定、出厂较久的药品，以及包装容易损坏和规定有效期的药品的查看和检验。对陈列的药品要对拆零药品和易变质、近效期、拜访时间较长的药品以及中药饮片进行重点检查。发现有质量疑问的药品应当及时撤柜，停止销售，有质量管理人员确认和处理，并保留相关记录。

药品在库检查，要求做到经常检查与定期检查、员工检查与专职检查、重点检查与全面检查结合起来进行。检查时要做好详细记录，要求查一个品种规格记录一个，依次详细记录检查日期、药品存放货位、品名、规格、厂牌、批号、单位、数量、质量情况和处理意见，做到边检查，边整改，发现问题，及时处理。检查完后，还要对检查情况进行综合整理，写出质量小结，作为分析质量变化的依据和资料。同时，还要结合检查工作，不断总结经验，提高在库药品的保管养护工作水平。

养护组织对库存商品应定期进行循环质量检查，一般品种每季检查一次。近效期商品、易变品种酌情增加检查次数，并认真填写库存商品养护检查记录（表 7－4）。在质量检查中，对下列情况应有计划地抽样送验：易变质的品种，已经发现不合格品种的相邻批号，储存 2 年以上的品种，近失效期（使用期）和厂方负责期的品种等。

表 7－4　库存商品养护检查记录

序号	检查日期	品名	规格型号	数量	生产企业	生产批号	有效期	存放地点	外观及包装质量情况	处理意见	备注

养护员：

（三）质量问题药品控制

发现药品质量可疑的应当立即采取停售措施，并在计算机系统中锁定，同时报告质量管理部门确认。新版 GSP 中规定应当对存在质量问题的药品采取的措施：①存放于标识明显的专用场所，并有效隔离，不得销售；②怀疑为假药的，及时报告药品监督管理部门；③属于特殊管理的药品，按照国家有关规定处理；④不合格药品的处理过程应当有完整的手续和记录；⑤对不合格药品应当查明并分析原因，及时采取预防措施。

所以对质量问题药品的控制步骤：发现可疑药品→计算机中锁定，采取停售措施→报告质量管理部门复检判断→不合格原因查明并分析。

养护组织发现商品质量问题时应立即采取停售措施，在计算机系统中锁定，并与其他正常的药品有效隔离，同时填写药品质量复检通知单，表 7－5 为药品质量复检通知单，向质量管理部门通报。

表 7－5　药品质量复检通知单

品名		规格		生产企业	
生产批号		数量		存放地点	
有效期使用期					
质量问题： 养护员：　　年　　月　　日					
复检结果： 质管部门：　　年　　月　　日					

质管部门一般在 2 个工作日内复检完毕。对怀疑为假药的，应及时报告药品监督管理部门，质量可疑药品属特殊管理的应按照国家有关规定处理。复检结果为不合格者应填写药品停售通知单，表 7－6 为药品停售通知单，向仓储、业务等部门通报。同时，还应及时查明导致药品质量不合格的原因，是药品自身因素造成的，还是在储存过程中没有进行合理的养护或是其他突发原因，针对根本原因应采取预防措施，防止相同的原因再次对药品质量造成影响。

扫码“练一练”

表 7－6　药品停售通知单

品名	规格	生产企业	单位	数量	生产批号
检验情况			处理意见		
养护检查通知单号			通知日期		
有关单据日期号码			存放地点		

质管部门负责人：　　　　　　　　　　　　　　　　经手人：

一式四联：（1）存根　（2）仓库　（3）业务　（4）零售

（肖凤霞　于　泳　黄晓翠）

第八章　校准与验证管理

药品质量管理是个系统工程，对于药品经营企业来说，保证药品经营过程中所使用的各种计量器具、温湿度检测仪表等始终处于校准状态，设施设备运行良好是药品质量管理的基本保障，而校准和验证是确保设施设备处于良好状态的手段。根据新版GSP的要求，企业应定期对计量器具、温湿度检测设备等进行校准或检定，对冷库、冷藏运输车辆、冷藏箱、保温箱以及冷藏储运温湿度自动监测系统等进行使用前验证、定期验证以及停用时间超过规定时限的验证，确认相关设施、设备及系统能符合规定的设计标准和要求，可安全、有效的正常运行和使用，确保冷藏、冷冻药品在储存、运输过程中的药品质量。

扫码"学一学"

第一节　校准与检定

一、校准与检定的概念

1. 校准（Calibration）　在规定条件下的一组操作，其第一步是确定由测量标准提供的量值与相应示值之间的关系，第二步则是用此信息确定由示值获得测量结果的关系，这里测量标准提供的量值与相应示值都具有测量不确定度。

2. 检定（Verification）　查明和确认测量仪器符合法定要求的活动，它包括检查、加标记和（或）出具检定证书。

3. 计量确认（Metrological Confirmation）　为确保测量设备处于满足预期使用要求的状态所需要的一组操作。

从以上的校准与检定的定义，不难发现两者主要区别在于针对的对象、依据、目的、性质、主体、方式、周期、内容、结论、承担的风险不同。虽然两者有着本质差别，但也有着密切联系，都属于量值溯源的一种有效合理的方法和手段，目的都是实现量值的溯源性（表8-1）。

（1）校准不具法制性，企业可以根据需要确定校准周期与校准机构。检定具有法制性，属法制计量管理范畴，其特点是实行定点定期检定。

（2）校准主要用以确定测量器具的示值误差。检定是对测量器具的计量特性及技术要求的全面评定。

（3）校准的依据是校准规范、校准方法，可做统一规定也可自行制定。检定的依据必须是检定规程。

（4）校准不判断测量器具合格与否，但当需要时，可确定测量器具的某一性能是否符合预期的要求。检定要对所检的测量器具做出合格与否的结论。

（5）校准出具校准证书或校准报告，而检定合格的出具检定证书，不合格的出具不合格通知书。

表 8－1　校准与检定概念的比较

序号	项目	检定	校准
1	效力	具有法律性，政府执法行为	不具法制性，企业技术行为
2	依据	检定规程，分国家、地区、部门三种	校准规范、校准方法，通常做统一规定，也可自行制定
3	内容	对仪器计量特性及技术要求符合性的全面评定	主要是确定测量仪器的示值误差，不判别合格性
4	证件	合格：鉴定证书（和各级别） 不合格：检定结果通知书	校准证书或校准报告，给出示值误差值和校准不确定度
5	背景	法制计量要求，计划经济体制下较多采用	技术计量要求，市场经济体制下较多采用

二、新版 GSP 对校准与检定的要求

1. 通过以上对校准与检定的概念的分析，不难看出校准与检定所要达到的工作目标如下。

（1）确定示值误差，并可确定是否在预期的允差范围之内。

（2）得出标称值偏差的报告值，可调整测量器具或对示值加以修正。

（3）给任何标尺标记赋值或确定其他特性值，给参考物质特性赋值。

（4）通过检定对计量器具特性进行强制性全面评定，确保自上而下的量值传递。

（5）校准是在规定条件下进行的一个确定的过程，用来确定已知输入值和输出值之间的关系的一个预定义过程的执行。校准的依据是校准规范或校准方法，可做统一规定也可自行制定。校准的结果记录在校准证书或校准报告中，也可用校准因数或校准曲线等形式表示校准结果。

2. 由此可见由于校准与检定工作在药品经营质量管理工作中的重要地位，新版 GSP 对校准与检定的要求具体如下。

（1）建立校准、检定管理制度或规程，每年至少校准或检定一次。

（2）专人负责，确保数据准确，并建立相应管理档案。

（3）强制检定的设备必须有计量检测机构出具的效期以内的检定合格证。

（4）按制度规定周期进行定期校准或检定的记录。

（5）使用的标准器应经法定机构检定合格。

（6）确保检定、校准人员资质符合要求。

三、计量器具

（一）计量器具的分类

1. 按结构特点分类

（1）量具　用固定形式复现量值的计量器具，如量块、砝码、标准电池、标准电阻、竹木直尺、线纹米尺等。

（2）计量仪器仪表　将被测量的量转换成可直接观测的指标值等效信息的计量器具，如压力表、流量计、温度计、电流表、心脑电图仪等。

（3）计量装置　为了确定被测量值所必须的计量器具和辅助设备的总体组合，如里程计价表检定装置、高频微波功率计校准装置等。

2. 按计量学用途分类

（1）基准计量器具　计量基准就是在特定领域内，具有当代最高计量特性其值不必参考相同量的其他标准，而被指定的或普通承认的测量标准。经国际协议公认，在国际上作为给定量的其他所有标准定值依据的标准称为国际基准，经国家正式确认，在国内作为给定量的其他所有标准定值依据的标准称为国家基准，基准计量器具通常有主基准、作证基准、副基准和工作基准之分。

基准计量器具的主要特征：①符合或接近计量单位定义所依据的基本原理；②具有良好的复现性，并且所定义实现保持或复现的计量单位，或其倍数或分数具有当代或本国的最高精度；③性能稳定，计量特性长期不变；④能将所定义的实现保持或复现的计量单位，或其倍数或分数通过一定的方法或手段传递下去。

（2）计量标准器具　为了定义实现保存或复现量的单位或一个或多个量值用作参考的实物量具。

我国习惯性地将基准定为高于标准，这是从计量特性来考虑的各级计量标准器具必须直接或间接地接受国家基准的量值传递而不能自行定度。

（3）普通计量器具　一般日常工作中所用的计量器具，它可获得某给定量的计量结果。

3. 按等级分类

（1）A 类计量器具　①公司最高计量标准和计量标准器具；②用于贸易结算、安全防护、医疗卫生和环境监测方面，并列入强制检定工作计量器具范围的计量器具；③生产工艺过程中和质量检测中关键参数用的计量器具；④进出厂物料核算用计量器具；⑤精密测试中准确度高或使用频繁而量值可靠性差的计量器具。如：一级平晶、零级刀口尺、水平仪检具、直角尺检具、百分尺检具、百分百检具、千分表检具、自准直仪、立式光学计等。

（2）B 类计量器具　①安全防护、医疗卫生和环境监测方面，但未列入强制检定工作计量器具范围的计量器具；②生产工艺过程中非关键参数用的计量器具；③产品质量的一般参数检测用计量器具；④二、三级能源计量用计量器具；⑤企业内部物料管理用计量器具，如：卡尺、千分尺、百分尺、千分表、水平仪、直角尺、塞尺、水准仪、经纬仪、焊接检验尺、超声波测厚仪、5m 以上的卷尺，还有温度计、压力表、测力表、转速表、衡器、硬度计、天平、电压表、电流表、兆欧表、电功率表、电桥、电阻箱、检流计、万用表、标准电阻箱、校验信号发生器、超声波探伤仪、分光光度计等。

（3）C 类计量器具　①低值易耗的、非强制检定的计量器具；②公司生活区内部能源分配用计量器具，辅助生产用计量器具；③在使用过程中对计量数据无精确要求的计量器具；④国家计量行政部门明令允许一次性检定的计量器具，如：钢直尺、弯尺、5m 以下的钢卷尺等。

（二）计量器具的一般特征

1. **标称范围**　上下限。

2. **测量不确定度**　测量结果的可信程度。

3. **灵敏度**　器具响应的变化与被测量值的变化之比。

4. **鉴别力**　器具对微小变化的响应能力。

5. **鉴别力域**　对器具的响应而言被测量的最小变化值。

6. **分辨力**　能够肯定区分的指示器示值的最邻近值。

7. **作用速度**　单位时间内测量的最大次数。

8. 稳定度 器具保持计量特性不变的能力。

（三）计量器具的使用要求

1. 根据需要对计量器具进行调整 调整是指使计量器具的准确度和其他性能达到规定要求的作业。调整时应遵守计量器具操作规程，防止调整不当而失准。如万用表、游标卡尺等在使用前要进行归零调整。

2. 标示计量器具的校准状态 一般在计量器具上贴校准状态标签，让使用者了解计量器具的状态（合格、限制使用、停用等）和有效期限。

因体积小或影响操作等原因而不宜贴标签的计量器具，其校准状态标签可贴在包装盒上，或由其使用者妥善保管，但器具上要刻上编号，便于追溯。

3. 防止调整时校准失效 采取措施，防止调整时校准失效。比如，对作业人员进行资格认证，必须有资格证方可上岗，同时编制调整作业指导书及对校准点进行铅封等。

4. 加强搬运、维护、贮存的防护 在计量器具使用过程中，一定要采取措施，防止计量器具在搬运、维护和贮存时损坏或失效。如提供适宜的环境条件、采取防护措施等。

5. 做好计量器具失准时的处理 若发现计量器具偏校准状态（失准）时，应上报主管，请求对检测结果的有效性进行评价，并对设备和受影响的产品采取相应的措施。

（1）对被检产品，不一定要重新进行检测，但对其有效性一定要评价。

（2）对设备和受影响的产品采取以下措施：①追回产品进行重新检测，并评价；②对设备进行修理并重新校准。

（3）应查明计量仪器失准的原因。应对检定或校准方法、校准周期、计量人员工作责任性及操作熟练度，计量器具的适用性等更新进行评价，根据评价结果再适时采取相应措施。

（四）冷链物流设施设备

1. 冷库 冷藏库按建筑类型可分为土建冷库、组合冷库 2 类。土建冷库热惰性较大、库温易稳定，适宜大批量、整件包装冷藏药品的储存。组合冷库采用成套预制的轻质金属框架装配结构，施工、安装周期短，库容多在 $100m^3$ 以下，多为冷藏药品库存数量较少的药品批发企业或使用单位采用。

2. 冷柜、冰箱 通常用于冰袋或冰排的预先冷冻，或少量零散冷藏药品的冷藏。

3. 专用冷藏箱 专用冷藏车按制冷源可分为机械制冷（制冷机组）冷藏车、冷板制冷（液氮、干冰）冷藏车，其中机械制冷冷藏车是药品批发企业冷藏车的主要车型。

4. 冷链储运箱 常见的有冰源冷藏箱（蓄冷保温箱）、有源冷藏箱、防冻保温箱和泡沫箱 4 类，药品批发企业冷链配送多采用冰源冷藏箱。

5. 特殊储存温度的设备 如低温冷冻箱、超低温冰箱，用于储存有冷冻（－10～－25℃）要求的生物制品。

6. 温湿度自动监测系统 由测点终端、管理主机、不间断电源以及相关软件等组成。各测点终端能够对周边环境温湿度进行数据的实时采集、传送和报警；管理主机能够对各测点终端监测的数据进行收集、处理和记录，并具备发生异常情况时的报警功能。温湿度自动监测设备包括温湿度自动记录仪［含打印机、不间断电源（UPS）等外围设备］、射频标签（RFID）和变色标签（VVM）等。温湿度自动记录仪可用于冷库、专用冷藏车的实时温湿度显示、记录，部分型号的温湿度自动记录仪可与短信报警器、全球定位系（GPS）/

北斗卫星导航系统（CNSS）定位仪联用，通过互联网与药监部门监管系统联网，实时上传冷库、专用冷藏车的温湿度控制情况；RFID 常用于冷链储运箱内的温度记录，但收、发货双方均须配置相同的专用读写器；VVM 可粘贴在冷藏药品最小销售单元的包装上，温变信息直观，但动态管理效果较差。

企业根据新版 GSP 的要求，在仓库和运输冷藏、冷冻药品的设备中，配备温湿度自动监测系统（以下简称系统）。系统应当对药品储存过程的温湿度状况以及冷藏、冷冻药品运输过程中的温度状况进行实时自动监测和记录。

7. 冷藏药品验收工具　红外测温仪、探针测温仪可作为药品批发企业交接、验收冷藏药品时的验收工具，以测定冷藏药品包装内的实时温度。

8. 备用电源　可分为双回路供电系统、备用发电机（含电源自动切换控制柜）2 类。

四、校准与检定的基本内容

（一）校准与检定的分类

校准与检定根据企业是否具有能力和资质，分为自行校准（内部校准）、第三方校准（外部校准）和强制检定。

1. 自行校准（内部校准）　企业校准部门利用校正主规或转移标准器，校正企业各单位使用的量规、仪器；利用追溯的标准件，对企业内部仪器或标准件自行校正。

2. 第三方校准（外部校准）　企业把自身没有能力校准的，即主规或精度高的量规、仪器送有校正能力的单位代为校正。

3. 强制检定　由国家计量行政主管部门对社会公用计量标准，部门和企业、事业单位使用的最高计量标准，以及用于贸易结算、安全防护、医疗卫生、环境监测四个方面的列入强制检定目录的工作计量器具进行的法定校准。

校准与检定根据企业是否按照规定时限来进行，又可以分为定期校准和非定期校准。

（1）定期校准　企业定期对计量器具进行的校验。

（2）非定期校验　产品在制造程中或成品转运时发生变异，或对使用的量规发生怀疑，或发生量规进度受损或跌落情形，应立即通知量规、仪器管理单位或管理人员校验。此外，新购的量规、仪器在验收时即校验。

（二）校准与检定的基本内容

药品经营企业依据《中华人民共和国强制检定的工作计量器具明细目录》，自行校准温湿度等监测设备，天平等法定检定设备定期进行法定检定。

进行校准和检定时主要依据如下：①设备制造厂商提供的建议；②仪表的使用场合和使用频次；③相关标准/法规；④历史校准信息；⑤校准失效的结果。

药品经营企业对于法定检定器具每年至少一次的法定检定，温湿度监测仪表的校准周期每年至少一次的校准。一旦发现异常，及时重新进行校准或检定，对于高风险产品，如冷藏药品所存放的库房中的仪表根据企业风险管理要求适当增加校准频率。

对于验证过程中发现的冷链物流设施设备功能失效或损坏等异常情况，应立即停用并送交专业维修机构修复；属于计量器具的，修复后必须经第三方计量检测机构检定或校准后才能恢复使用。

扫码“学一学”

第二节　验证的概念和分类

验证工作是全面质量管理标准化管理的理论基础。企业质量管理部门应当负责验证工作的组织与实施。验证也可以邀请设施设备的供应商共同参与，或委托有能力、有资质的第三方机构进行。药品批发企业主要涉及冷库、冷藏运输车辆、冷藏箱、保温箱，以及冷藏储运温湿度自动监测系统、计算机系统的验证等。企业应当根据验证确定的参数及条件，正确管理地使用相关设施设备。

一、验证概述

（一）验证的定义

新版 GSP 对验证的定义：证明任何操作规程（或方法）、生产工艺或系统能够达到预期结果的一系列活动。就 GSP 而言，验证主要针对冷库、冷藏运输车辆、冷藏箱、保温箱、冷藏储运温湿度自动监测系统以及计算机系统等。

（二）验证的基本要求

1. 企业应当根据相关设施设备或系统的使用情况进行使用前验证、专项验证、定期验证及停用时间超过规定时限的验证。

2. 验证方案应当根据每一项验证工作的具体内容及要求分别制定，包括验证的实施人员、对象、目标、测试项目、验证设备及系统描述、测点布置、时间控制、数据采集要求以及实施验证的相关基础条件，验证方案应当经过批准才可实施。

3. 企业应当根据相关验证管理制度，建立实施验证所应当遵循的标准以及验证操作规程，还应形成验证方案、报告、评价、偏差处理和预防措施等。

4. 验证应当按照预先确定和批准的方案实施。

5. 验证完成后应当出具验证报告，包括验证过程中采集的数据汇总、各测试项目数据分析图表、各测试项目结果分析、验证实施人员、验证结果总体评价等，验证报告应当经过审核批准。

6. 在验证过程中应当根据验证测定的实际情况，对可能存在的设施设备运行或使用不符合要求的状况、系统参数设定的不合理情况等偏差处理进行调整和纠正，使相关设施设备及系统的运行状况符合规定的要求和标准。

7. 应当根据验证结果对可能存在的问题制定有效的预防措施，有效防止各种影响药品质量安全的因素带来的风险。

（三）验证的类型与范围

1. 验证的类型

（1）前验证　药品在运输、储存过程中使用到的冷库、储运温湿度监测系统以及冷藏运输等新设施设备在正式投入使用前，必须完成并达到设定要求的验证。

（2）回顾性验证　以历史数据的统计分析为基础，旨在证实正常使用的设施设备条件适用性的验证。

（3）同步验证　药品在运输、储存过程中在某些设施设备运行的同时进行的验证。用实际运行过程中获得的数据作为文件的依据，以此证明该设施设备达到预期的使用要求。

（4）再验证　对药品在运输、储存过程中已经验证过的关键设施及设备或系统在使用一定周期后进行的重复验证。再验证有三种类型：①政府机构或法律要求的强制性验证；②发生明显变化时的“改变”性再验证；③每隔一段时间进行的“定期”再验证。

2. 验证的范围　根据企业验证方针、上年度验证情况及验证周期，确定本次验证的范围，验证主要包括：①冷库；②冷藏运输车辆；③冷藏箱、保温箱；④温湿度自动监测系统；⑤计算机系统。

二、验证的流程

图 8－1 给出了常见的验证流程。

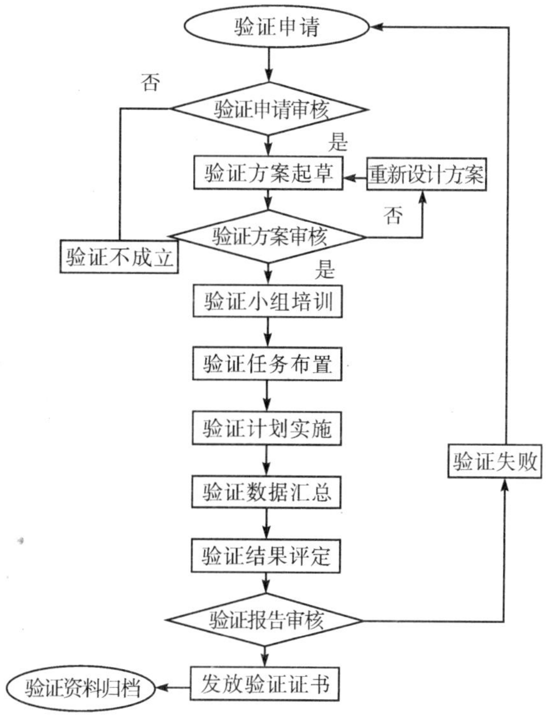

图 8－1　验证的流程

三、验证的文件

新版 GSP 要求企业应当在验证实施过程中建立并形成验证控制文件，包括验证方案、标准、报告、评价、偏差处理和预防措施等。验证控制文件应当存入药品质量管理档案，并按规定保存。验证文件包括验证方案、验证记录、验证报告和验证证书（表8－2）。

表 8－2　年度验证计划表

序号	文件编号	验证项目	牵头部门	计划时间	验证形式	再验证周期	备注

（一）验证方案

验证方案内容包括：封面（方案名称、起草人、审核人、批准人及计划实施时间）、目录、验证目的、验证范围、验证小组成员及职责、验证所需的支持性文件或涉及的文件、验证内容（流程、关键控制项目及可接受标准、限度等）、取样方法和计划、监测数据表、分析趋势表等、偏差处理表、风险评估、附录。验证方案实例见本章附件 8－1。

（二）验证报告

对验证方案及已完成验证实验的结果、漏项及发生的偏差等进行回顾、记录、审核并做出评估的说明文件。验证报告与方案一致的内容可以注明参考条款。

（三）验证记录

以日常记录的格式记录验证过程中的实验、校验以及检查情况。

（四）验证证书

在验证报告审核通过后，审核小组出具的证明性文件，包括验证报告的名称、报告的编号、验证完成日期及批准内容等，并有验证小组人员签字。

验证文件形成后进行统一的编号，验证方案和验证报告的文件编码为同一编码。所有文件验证活动结束后由质量部门负责整理，将所有验证文件交质量部门存放保管，可随时进行调阅和审核。验证过程的记录作为验证报告的附属档案与验证报告一起保存。

四、验证的实施

在验证工作实施前，需要确定使用的验证用的相关仪器仪表及设备上的仪表是经过校准的。校准仪器根据相关 SOP 执行且可追溯，有校准记录。所有的校准仪器贴上标签以示校准状态。具体做法如下。

（一）成立验证委员会

验证委员会的职责是组织、指导验证工作。验证委员会的成员应该由一定资质和学历的人员组成，比如仓储人员、质量部人员以及质量负责人等，主要职责包括起草、实施、分析、变更、出具报告。

（二）制定验证方案

根据验证主计划，由验证项目小组长组织相关人员起草验证方案，经验证委员会审核、会签，并做出可否的判定。

验证方案基本内容：适用范围（本方案适用于……的验证）；职责（必须明确）；验证的目的（必须非常清楚地阐述为什么要进行此项目的验证）；概述（主要包括验证的背景、说明等）；验证要求及标准（针对每个验证项目，制定验证要求以及可接受的限度）；验证步骤，实施验证所需的条件；取样（取样的位置、取样数量、取样频次）；测试方法及测试数据处理；原始记录及事前设计好的记录表格；测试所用的仪器仪表等。

（三）组织实施

验证方案批准后，由验证小组的组长按照批准的验证方案组织实施验证，收集所需数据、资料及记录。如有偏差或异常，关于偏差或异常对验证结果是否有影响，影响多大，应由验证小组进行分析并报告。对于特殊的检测，如果有“重大”偏差，经过验证小组最后评估无效的，验证小组必须修订验证方案重新进行验证实验。如需制订补充性验证方案，仍由原验证方案审批人员会审、批准后执行。

（四）验证报告及审批

1. 验证小组成员拟定验证报告草案，汇总并与验证委员会负责人分析研究后，完成正式验证报告。如果验证结果与预期目标不符，则应在采取相应改进措施后重新进行验证，直至结果符合要求。

2. 验证委员会负责人根据验证方案的内容，对验证报告加以核对和审查，无误后批准并签名，并由相关成员会签。审核内容：①检查主要验证实验是否按计划完成；重要试验结果的记录是否完整；②验证结果是否符合设定的标准，对偏离标准的结果是否做过调查，是否有适当的解释并重新获得批准。

（五）重新验证

经评价未达到要求（出现期待值以外情况）应考查引起变动的原因，再重新验证，经过再验证确认达不到要求时，申请重新调试或技改。

（六）发放验证证书

验证报告审批通过后，由验证委员会负责人签署“验证合格证书”，说明该项验证工作完成。已验证的项目及相应的管理文件方可交付正常使用。

第三节　冷链的验证

扫码“学一学”

验证是现代管理的重要手段，是保证各项设施设备及管理系统始终处于完好、适用状态的措施。药品储运冷链验证已经是国际上通行也成熟应用的强制管理标准，也是冷链药品储运质量管理的前提条件和基本保障，但在我国药品流通领域却是第一次引入。新版GSP附录“验证管理”对于验证的范围、参数标准、设备条件、实施项目、具体操作、数据分析、偏差处理及风险控制、质量控制文件编制、验证结果应用等都进行了具体规定。

一、冷链验证概念

冷链验证是指冷链系统中各单位制定的对药品贮藏、运输过程涉及的设施设备、公用工程、仪器仪表、计算机网络等方面的性能状态、效果和人员职责进行的有文件证明的一系列活动。冷链的相关环节，如库房、设施、设备、车辆、保温包装和监控仪器等应经过验证和确认，并形成书面文件。库房的验证，冰箱、冰柜的验证，冷藏车的验证，控温包装系统的验证形成了整个控温系统的验证。还包括对各种关键报警点的确认；除霜、除湿过程的确认；空载、最大负载温（湿）度分布验证；正常运行状态下连续24小时的温（湿）度自动记录数据；应急计划的验证；开关门温湿度分布验证等。

二、验证实施方法及步骤

（一）验证计划

按年度（每年年初）制订验证计划，根据计划确定范围、日程、项目，实施验证工作。验证计划经过企业质量负责人批准后按计划进行验证。

（二）验证实施原则

实施验证的原则包括各类投入使用前的新建或新购置的药品冷链物流设施设备，冷库改扩建后导致空间体积改变或库门的位置发生改变，专用冷藏车的机械制冷、供电系统发生改变，药品冷链物流设施设备（包括冷库在内）停用6个月后再次启用，药品冷链物流设施设备连续使用至制度规定期限的原则。

（三）验证文件制定

药品经营企业的设备管理部门应依据本企业的设施设备验证管理制度，在实施验证前制订验证方案，明确验证方法。

企业根据冷链物流设施设备的储存体积进行周期性验证。储存体积验证可大致分为空载、半载和满载验证，空载验证的目的是检测被验证设施设备的温湿度最高点、最低点的分布，温湿度监测点位的布设，及时调节设施设备；半载、满载验证的目的是证明空载验证的结果是否出现明显变化，温湿度监测点位布设是否合理，结果可以证明设施设备工作状态是否在额定范围内。

企业编制的验证文件包含以下内容：①本次验证的对象设施或设备；②明确验证实施的起止时间（精确至秒，以便与温湿度记录数据对应）、验证时间（可根据设备用途确定24、48、72、168小时）、环境温湿度要求、监测点位数量和布设、记录间隔时间（5~10分钟）、开关门次数和对应时间（确认开门时间对库区温、湿度的影响）、验证仪器调配、不同装载容积（空载、半载和满载）和对应的温湿度调控方法、验证实施人员等基本内容；③依据设备档案和使用说明书制订设施或设备基本技术参数明细表；④验证用温湿度记录仪器明细表；⑤验证用温湿度记录仪器的计量校正确认记录；⑥设备档案资料的现场确认记录；⑦设备验证前现场确认记录；⑧制订设施设备不同的操作方法以获取对应的运行数据。

（四）验证的实施

设备管理人员必须严格按照验证方案，在规定的时间、外界环境温湿度内，分别按空载或预定装载容积进行模拟运行，利用检定合格的温湿度记录仪器取得不同操作方法下的设备运行及温度控制结果（验证数据），真实、完整、及时地填写验证记录。冷链设备的验证分为设计确认、安装确认、运行确认和性能确认四个步骤进行。

1. 设计确认（Design Qualification，DQ） 根据药品经营管理的要求，对药品经营所使用的设施与设备的设计方案进行确认，证明设施与设备的设计方案可达到预期结果的一系列活动。在设备管理中，即是检查设备的论证选型报告、购置合同。通过设备的论证选型，确认设备的合格、厂家选择的合理、设备运行的经济。

2. 安装确认（Installation Qualification，IQ） 在设备制造商的帮助下，对设备是否按设计进行制造，设备本身，包括技术资料的完整性以及设备计量及性能参数准确性、安装环境及安装过程的符合性与正确性进行确认，对设备安装后进行各种系统检查及技术资料包括标准操作规程的文件化工作。通过检查和确认设备的安装条件、安装过程及安装后的适应性，以及辅助配套设备的完备程度；以证实各库区，各设备符合要求、技术资料齐全、开箱验收合格，安装条件及安装过程符合设计规范要求。通过设备的基础安装、安装环境、管道色标管理等方面进行规范。检查并确认开箱验收清点的设备及配件、备品备件、随机技术资料，包括备品备件清单、设备装箱单设备出厂合格证。建立设备档案，归档保存。

3. 运行确认（Operational Qualification，OQ） 根据在安装确认中形成的各类规程的草案，对设备的每一部分和整体进行空载试验，确保设备在工作时正常运行，并且性能达到规定的技术指标。

对设备各个功能的依次确认，在设备管理中，为设备的试机或试运行。确认系统正确运行时能否达到使用要求。当设备的功能齐全后，方可进行下一步的工作。

4. 性能确认（Performance Qualification，PQ） 在给定的具体工艺情况下，对设备实际生产过程中运行的稳定性、可靠性进行确认，确保设备在实际生产过程中能生产出合格产品。在这个确认阶段，主要考虑因素：模拟实际生产情况进行，一般先用空白料进行试车，以确定设备的适用性。

对运行确认的再确认，也就是机器在正式模拟生产情况下检查机器的使用性能。验证设备稳定的方法一般为连续测验 3 次，每次超过 48 小时，能满足要求，且合格率、操作参数均稳定时，即认为设备是合格的。同时进一步确认操作参数。当设备合格后，就可以进入设备管理的下一个阶段。

（1）设计确认阶段

1）核实供应商资质是否符合要求。

2）核实随机携带的文件是否符合合同和用户需求标准（URS）的要求。

3）核实工厂验收试验（FAT）报告和现场验收试验（SAT）报告是否具备，内容是否符合合同要求。

4）核实设备关键参数和采购合同的一致性。

5）核实设备关键参数和 URS 的一致性。

6）核实相关售后服务协议。

（2）安装确认阶段

1）核实工艺确认（DQ）报告是否完成，内容是否符合要求。

2）开箱检查，核实设备和 URS，以及供货合同的一致性。

3）核实装箱单和实际部件到货情况。

4）核实仪表校验情况。

5）人员培训情况，IQ 阶段的人员培训主要包括安装人员和设备使用人员的培训，培训内容主要是如何安装。

6）相关文件起草任务布置，在这个阶段，要根据供应商提供的说明书和手册，结合工人经验，起草设备操作 SOP、设备维护 SOP 和设备清洁 SOP 等。

7）安装情况核实，主要包括：设备的自身组装检查、设备安装情况检查、公用系统（水、电、气等系统）的安装情况。

8）IQ 阶段的变更处理、偏差处理、IQ 初步结论和 IQ 报告的完成。

（3）运行确认阶段

1）核实 IQ 报告完成情况。

2）核实仪表校验情况，在 OQ 之前，相关仪表应该校验完毕，而且校验合格。

3）核实人员培训情况，这个阶段的培训任务包括：验证文件的培训和相关设备运行 SOP 的培训。

4）核实设备运行 SOP、维护 SOP 和清洁 SOP 的起草情况，尤其是设备运行 SOP 和维护 SOP，应该已经起草并批准。

5）OQ 项目完成情况，例如：冷藏车的运行操作、各仪器显示状态、各部件协调运行的情况，以及冷藏车内部空载的温度分布情况。

6）如果有样品，需要包括样品处理和检验的检查。

7）OQ 阶段的变更情况、偏差情况、OQ 的结论和报告撰写。

（4）性能确认阶段

1）核实 OQ 报告完成情况。

2）核实仪表校验情况，这个阶段核实的仪表主要是 QC 实验室的仪表，因为 PQ 阶段会产生很多样品，需要用到 QC 仪器来检测。

3）核实人员培训情况，这个阶段培训任务主要包括：验证文件的培训和样品检验 SOP 的培训。

4）核实文件起草和批准情况。

5）PQ 项目检查核实，主要核实在装载了药品的情况下，冷藏车是否可以在规定时间达到控制温度，温度均匀度情况、湿度均匀度情况，以及开门和关门后，冷藏车的温度波动情况和恢复到规定温度的时间。

6）PQ 阶段的样品处理和检验。

7）PQ 阶段的变更情况、偏差情况、PQ 阶段的结论和验证总的结论。

三、冷链验证内容

（一）冷库的验证

冷库需验证的项目至少应当包括如下内容。

1. 温度分布特性的测试与分析，确定适宜药品存放的安全位置及区域。
2. 温控设施运行参数及使用状况测试。
3. 温控系统配置的温度监测点参数及安装位置确认。
4. 开门作业对库房温度分布及药品储存的影响。
5. 确定设备故障或外部供电中断的状况下，仓库保温情况及变化趋势分析。
6. 对本地区高温或低温等极端外部环境条件下，分别进行保温效果评估。
7. 在新建库房初次使用前，或改造后重新投入使用前，应当进行空载验证及满载验证。
8. 年度定期验证时应当进行满载验证。

（二）冷藏车的验证

在运输的每个环节，都进行如实记录温湿度监控数据，包括药品装卸、陆路运输、海运运输和空运运输环节。要如实记录最高温度和最低温度，必要时，记录 MKT 温度。如果有偏差，要进行评估以判断是否对药品产生不可接受的不利影响。冷藏车如图 8－2、8－3，其验证的项目至少应当包括如下内容。

1. 车厢内温度分布特性的测试与分析，确定适宜药品存放的安全位置及区域。
2. 温控设施运行参数及使用状况测试。
3. 温控系统配置的温度监测点参数及安装位置确认。
4. 开门作业对车厢温度分布及变化的影响。
5. 确定设备故障或外部供电中断的状况下车厢保温情况及变化趋势分析。

6. 对本地区高温或低温等极端外部环境条件下，分别进行保温效果评估。

7. 在冷藏车初次使用前或改造后重新投入使用前当进行空载验证，定期验证时应当进行满载验证。

8. 年度定期验证时，应当进行满载验证。

图8-2　冷藏车

图8-3　冷藏（保温）车及复合板材料

（三）冷藏箱或保温箱的验证

1. 箱内温度分布特性的测试与分析，分析箱体内温度变化的趋势。
2. 蓄冷剂配置使用的条件测试。
3. 温度实时监测设备放置位置确认。
4. 开箱作业对箱内温度分布及变化的影响。
5. 高温或低温等极端外部环境条件下的保温效果评估。
6. 运输路径及运输最长时限验证。

（四）温湿度监测系统的验证

1. 采集、传送、记录数据以及报警功能的确认。
2. 监测设备的测量范围和准确度确认。
3. 测点终端安装数量及位置确认。
4. 监测系统与温、湿度调控设施无联动状态的独立安全运行性能确认。
5. 系统在断电、计算机关机状态下的应急性能确认。
6. 防止用户修改、删除、反向导入数据等功能确认。

四、验证时间

经营企业在进行验证活动时应该确定适宜的持续验证时间，以保证验证数据的充分、有效及连续。在库房各项参数及使用条件符合规定的要求，并达到运行稳定后，数据有效持续采集时间不得少于48小时；在冷藏车达到规定的温度并运行稳定后，数据有效持续采集时间不得少于5小时；冷藏箱或保温箱经过预冷预热或预冷至规定温度，并满载装箱后，按照最长的配送时间连续采集数据；验证数据采集的间隔时间不得大于5分钟。

五、验证数据要求及结果

使用数据应真实、完整、有效、可追溯，并按规定保存。根据验证确定的参数及条件，正确、合理使用相关设施设备及系统，未经验证的设施、设备及系统，不得用于药品冷藏、冷冻储运管理。验证的结果，作为企业制定或修订质量管理体系文件相关内容的依据。

扫码“学一学”

第四节　计算机系统的验证

目前，计算机系统在医药行业应用广泛，一般而言，对于药品经营企业，在新版 GSP 实施过程中，财务部门的计算机系统不被提出过多要求，而仓储、质量部门的计算机系统需要被验证。新版 GSP 附录 2“药品经营企业计算机系统”对药品经营企业计算机系统提出了更高的要求：药品经营企业应当建立与经营范围和经营规模相适应的计算机系统，能够实施控制并记录药品经营各环节和质量管理全过程，并符合药品追溯的实施条件。

一、计算机系统定义和分类

计算机化系统是广义的系统范围，包括但不限于自动化生产设备、自动化实验室设备、过程控制和过程分析、制造执行、实验室信息管理、临床试验数据管理、警戒和文件管理系统。计算机化系统包括硬件、软件和网络组件，再加上控制功能和相关文件。

二、计算机系统验证的实施

计算机系统的验证工作，是计算机系统管理整个生命周期内的一部分。一般而言，计算机在供应商供货以后，经过用户和供应商联合测试和验收，如果各项结果符合双方协议确定的标准，就可以开展计算机系统的验证工作了。计算机系统的验证，也可以像其他设备仪器一样，分为设计确认、安装确认、运行确认和性能确认。当然，不同分类的计算机系统验证任务的深度和广度是不同的。例如：对于第一类计算机软件系统（基础操作系统软件），只需要进行简单的安装确认即可；而对于复杂的第五类软件系统，应该进行全面的系统验证。

（一）设计确认

1. 这是计算机系统验证的第一个阶段，也是很多技术信息从供应商向用户转移的第一个阶段。在这个阶段涉及的相关活动如下。

（1）URS 的起草。

（2）供应商选择和评估。

（3）合作协议的签署，质量部门要积极参与和审核工作。

（4）各类技术标准的确定。

（5）内部验证小组的组成等。

（6）供应商审计流程和审计方案的起草。

2. 设计确认阶段涉及的文件如下。

（1）URS 用户需求规范。

（2）FS 功能规范。

（3）委托合作协议。

（4）审计方案。

（5）审计报告。

（6）供应商综合评估报告。

（二）安装确认

1. 这是计算机系统硬件到达用户，开始安装而展开的确认工作的阶段，涉及的相关活动如下。

（1）计算机系统硬件的安装工作。

（2）计算机系统软件的安装工作。

（3）辅助系统的安装和检查工作。

（4）人员培训工作。

（5）仪表检验工作。

（6）文件归档工作。

（7）SOP 起草安排工作。

2. 安装确认阶段涉及的文件如下。

（1）DQ 阶段报告的审核。

（2）安装图纸。

（3）各类随机文件的整理归档。

（4）仪表校验记录和校验证书。

（5）培训记录。

（6）SOP 草案。

（三）运行确认

1. 这是计算机主体设备或者和相关机器设备联合运行的阶段，涉及的相关活动如下。

（1）仪表检验工作核实。

（2）人员培训工作核实。

（3）操作 SOP 审核和批准。

（4）计算机系统自身运行。

（5）简单联机运行（空车试运行）。

2. 运行确认阶段涉及的文件如下。

（1）仪表检验记录和校验证书。

（2）培训记录。

（3）已经批准的系统操作 SOP。

（4）系统自身运行记录。

（5）联机运行记录。

（6）偏差情况记录。

（四）性能确认

1. 这是计算机系统验证的最后阶段，也是评估计算机系统是否满足目的用途的关键阶段。这个阶段涉及的相关活动如下。

（1）仪表校验。

（2）人员培训。

（3）SOP 审核和批准。

（4）联机运行：采用真实物料/样品，考察计算机系统对工艺设备或者分析仪器的控制能力。在联机运行阶段，需要计算机系统和所服务的机器联合运行，并尽量采用真实物料来一起运行。例如：一个控制冻干机的计算机系统，在性能确认阶段，就应该和冻干机的冻干工艺一起运行测试，以评估计算机系统是否可以满足控制冻干工艺。

2. 性能确认阶段可能涉及的文件如下。

（1）仪表校验记录和证书。

（2）人员培训记录。

（3）联机运行记录。

（4）QC 涉及的批准的 SOP，也包括前面核实的相关 SOP。

扫码“学一学”

第五节　变更验证和再验证

在验证过程中发生的偏差和变更问题，都应该按照相关的偏差管理规程和变更管理规程进行处理。如果发生的偏差和变更会影响验证的有效性，应该重新进行再次验证。验证的过程应该科学可靠，如不能获得稳定连续的合格数据，应查找原因，采取调整措施后再进行验证。

一、变更验证和再验证的概念

药品经营企业新的经营场所、储存场所、设施设备等正式投入使用之前进行的验证，我们称之为首次验证（Prospective Validation）、预验证、前验证或初验证，只有通过首次验证后，这些新的场所、设施设备等才能投入使用。在以后的使用过程中，会出现两种情况：①上述这些新场所、新设备等由于种种原因如技术革新等，发生更新或更换；②新场所、新设备随着不断使用，性能也会发生漂移或劣化。如果发生以上两种情况，一般就需要进行再一次的验证。因此，经营场所、储存场所、设施设备等经过验证后，不是一劳永逸的，必须保持持续的验证状态。

我们把场所、设施设备、检定与校准方法等发生变化以后所进行的验证称为变更验证；把随着时间的推移，针对场所、设施设备等性能发生的漂移而保持持续的验证称为再验证。实际上，变更验证也是再验证的一种情况。

二、变更验证和再验证的内容

（一）计算机系统的变更验证和再验证

对于计算机系统，再验证管理类似于其他系统。一般分为定期再验证和变更性再验证。

1. 定期再验证　系统没有变更，为了避免系统运行产生漂移而进行的定期验证活动；多采取同步验证方式。

2. 变更再验证　如果变更发生，根据变更的影响程度和风险分析，决定验证的广度和深度。

（二）设施设备的变更验证和再验证

验证合格的设施设备，停用超过 3 个月，因环境、规格材料、装载方式、装载量等影响温度的因素发生变化，或因设备维修后部分参数发生变更均应进行再验证，并基于风险评估结果来确保再验证的合理性。

各类冷链物流设施设备在使用一定时期后，会不同程度出现系统老化、制冷效能降低、保温性能减弱的现象。部分药品批发企业未对冷链物流设施设备进行验证，缺乏详细的验证数据，不能有效掌握冷链物流设施设备的真实性能。通过进行冷链物流设施设备的周期性再验证，可及时调整冷链物流设施设备的配置，以确保设备的有效性和药品冷链不中断。

（三）再验证的其他内容

再验证（Revalidation）又称为重复验证、重新验证、复验证等，是指对已验证过的某一项内容进行再一次的验证。除了变更验证外，再验证还有以下三种形式。

1. 常规再验证　即使是在熟练的操作人员并且严格遵循已经建立的方法进行操作的情况下，过程中也有可能产生变化。同样，设备的运行耗损也会逐渐有变化的产生。因此，在经营活动进行一段时间后进行再验证是必要的。再验证可以是定期的，也可以是不定期，完全取决于设备运行的实际情况、偏差调查和风险分析。无论什么形式的再验证，都是为了使经营活动处于受控状态，因此，在验证总计划的统一安排下，进行再验证是常规的、重要的工作。

2. 回顾性验证（Retrospective Validation）　再验证的一种形式，也称为基于历史数据的再验证。回顾性验证就是对以前药品流通所产生的记录进行复查，对设施设备参数与在线和最终控制试验结果进行评估，对运输储存过程中的难点和故障的记录进行分析，对这些参数进行统计学分析，找出参数波动的范围与波动趋势，从而确定稳定的验证方法。

3. 同步验证（Concurrent Validation）　也是再验验证的一种形式，指生产中在某项工艺进行的同时进行的验证，即通过工艺实际运行过程中获得的数据来确立文件的依据，以此证明某项工艺达到预计要求的活动，有时，同步验证还是为了某个特定的验证目的，例如为了回顾性验证中数据的完整等。

新版 GSP 规定企业应当每年对冷库、冷藏车、车载冷藏箱、保温箱等设施设备进行回顾性评价或验证。从而保证设施设备能够继续应用于药品流通活动过程中。

不难看出，回顾性验证有以下特点：①不适用于新的药品运输储存活动；②对药品出库、入库、养护、运输等记录的样本有一定的数量要求。

扫码“学一学”

第六节　验证管理

药品经营企业实施的验证不是随意的，而是经过仔细研究、周密部署，有计划、分步骤、认真实施的，因此实施验证是严格按照规定好的计划或程序进行的。

一、验证总计划

验证总计划（Validation Master Plan，VMP）是对公司的整个体系，及用于建立性能充分性的方法进行综述的文件。

通常验证需要对经营活动中各个工序进行细致的准备的和安排。此外，应当根据正式批准的标准工作程序和管理程序来开展所有的工作。此外，验证还有如下特征。

1. 多学科方法　验证具有一个特征，即验证工作需要各方面专家的合作，比如药学技术人员、计量人员、运输人员、销售人员等。

2. 严格的时间期限　一般来说，验证工作需要有严格的时间安排。通常这些研究是在将新的活动带进常规操作之前的最后一个阶段进行的。

3. 成本　验证研究是成本很高的，因为它们需要时间、专业人员和昂贵的技术。

上述这些因素需要有一个经过组织的结构化的方法，验证总计划中应当要对此进行足够详细地描述。

验证总计划应当对整个验证操作、组织结构、内容和计划进行全面安排。验证方案的核心是所有验证项目的列表和时间安排。

验证总计划应当包括所有和技术操作相关的验证活动，所有和公司内产品和过程控制相关的验证活动。它包括关键储存设备、运输设备、控制设备的确认，还包括：前瞻性验证、现行验证、回顾性验证以及再验证。

验证总计划是个概述性文件，因此它应当要简洁明了。验证总计划不需要重复在其他地方已有的文件，只需参考这些文件即可，比如方针文件，标准操作规程和验证具体方案/报告等，并且验证总计划应当要经过管理部门批准。

二、验证实施管理

根据验证总计划（VMP），由质量管理部门负责，由经营企业其他有关部门如销售管理部门、物流管理部门、工程维护部门、质量控制部门等相互协调，按照规定的程序，共同完成有关验证。

1. 验证组织的建立与验证项目的提出 一般来说，药品经营企业的验证组织有专职和兼职两种形式。但在具体的验证过程中，两种组织形式基本在一起完成工作。专职的验证组织负责验证管理的日常工作，如验证总计划的制订与修订、验证规程的制定和修订、验证方案的起草和协调、验证工作的监督实施、验证文件的管理等。兼职组织一般是根据不同的验证对象而设立的。验证小组的领导工作由小组的负责人负责，一般由成立的验证小组根据要求确定有关的验证项目、验证范围及时间进程安排。接着，由验证小组准备一份验证进行的顺序方案，以确定验证所涉及的范围、进行的先后次序、时间进程、资源需求等。

2. 验证方案的制定与批准 验证方案（或协议）就是指一个描述验证所要进行的必要程序的文件，验证方案主要内容有验证目的、要求、标准、实施所需要的条件、测试方法和进度安排等。验证方案起草程序：通过查阅文献资料，参照国家药事管理的法律法规，确定验证实施需要的各种标准，确定检查及实验范围，确定验证实施的步骤，方案审批。方案内容必须包括对验证对象用流程或文字所做的描述、验证的目标和范围、挑战性试验的内容，检验方法以及认可的标准。此外，还应包括验证过程中记录和审批所需要的各种表格等。

验证方案在实施过程中，有时会出现需要补充和修改的情况，此时应起草一个补充性验证方案，说明修改或补充验证的具体内容和理由，此方案也应由原方案的审查批准人审查批准。

所制定的书面的验证方案在正式实施前必须得到质量管理部门的审查和批准。在审查时，首先要证实验证方案所有书面文件的内容完整和条理清晰；其次，要审查书面的检验规程，证实其与质量标准和 GMP 要求吻合的一致性；最后，审查有关人员如技术人员、操作人员的资质。

3. 验证报告的形成与批准 在验证方案得到批准之后，由验证小组按方案进行分工实施，具体负责一方面工作的小组成员要对所负责的验证工作情况及时进行收集、整理和记录，并及时向小组负责人汇报工作进展情况。小组负责人要及时了解和把握验证工作的总体及进展，进行必要的监督和协调。

验证报告就是指汇集了整个验证过程的记录，结果以及评估的文件。它可能还包括对工艺流程和（或）设备和改进建议。验证工作完成以后，小组成员要将各自的结果汇报，小组负责人将这些结果汇总，审查这些结果并形成验证报告。

验证报告交由质量管理或由其指定的人员进行审查，合格后经批准并发给验证证书，所谓的验证证书就是对一个验证或再验证的最终的审定和正式的批准，由企业负责人发放的证明文件，表明验证对象的“合法性”并标志验证对象可以合法投入使用。

三、验证文件的管理与回顾

验证文件一般包括：验证总计划、验证工作管理制度，如验证管理、验证工作内容、验证工作基本程序等；验证方案，如验证对象、验证目的、验证小组、验证时间、实施步骤、技术要求等；验证原始数据；验证报告，包括验证结果、偏差分析、评价与建议、结论、再验证周期等。这些资料由验证专职组织归档保存。

质量管理部门也要对验证工作进行必要的回顾，回顾工作体现在以下几个方面。

1. 验证管理规程是否完善，如是否有计划、有组织、定周期、定程序；验证组织工作是否规范，如是否按验证对象建立验证小组，制定验证方案，写出验证报告，收齐验证原始记录。

2. 验证方案是否科学，验证方案中是否目的明确、方法是否科学可行、技术指标和验证周期是否预先设定、实施步骤是否具体详尽。

3. 验证报告是否可靠完整，如验证报告中是否有数据、结论、评价、建议；原始数据完整，指标量化，验证文件归档齐全。

只有对验证工作的规范化回顾，才能使验证工作真正起到应有的作用。

附件 8－1 冷库温湿度及调控系统验证方案

1. 概述 根据《药品经营质量管理规范》及其附录的规定，对药品储存的冷库的温湿度进行严格的控制，必须对冷库运行进行验证确认。

本方案将实施验证的冷库是按照 GSP 要求设计制造和安装的，已经实际使用五年，该冷库占地面积××m^2，为整体组装结构，墙体是中间充填隔热树脂的彩钢板，冷库温度 2～10℃，湿度 35%～75%，容积：$20m^3$。

2. 目的 建立冷库验证方案，证明 24 小时内冷库内的温度和湿度达到规定要求，保证安全、有效地正常使用，确保冷藏、冷冻药品在储存过程中的药品质量。

2.1 检查资料和文件是否符合 GSP 管理要求。

2.2 检查并确认冷库设计参数是否符合设计要求。

2.3 检查并确认冷库安装是否符合设计要求。

2.4 检查并确认冷库运行是否符合设计要求。

2.5 检查并确认温度和湿度是否符合 GSP 冷藏药品要求。

3. 依据

3.1 2013 版《药品经营质量管理规范》及其附录。

3.2 公司《验证管理制度》及《验证标准操作规程》

4. 适用范围 适用于冷库温湿度调控系统验证。

5. 职责

5.1 验证小组成员。

5.2 质管部：负责验证工作的组织与实施。

5.3 仓储部、综合部：配合质管部实施验证工作。

5.4 质量负责人：负责验证工作的监督、指导、协调与审批。

6. 验证小组

6.1 验证小组人员列表

姓名	所在部门	职务	验证小组内分工
	质量部	经理	验证小组组长
	储运部	经理	验证小组副组长
	综合办	主任	验证文件管理
	质量部	养护员	验证实施
	质量部	质管员	验证复核
	储运部	保管员	配合验证实施

6.2 验证小组职责

6.2.1 负责验证方案的起草、审核与报批。

6.2.2 负责按批准的验证方案组织、协调各项验证工作，并组织实施验证工作。

6.2.3 负责验证数据的收集、整理、汇总，并对各项验证结果进行分析与评价。

6.2.4 负责组织、协调完成各项因验证而出现的变更工作。

6.2.5 负责验证报告的起草、审核与报批。

6.3 验证日期进度：2020 年　月　日至 2020 年　月　日

日期	验证项目	目的	验证人员	核对人员
	预确认	确认冷库符合设计要求	验证小组	
	安装确认	确认冷库设备安装正常	验证小组	
	运行确认	确认冷库设备运行正常	验证小组	
	性能确认	确认冷库符合规定要求	验证小组	
	验证总结会议	对验证工作进行总结	验证小组	
	验证数据整理	编制审核验证报告	验证小组组长	
	验证证书批准	确认验证效果	质量负责人	
	验证资料归档	验证资料保存	质量部	

7. 验证内容

7.1 预确认：冷库已经正常运行使用了 5 年以上，属于再确认范畴，但由于 2000 年版 GSP 未要求对冷库进行验证，该冷库此前未进行过规范的预确认，故本次验证对预确认进行补充。

7.1.1 故本次确认仅对冷库的技术指标及其设计要求进行汇总登记。

温湿度指标	
设备材质	中间具隔热树脂的彩钢板，无粉尘，对储存药品质量无影响
控制系统	温度自动控制、检测、记录、温湿度超标自动报警
设备材质	不得有粉尘，对储存药品质量无影响
振动与噪音	符合有关规定

7.1.2 供应商登记

供应商名称
通讯地址：
联系电话：

7.2 安装确认：证实冷库规格符合要求，技术资料齐全，并确认安装条件（或场所）及整个安装过程符合设计规范要求（已运行了5年以上，因2000年版GSP未要求对冷库进行验证，故重新进行安装确认）。

7.2.1 安装确认所需文件资料：调用核对原来建立的冷库档案，整理使用手册等技术资料，完善资料，归档保存。

序号	资料名称	页数	份数	存放部门	检查结论
1	设备说明书			质量部	
2	产品合格证			质量部	
3	设备图纸			质量部	
4	开箱验收记录			质量部	
检查人：			年 月 日至	年 月 日	
复核人：			年 月 日至	年 月 日	
评定结果： 评定人/日期：					

7.2.2 冷库安装条件确认：冷库主要包括四周墙板、外机、内机及风扇、温控器。应检查的项目如下。

7.2.2.1 冷库安装情况

冷库外观检查表

序号	检查项目	合格要求	实测情况	检查结论
1	四周墙板身	完好		
2	油漆	无脱落		
3	控制面板	表面完好		
4	配套管线	连接符合要求		
5	风扇	完好		
检查人：			年 月 日至	年 月 日
复核人：			年 月 日至	年 月 日
评定结果： 评定人/日期：				

7.2.2.2 冷库环境情况

冷库安装环境检查表

检查项目	检查标准	确认结果
楼地面、墙壁	应整洁、干净	
设备、设施表面	应整洁、干净	
温湿度	温度≤20℃；湿度35%～75%	
检查人：	年 月 日至	年 月 日
复核人：	年 月 日至	年 月 日
确认结果：		
确认人/日期：		

7.2.2.3 电器部分情况

冷库电器部分检查情况表

序号	检查项目	合格要求	实测情况	检查结论
1	电源	电源 220V、50Hz，绝缘电阻 >1MΩ		
2	温控器	自动控制、灵敏		
3	接地装置	应有接地线路		
4	总功率	8.5kW		

检查人：　　　　年　月　日至　　年　月　日

复核人：　　　　年　月　日至　　年　月　日

评定结果：
评定人/日期：

7.2.2.4 温湿度自动记录情况

自动记录仪安装位置检查情况表

检查项目	检查标准	确认结果
温湿度传感器	离地 1.5m	
温度控制器	完好	

检查人：　　　　年　月　日至　　年　月　日

复核人：　　　　年　月　日至　　年　月　日

确认结果：
确认人/日期：

7.2.3 重拟操作规程：根据冷库的预确认和安装确认，重拟设备的标准操作程序。

7.3 运行确认：在标准操作程序（草案）指导下的一项重要工作，其目的是验证冷库各部分及整体在控制运行中各项技术指标的可靠性。

7.3.1 运行确认的必备条件

7.3.1.1 系统条件：冷库安装完好，能开机运行。

7.3.1.2 文件要求：已制订冷库标准操作程序等。

验证用相关文件确认表

序号	文件名称	文件编号	起草人	审核人	批准人	执行日
1	冷库操作规程					
2	验证管理制度					
3	验证标准操作规程					

检查人：　　　　年　月　日至　　年　月　日

复核人：　　　　年　月　日至　　年　月　日

确认结果：
确认人/日期：

7.3.1.3 仪表校验：用于校验库房的温湿度检测仪需经过合法的校验，并具有合格证书。

仪器仪表校验记录

仪器仪表名称	型号	生产厂家	数量	检验证书号	有效期至

检查人：　　　　年　　月　　日至　　　　年　　月　　日
复核人：　　　　年　　月　　日至　　　　年　　月　　日

确认结果：
确认人/日期：

7.3.1.4 人员培训：参加验证人员应经过验证专项培训工作。

参加验证人员培训确认表

序号	文件名称	文件编号	培训日期
1	验证标准操作规程		
2	冷库操作规程		
3	药品入库储存程序		
4	药品在库养护程序		
5	药品出库复核程序		
6	阴凉、冷藏条件储存药品管理程序		

检查人：　　　　年　　月　　日至　　　　年　　月　　日
复核人：　　　　年　　月　　日至　　　　年　　月　　日

确认结果：
确认人/日期：

7.3.2 检查确认以下整机各项功能运行、控制的稳定性和可靠性。

冷库制冷系统操作控制系统功能检查记录表

序号	检查项目	合格要求	实测情况	检查结论
1	电源	符合要求安全可靠		
2	开关	控制功能方便可靠		
3	控制面板	传感灵敏度		
4	开关自动运行	应正常		
5	风机运行情况	平稳、无异常噪声		
6	温度显示控制装置	温度显示、控制温度在设定范围		

检查人：　　　　年　　月　　日至　　　　年　　月　　日
复核人：　　　　年　　月　　日至　　　　年　　月　　日

评定结果：
评定人/日期：

7.4 性能确认：冷库安装确认与运行确认完成后，确认设备运转正常后，应冷库的整体性能进行确认，其目的是实验并证明冷库对药品储存的适用性和稳定性。

7.4.1 库内温湿度度分布实验：检查并确认冷库在预定的条件下，运行时冷库库内的温度、湿度的均匀性是否符合药品储存的要求。

7.4.1.1 测点布置与测试频次：将 9 支留点温度、湿度计按下图放在冷库内，启动冷库，进行运行，从第一次到达设定最低温度时开始第一次测试，第一次到达最高点时进行第二次测试，每12小时左右测定记录1次，连续测试4次共48小时，并与冷库温湿度指示器显示值比对，以确认库内温湿度的重现性。

测试点分布如下图所示。

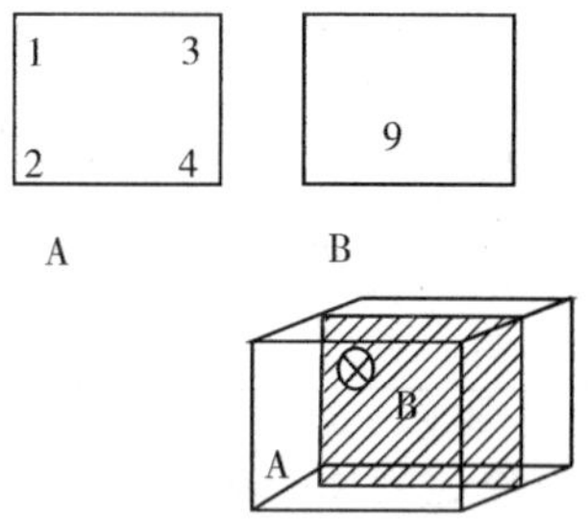

说明：A 为靠近冷库风机一侧的截面，距离冷库墙板 100cm，测点 1、2、3、4 距离最近墙板 15cm。C 为远离冷库风机一侧的截面，距离冷库墙板 15cm，测点 1、2、3、4 距离最近墙板 15cm；B 为 A 面与 C 面的中间截面，第 9 测试点该面中间点。

7.4.1.2 冷库运行参数测试

冷库运行参数测试记录表

测点	运行最低温度		运行最高温度		冷库温湿度指示器显示值		检查结论
	实测温度（℃）	实测湿度（%）	实测温度（℃）	实测湿度（%）	显示温度（℃）	显示湿度（%）	
1－1							
2－1							
3－1							
4－1							
5－1							
6－1							
7－1							
8－1							
9－1							
1－2							
2－2							
3－2							
4－2							
5－2							
6－2							
7－2							
8－2							
9－2							
1－3							
2－3							
3－3							
4－3							
5－3							
6－3							
7－3							

续表

测点	运行最低温度		运行最高温度		冷库温湿度指示器显示值		检查结论
	实测温度（℃）	实测湿度（%）	实测温度（℃）	实测湿度（%）	显示温度（℃）	显示湿度（%）	
8－3							
9－3							
1－4							
2－4							
3－4							
4－4							
5－4							
6－4							
7－4							
8－4							
9－4							

检查人： 年 月 日至 年 月 日

复核人： 年 月 日至 年 月 日

评定结果：
评定人/日期：

7.4.2 性能确认总结：

8. 偏差及偏差处理记录

偏差描述	填写人/日期： 复核人/日期：
偏差原因分析	填写人/日期： 复核人/日期：
偏差处理	填写人/日期： 复核人/日期：
处理结果	填写人/日期： 复核人/日期：

9. 再验证周期

9.1 在一般正常使用情况下，每年再验证一次。

9.2 冷库任何重大变更，需要专项验证，以证明各种重大变更不会对现有使用效果产生影响。

9.3 冷库移动安装地点或位置是进行使用前验证。

9.4 重要配套设备变更或进行重大维修项目进行专项验证。

9.5 设备性能参数应用超出本验证范围重新验证。

10. 验证结果评定及结论：验证小组根据本验证情况做出相应结果评定。

10.1 质管部经理负责收集各项验证、试验结果记录，起草标准操作程序，报质量负责人审批。

10.2 质量负责人对验证结果进行综合评审，做出验证结论，发放验证证书，确认设备验证周期。对验证结果的评审应包括以下内容。

10.2.1 验证试验是否有遗漏。

10.2.2 验证实施过程中对验证方案有无修改，修改原因、依据以及是否经过批准。

10.2.3 验证记录是否完整。

10.2.4 验证试验结果是否符合标准要求，偏差及对偏差的说明是否合理，是否需要进一步补充试验。

扫码“练一练”

×××验证小组

（孟光兴　俞双燕　王　媚）

第九章　出库、运输与配送管理

出库、运输与配送是药品流通环节的重要组成部分，新版 GSP 按照完善质量管理体系的要求，从药品经营企业的人员、机构、设施设备、体系文件等质量管理要素的各个方面，对药品的出库、运输与配送环节做出了明确规定。新版 GSP 对企业经营质量管理要求明显提高，有效增强了流通环节药品质量风险控制的能力，切实保障公众用药安全、有效。

第一节　出库管理

扫码“学一学”

出库环节管理得当与否，关系到储存和养护环节，是对存储和养护工作的检验。新版 GSP 对于出库的具体要求共有七条，具体解析如下。

一、出库管理概述

药品经营企业要制订药品出库管理制度，即出库检查与复核的管理制度，制定科学合理的药品出库复核程序，明确相关人员的质量责任。对药品出库的原则、药品出库的质量检查与校对的内容、出库复核记录及其管理、相关人员的责任等都要明确下来。药品出库时，要着重规范以下几个方面。

1. 药品出库应遵循“先进先出”“近期先出”和按批号发货的原则。先进先出、近期先出以保证药品在有效期内使用；按批号发货以保证出库药品有可追踪性，便于药品的质量追踪。

2. 药品出库时必须进行复核和质量检查。复核和检查时，应按发货或配送凭证对实物进行质量检查和数量、项目的核对，做到出库药品质量合格且货单相符。麻醉药品、一类精神药品、医疗用毒性等特殊药品出库时应建立双人复核制度。

二、出库管理的基本要求

（一）文件要求

1. 药品出库复核应当建立记录，包括购货单位、药品的通用名称、剂型、规格、数量、批号、有效期、生产厂商、出库日期、质量状况和复核人员等内容。药品出库时必须进行复核和质量检查，填写药品出库复核记录，确保发运无误且过程可以追溯。复核和检查时，应按销售记录对实物进行质量检查和数量、项目的核对，做到出库药品质量合格且与销售记录相符。药品出库复核记录的栏目设置要详细、全面，便于追查所有药品的出库发出情况。

2. 药品拼箱发货的代用包装箱应当有醒目的拼箱标志。代用包装箱即非原包装箱，这样既可以避免药品拼箱发生混乱，也可以确保所有药品都有迹可循。

3. 药品出库时，应当附加盖企业药品出库专用章原印章的随货同行单（票），保障物流活动做到票、账、货相符，以达到规范药品经营行为，维护药品市场秩序的目的。

（二）人员要求

1. 一般药品需配货发货人、复核人两人签字，特殊管理药品需建立双人核对制度，需配货发货人、两个复核人三人签字，严格把好药品出库质量关，加强药品出库的复核管理。

2. 冷藏、冷冻药品的装箱、装车等项作业，应当由专人负责并符合以下要求：车载冷藏箱或者保温箱在使用前应当达到相应的温度要求；应当在冷藏环境下完成冷藏、冷冻药品的装箱、封箱工作；装车前应当检查冷藏车辆的启动、运行状态，达到规定温度后方可装车；启运时应当做好运输记录，内容包括运输工具和启运时间等。从事特殊管理的药品和冷藏冷冻药品的储存、运输等工作的人员，应当接受相关法律法规和专业知识培训，并经考核合格后方可上岗。

三、出库管理的内容

（一）出库程序

企业应制定药品的出库管理制度，对药品的出库管理程序做出规定，明确相关人员的质量责任，保证出库药品的质量合格。出库的流程如图 9－1 所示。

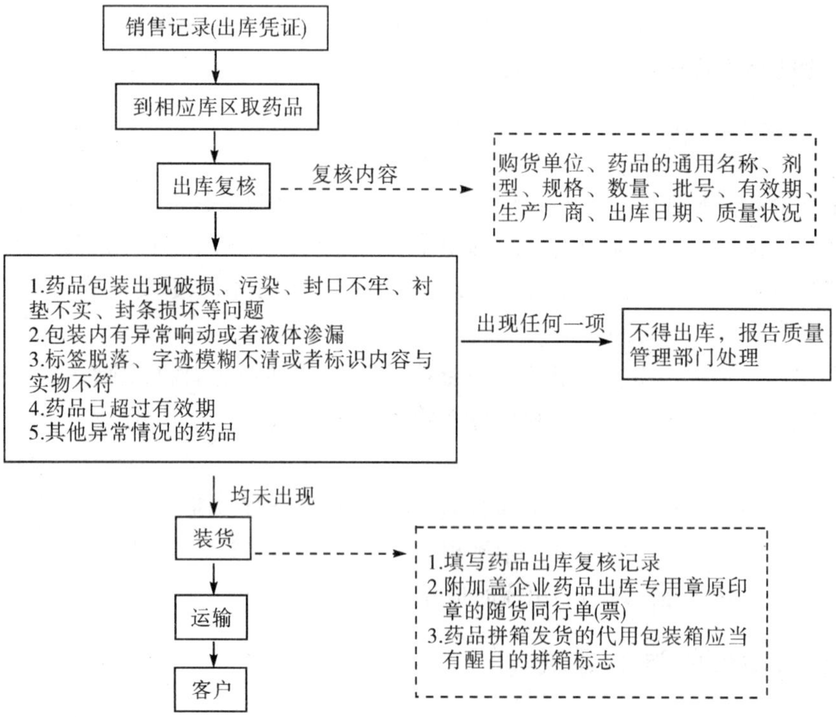

图 9－1　企业出库流程图

1. **开具出库凭证**　根据业务部门提供的发货计划，仓储发货人员应审核其品名、规格、包装与库存实物是否相符，库存数量是否够发等情况，如有问题应及时向有关部门反应。如果没有上述问题，开写出库凭证，并要搞好出库凭证的复核，防止出现差错。

2. **核销存货**　凭单记账、核销存货开（审）单无误后，进行登账，核销存货，也可将登账工作放后进行。按要求在出库凭证上批注出库药品的货位编号和发货后的结存数量，以便保管人员配货、核对。

3. **出库复核**　保管人员接到出库凭证后，按其所列项目审查无误，先核销实物卡片上的存量，然后按单从货位上提取药品，按次序排列于待运货区。仓储人员进行出库复核，复核内容：购货单位、药品的通用名称、剂型、规格、数量、批号、有效期、生产厂商、出库日期、质量状况，并填写药品出库复核记录，一般药品需发货人、复核人两人签字，特殊管理的药品需双人复核并签字。在药品出库的发货或配送凭证与实物进行质量检查和数量、项目核对时，如果发现以下问题应停止发货或配送，并报企业质量管理机构处理：药品包装出现破损、污染、封口不牢、衬垫不实、封条损坏等问题；包装内有异常响动或者液体渗漏；标签脱落、字迹模糊不清或者标识内容与实物不符；药品已超过有效期。凡已过期失效药品，不得再用，禁止发出，按规定程序处理清理。

保管人员将货配发齐后，要反复清点核对，保证数量质量。既要复核单货是否相符，又要复核货位结存量来验证出库量是否正确，发出的零星药品在核对包装时要有两人以上在场；麻醉药品、一类精神药品、毒性药品、化学试剂的爆炸品、剧毒品和贵重商品，应实行双人收发货制度，仓储部门有关负责人必要时要亲自进行复核。运输爆炸品和剧毒品时，客户自备车辆应检查有否公安部门签发的准运证。

复核无误后按要求填写药品出库复核记录，特殊管理的药品出库应当按照有关规定进行复核。

4. 编配包装　整包装药品可以直接运输，零星药品需要集中装箱。

5. 发货　办理交接，放行出库发出的药品，经清点核对集中后，要及时办理交接手续。在装货过程中，要注意附带加盖企业药品出库专用章原印章的随货同行单（票），药品拼箱发货的代用包装箱应当有醒目的拼箱标志。需货单位自领药品，由保管人员根据凭证所列品量，向领物人逐一点交。由企业负责运送的药品，要向押运人员交代清楚物资情况和物资送到后应办的手续；由企业外运输单位负责运送或托运的药品，仓库应向承运单位办理托运手续，并将托运药品的数量、质量、承运单位、启运时间和运输方式等通知收物单位，及时收回回执。在办理交接时，双方都应在凭证上签章，以明责任。点交完毕即给接货人员填发出门证。

（二）出库程序的具体要求

1. 一般药品的出库复核　药品出库时必须进行复核和质量检查。复核和检查时，应按发货或配送凭证对实物进行质量检查和数量、项目的核对，做到出库药品质量合格且货单相符。首先进行“三查六对”，药品出库验发，首先要将发票进行“三查”，即查核购货单位、发票印鉴、开票日期是否符合要求；然后将发票与实物进行“六对”，即对货号、品名、规格、单位、数量、包装是否相符，检查包装并做好商品出库复核记录（表 9－1）。一般药品需配货发货人、复核人两人签字；特殊管理药品需建立双人核对制度，需配货发货人、两个复核人共三人签字。

表 9－1　商品出库复核记录

销售日期	购货单位	品名	剂型	规格	数量	批号	有效期	生产厂家	质量状况	配货人	复核人

2. 特殊药品的出库复核　特殊管理的药品出库应当按照国家有关规定进行复核。广义的特殊管理药品包括麻醉药品、精神药品、医疗用毒性药品、放射性药品、药品类易制毒化学品、蛋白同化制剂、肽类激素、终止妊娠药品、部分含特殊药品复方制剂以及治疗性功能障碍药等。国家相关法规有《麻醉药品和精神药品管理条例》《医疗用毒性药品管理办法》《放射性药品管理办法》《药品类易制毒化学品管理办法》。麻醉药品、一类精神药品、医疗用毒性等特殊药品出库时应建立双人复核制度。

3. 编配包装　药品在进行装箱运输时一定要按照外包装上的要求进行，特别是拼装药品，要注意药品的性质，保证安全。包装妥善后，在出库凭证上填写实发数，整箱注明包装情况，零箱注明箱号，并计算件数、毛重、体积，向业务部门点交，由运输人员按照运送要求，分单位集中，进行发运准备。

药品出库发运的零头包装合箱，只限两个批号为一个合箱，合箱外应当标明全部批号，并建立合箱记录。这样既可以避免由于不同批号的药品合箱过多而发生混乱，也可确保每一批次的所有药品都有迹可循。药品拼箱发货的代用包装箱应当有醒目的拼箱标志。

4. 直调药品的出库管理　直调药品是指将已购进但未入库的药品从供货方直接发送到向本企业购买同一药品的需求方。发生灾情、疫情、突发事件或者临床紧急救治等特殊情况，以及其他符合国家有关规定的情形，企业可采用直调方式购销药品，将已采购的药品不入本企业仓库，直接从供货单位发送到购货单位，并建立专门的采购记录，保证有效的质量跟踪和追溯。

药品出库时，应当附加盖企业药品出库专用章原印章的随货同行单（票）。而直调药品出库时，由供货单位开具两份随货同行单（票），分别发往直调企业和购货单位，且有如下要求。

（1）由本企业专职质量人员检查药品。

（2）必须按规定做好检查记录。

（3）验收地点在供货方。

（4）不允许委托检查。

随货同行单（票）除包括供货单位、生产厂商、药品的通用名称、剂型、规格、批号、数量、收货单位、收货地址、发货日期等内容外，还应当标明直调企业名称。

扫码“学一学”

第二节　运输与配送管理

在药品经营市场中，运输和配送管理的重要性毋庸置疑，如何保证药品流通质量的安全始终是相关部门与企业关注的重点。运输工作的质量优劣直接关系到药品质量，药品的运输工作应根据“及时、准确、安全、经济”的原则，遵照国家有关商品运输的各项规定，合理的组织运输工具和力量，把药品安全及时的运达目的地。

药品运输方法一般有自运和托运两种。市内送货、区域性运输、车站码头集散以自运为主。长途大批量的调拨运输以委托其他单位运输为主。

一、基本要求

（一）药品运输的基本原则

企业应当按照质量管理制度的要求，严格执行运输操作规程，并采取有效措施保证运输过程中的药品质量与安全。企业要建立运输操作规程，并严格执行，关键是要确保运输过程中的药品质量安全。保证药品质量，即在运输过程中密闭车厢，设置温湿度监控设施，保证符合药品的贮藏要求。保证药品安全，即防止药品在运输途中发生被盗、遗失、调换等情况。

（二）对运输工具选择及防护措施的要求

运输药品，应当根据药品的包装、质量特性，并针对车况、道路、天气等因素，选用适宜的运输工具，采取相应措施防止出现破损、污染等问题。运输工具的选择，可直接影响产品的质量。运输工具选择时，应根据药品贮藏要求。药品包装形式以及自然因素（如道路、天气等)，确保包装的完整性和稳定性，防止污染和破坏。

发运药品时，应当检查运输工具，发现运输条件不符合规定的，不得发运。运输药品过程中，运载工具应当保持密闭。运输之前要检查确认符合运送条件，运输过程中要保持密闭。运输车厢要整体封闭、牢固，货箱门严密、上锁管理，防尘、防水、防盗。

（三）运输过程中的温度控制要求

企业应当根据药品的温度控制要求，在运输过程中采取必要的保温或者冷藏、冷冻措施。运输过程中，药品不得直接接触冰袋、冰排等蓄冷剂，防止药品局部直接受冷而影响药品的质量。药品的温、湿度控制要求根据药品剂型和特性而定，一般分为常温、冷藏、冷冻或其他特殊条件。

（四）冷链运输要求

2016 年新修订的 GSP 则结合国家相关法律法规与规定，对疫苗的配送人员的资质与设施设备提出了更高要求。在一定程度上也对药品物流企业的执行力提出了更高要求，为保证药品运输的安全与及时，在疫苗配送过程中需要具备较强的药品运输能力，构建完善的冷链运输体系。

在冷藏、冷冻药品运输途中，应当实时监测并记录冷藏车、冷藏箱或者保温箱内的温度数据。冷链运输中要实时监测温度，确保药品质量。企业应建立运输途中温湿度监控程序，保证监控设备是通过验证的并且合格的，发现问题进行及时分析处理。

企业应当制定冷藏、冷冻药品运输应急预案，对运输途中可能发生的设备故障、异常天气影响、交通拥堵等突发事件，能够采取相应的应对措施。企业应针对冷藏、冷冻药品运输过程中可能发生的突发事件，进行风险评估，制定应急预案。

（五）委托运输要求

企业委托其他单位运输药品的，应当对承运方运输药品的质量保障能力进行审计，索取运输车辆的相关资料，符合本规范运输设施设备条件和要求的方可委托。企业委托运输药品应当与承运方签订运输协议，明确药品质量责任、遵守运输操作规程和在途时限等内容。

企业委托运输药品应当有记录，实现运输过程的质量追溯。记录至少包括发货时间、发货地址、收货单位、收货地址、货单号、药品件数、运输方式、委托经办人、承运单位，采用车辆运输的还应当载明车牌号，并留存驾驶人员的驾驶证复印件。记录应当至少保存 5 年。

已装车的药品应当及时发运并尽快送达。委托运输的，企业应当要求并监督承运方严格履行委托运输协议，防止因在途时间过长而影响药品质量。

二、药品运输方式

运输方式的选择关系到药品运输的工作的质量、成本和时间。运输方式主要有铁路、水路、公路和航空，如图 9－2、9－3、9－4、9－5 所示。

图 9－2　铁路运输

图 9－3　水路运输

图9－4　公路运输

图9－5　航空运输

铁路运输特点是量大，运行速度快，运输连续性强，运输管理高度集中，运期比较准确，运费比公路、航路低廉，适合批量大、路程远的运输。水路运输特点是运费低廉，载运量大，不足之处是运输速度慢，药品在途时间长，资金周转慢。公路运输特点是机动灵活，装卸方便，运输迅速，便于门对门的运输，减少药品流转，装卸操作减少，但是公路运输装容量较少，燃料消耗大，运费价格高，不宜用于大批量的长途运输。航空运输特点是成本更高，只适合在特殊情况下对贵重商品，抢救、抢险、救灾或政府指令的物品运输。

三、药品运输的工具及设备

新版 GSP 中新增了药品运输设备的要求，运输药品应当使用封闭式货物运输工具。运输药品过程中，运载工具应当保持密闭。运输车厢要整体封闭、牢固，货箱门严密、上锁管理，防止药品曝晒、跌落、破损、遗失。运输工具应符合温湿度、卫生、安全的要求。应根据药品的包装、质量特性、数量、路程、路况、储存温度要求、外部天气等情况选择合适的运输工具和装载方式，如：大输液应采取防震措施，怕挤压品种应单独摆放或置于上层，冷藏、冷冻药品应采用冷藏车、冷藏箱、保温箱等运输工具，特殊管理药品运输应加锁、专人押运、悬挂警示标志等。

运输冷藏、冷冻药品的冷藏车（图9－6、9－7）及车载冷藏箱（图9－8）、保温箱（图9－9）应当符合药品运输过程中对温度控制的要求。冷藏、冷冻药品的储存、运输设施设备配置温湿度自动监测系统，可实时采集、显示、记录、存储和读取运输过程中的温湿度数据，并具有远程及就地实时报警功能，可通过计算机读取和存储所记录的监测数据。

冷藏车具有自动调控温度、显示温度、存储和读取温度监测数据的功能，其配置符合国家相关标准要求，车厢具有防水、密闭、耐腐蚀等性能，车厢内部留有保证气流充分循环的空间。

冷藏箱、保温箱具有良好的保温性能，能够外部显示和采集箱体内温度数据；冷藏箱具有自动调控温度的功能，保温箱配备蓄冷剂以及与药品隔离的装置。

图9－6　冷藏车

图9－7　冷藏车内部构造

图9-8　冷藏箱

图9-9　保温箱

四、企业自行运输配送的管理

（一）运输管理机构及其职责

运输管理机构是负责办理本单位药品运输的专业机构，这个机构应隶属于企业的仓储管理部门。药品经营企业应按照自己经营状况的实际，设立与本企业业务相适应的运输管理机构。从事药品运输的工作人员，必须在一定组织形式下开展这项工作。

运输管理人员，主要是指运输管理机构的负责人和职能部门的工作人员。他们应掌握和认真贯彻国家在交通运输工作上的各项法律法规和方针政策，掌握和遵守公安交通部门管理交通的法律法规，以及本企业的经营管理制度、岗位责任制度。在此基础上，能组织本单位药品合理运输，编报运输计划，按时报送所规定的各项经济指标和统计资料和运输过程中的质量情况，开展业务技术教育，努力完成运输工作。

运输业务人员，主要是指参加药品运输业务的工作人员。这类业务人员又可分为内勤与外勤两类。内勤人员主要指在室内办理有关运输业务、计划统计、票据结算的工作人员。外勤人员主要是指组织运输货源、托运发货、接车收货、监装监卸、车站码头接单、理货等室外操作人员。运输业务人员是药品运输的执行者，应对交通运输有关手续和规章了如指掌，运输管理机构负责人、管理人员和员工应分工科学，职责分明，切实履行职守，这是做好药品运输工作的关键。

（二）运输工作的内容

建立健全科学的药品运输程序，是药品在运输过程中质量保证的重要环节。程序的核心内容是针对运送药品的包装条件及道路状况，采取相应的措施，防止药品的破损和混淆。

由于市内运输和近距离公路运输的需要，必须加强药品经营企业自备货运车辆的管理。要贯彻科学管理、合理使用、定期保养、计划修理的管理原则，实行统一领导分级管理，健全各项规章制度，使车辆管理工作纳入制度化和规范化的轨道。

1. 运输工作的程序　发运药品应该按照“及时、准确、安全、经济”的原则，根据商品流向、运输线路条件和运输工具状况、时间长短及运输费用高低等内容进行综合研究，在药品能安全到达的前提下，选择最快、最好、最省的运输办法，努力压缩待运期。运输工作流程如图9-10所示。

药品发运前必须检查药品的名称、规格、单位、数量是否与随货同行发票相符，有无液体药品与固体药品合并装箱的情况，包装是否牢固和有无破漏，衬垫是否妥实，包装大小重量等是否符合运输部门的规定。由生产企业直调药品时，必须经本单位质量验收合格后方可发运，药品未经质量验收，不得发运。发运药品应单货同行，对不能随货同行的单据，应附在银行托收单据内或于承运日邮寄给收货单位。

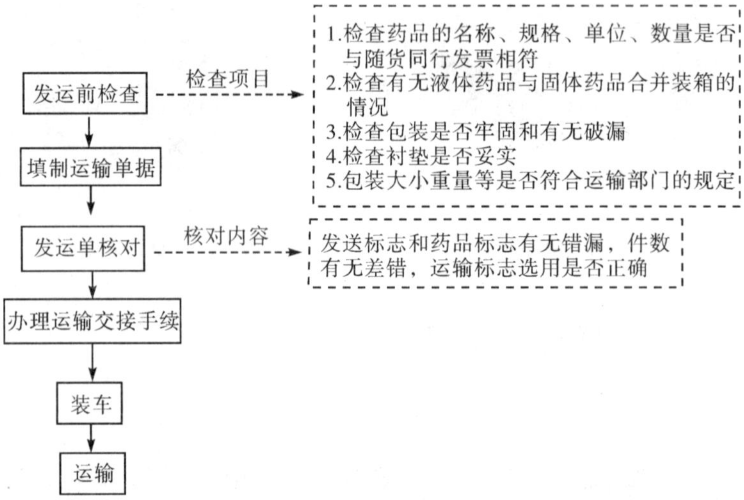

图 9－10　企业运输流程图

填制运输单据，应做到字迹清楚，项目齐全，严禁在单据上乱签乱划。发运药品应按每个到站（港）和每个收货单位分别填写运输交接单，也可用发货票的随货同行联代替。拼装整车必须分别给各收货单位填写运输交接单，在药品包装上应加明显区别标志。

药品在装车前必须按发运单核对发送标志和药品标志有无错漏，件数有无差错，运输标志选用是否正确，然后办好运输交接手续，做出详细记录，并向运输部门有关人员讲清该批药品的搬运装卸的注意事项。

搬运、装卸药品应轻拿轻放，严格按照外包装图示标志（图 9－11）要求堆放和采取保护措施。一般说来，药品包装多系玻璃容器，易碎，怕撞击、重压，故搬运装卸时必须轻拿轻放，防止重摔，液体药品不得倒置。如发现药品包装破损、污染或影响运输安全时，不得发运。

图 9－11　包装储运图示标志

图 9－11 中的各种标志的说明如下。

标志号	标志名称	使用说明
1	小心轻放	用于指示碰震易碎、需轻拿轻放的运输包装件
2	禁用手钩	用于指示不得使用手钩搬动的运输包装件
3	向上	用于指示不得倾倒放置的运输包装件
4	怕热	用于指示怕热的运输包装件
5	远离放射源及热源	用于指示需远离放射源及热源的包装运输件
6	堆码层数极限	用于指示允许最大的码层数的运输包装件，图中 N 为实际堆码层数，印刷或喷涂时用阿拉伯数字表示
7	怕湿	用于指示怕湿的运输包装件
8	由此吊起	用于指示吊运运输包装件时放链条或绳索的位置
9	重心点	用于指示运输包装件的重心所在处
10	禁止滚翻	用于指示不得滚动搬运的运输包装件
11	温度极限	用于指示需要控制温度的运输包装件
12	堆码重量极限	用于指示允许最大的堆码重量的运输包装件

各种药品在途中运输和堆放时，还必须防止日晒雨淋，以免药品受潮湿、光、热的影响而变质。定期检查发运情况和待运药品情况，防止漏运、漏托、错托、保持单据完备。对有效期和规定发运期限的药品，单据上要有明显的标志。

2. 运输过程控制　在运输途中，需要考虑各种外部因素对药品质量的影响，包括以下方面。

（1）温度或湿度对药品特性的影响　比如油脂类产品会在一定温度下缓慢析出，而表面仍然保持液体状态；需要冷藏的药品的运输就需要通过有温度监控的冷藏车辆进行。

（2）安全要求　比如：试剂药品的运输需要有防静电和火花措施，以防止发生爆炸；大量溶剂运输需要由具有危险品运输资质的运输企业或物流企业以及符合国家法规要求的车辆和人员进行，按规定路线和要求运输等，剧毒品或腐蚀性物料也是类似的要求。

（3）跨地区或气候带的影响　比如：在十一月份从东北往浙江运输有一定含水量的药品，往往可能因为东北此时温度在零度以下造成结冰，而到达南方后气温回升后导致冻溶现象发生，使药品可能出现板结、潮湿或可能的霉变。

3. 特殊要求的药品运输管理　以上我们阐述了一般药品运输的工作内容，但对于一些对运输工作有特殊要求的药品，如温度、危险品的运输，必须予以关注。

（1）危险品的运输　危险品，除按一般药品运输的要求办理处，还必须严格遵照交通管理部门《危险货物运输规则》的各项规定，必须有符合国家标准的危险货物包装标志。自运化学危险物品时，必须持有公安部门核发的准运证。

危险药品发运前，应检查包装是否符合危险货物包装表的规定及品名表中的特殊要求，箱外有无危险货物包装标志，然后按规定办好托运、交付等工作。装车、装船时，应严格按照“危险货物配装表”规定的要求办理。运输危险品时运输车辆要悬挂危险品标志（图 9－12），采取防火、防爆措施。

在装卸过程中，不能摔碰、拖拉、摩擦、翻滚，搬运时要轻拿轻放，严防包装破损。对碰撞、互相接触容易引起燃烧、爆炸或造成其他危险的化学危险物品，以及化学性质或防护、灭火方法互相抵触的化学危险物品不得混合装运和违反配装限制。

遇热、遇潮容易燃烧、爆炸或产生有毒气体的化学危险物品，在装运时应当采取隔热防潮措施。不能摔碰、拖拉、摩擦、翻滚，搬运时要轻拿轻放，严防包装破损。汽车运输必须按当地公安部门指定的路线、时间行驶，保持一定车距，严禁超速、超车和抢行会车。

在运输途中发生被盗、被抢、丢失的，承运单位应立即报告当地公安机关，并通知收货单位，收货单位应立即报告当地药品监督管理部门。

（2）特殊药品的运输　运输特殊药品的企业必须要有特殊管理药品运输管理制度或规程，明确规定药品安全保证措施。特殊管理药品运输相关人员应经过专门的特殊管理药品法规、药品知识和安全知识的培训，取得相应的岗位证书和资质证书。

发运特殊管理的药品必须按照《麻醉药品和精神药品管理条例》《麻醉药品和精神药品运输管理办法》《放射性药品管理办法》《医疗用毒性药品管理办法》《药品类易制毒化学品管理办法》《易制毒化学品管理条例》《危险化学品安全管理条例》《化学危险物品安全管理条例》等规定办理，使用封闭车辆，专人押运，途中不停车，并采取安全保障措施，防止麻醉药品和精神药品在运输途中被盗、被抢、丢失，应尽量采用集装箱或快件方式，尽可能直达运输，减少中转环节。

图标				
描述	爆炸弹	火焰	圆圈上方火焰	高压气瓶
标识	易爆炸物质	易燃物质	氧化性物质	高压气体
适用危险类别	爆炸性物质 自反应物质 有机过氧化物	易燃气体发火液体 易燃气溶胶发火固体 易燃液体自燃物质 易燃固体 与水放出易燃气体物质 自反应物质有机过氧化物	氧化性气体 氧化性固体 氧化性液体	高压气体

以上为物理危害性

图标					
描述	感叹号	骷髅和交叉骨	腐蚀	健康危险	环境
标识	皮肤刺激物	急毒	腐蚀品	健康危险	水生危害
适用危险类别	急性毒性 皮肤腐蚀/刺激性 严重眼损伤/眼刺激性 呼吸或皮肤致敏性 特定靶器官系统毒性（单次接触） 危害臭氧层	急性毒性	金属腐蚀剂 皮肤腐蚀/刺激性 严重眼损伤/眼刺激性	呼吸或皮肤致敏性 生殖细胞致突变性 致癌性 生殖毒性 特定靶器官系统毒性（单次接触） 特定靶器官系统毒性（反复接触） 吸入危害性	危害水生环境物质

以上为健康和环境危害性

图 9－12　常用危险品标志

运输特殊药品时，应按国家规定进行，如加锁、专人押运、悬挂警示标志等，防止丢失、损毁、被盗抢、替换。必须凭药品监督管理部门签发的国内运输凭照办理运输手续，如有必要时，企业应根据有关规定派足够的人员押运，并提示和监督运输加强管理。

托运或者自行运输麻醉药品和第一类精神药品的单位，应当向所在地省级药品监督管理部门申请领取运输证明。运输麻醉药品和第一类精神药品的单位，要向属地监管药品监督管理部门报告运输信息；运输易制毒化学品，应按相关规定申请运输许可证或者进行备案。

办理托运（包括邮寄）麻醉药品、精神药品应在货物运单上写明具体名称，发货人在记事栏内加盖“麻醉药品或精神药品专用章”，缩短在车站、码头、现场存放时间，采用封闭式运输工具，铁路运输不得使用敞车，水路运输不得配装舱面，公路运输应当覆盖严密，捆扎牢固。运输途中如有丢失，必须认真查找，并立即报当地公安机关和药品监督管理部门。

五、委托运输管理

针对委托第三方运输，新修订药品 GSP 要求委托方应当对承运方运输药品的质量保障能力进行审计，签订明确质量责任的委托协议，并要求通过记录实现运输过程的质量追踪，强化了企业质量责任意识，提高了风险控制能力（图 9－13）。

第三方委托配送能力审计 → 签订运输协议 → 运输记录 → 运输监督

图 9－13　委托运输工作流程图

（一）委托运输要求

企业委托其他单位运输药品的，首先应当对承运方运输药品的质量保障能力进行审计，索取运输车辆的相关资料，符合本规范运输设施设备条件和要求的方可委托。企业委托其他第三方运输药品时，应当事先对承运方的运输设备、质量保障能力、人员资质及条件进行审核，符合要求的方可委托。通过外部审计，无承运能力的不得委托。对承运方审计的内容应有相关资质证照（药品运输经营许可证、营业执照、组织机构代码证、税务登记证等，运输特殊管理药品的应取得国家规定的相关运输资质证明）、质量管理（组织机构、管理制度、应急机制）、运输设施设备（车辆数量、类型、车况、保险）、运输人员（身份证、驾驶证、资质、健康、培训）等。

企业委托运输药品应当与承运方签订运输协议，明确药品质量责任、遵守运输操作规程和在途时限等内容。协议中必须规定合理的运输时限，防止长时间的运输对药品质量造成影响。委托方应当要求并监督承运方严格履行委托运输协议，防止因在途时间过长而影响药品质量。《药品运输服务协议》的关键内容包括：运输工具、运输时限、提货送达地点、操作人员等运输质量要求，并明确赔偿责任和赔偿金额。

企业委托运输药品应当有记录，实现运输过程的质量追溯。记录至少包括发货时间、发货地址、收货单位、收货地址、货单号、药品件数、运输方式、委托经办人、承运单位，采用车辆运输的还应当载明车牌号，并留存驾驶人员的驾驶证复印件。

企业应当要求并监督承运方严格履行委托运输协议，防止因在途时间过长而影响药品质量。委托运输的，应在委托协议中明确药品时限超期的罚则和责任。药品运输记录中的发货时间、送达时间应符合制度或协议的时限规定要求。

（二）特殊药品的托运

办理托运（包括邮寄）麻醉药品、精神药品应在货物运单上写明具体名称，发货人在记事栏内加盖“麻醉药品或精神药品专用章”，缩短在车站、码头、现场存放时间，铁路运输不得使用敞车，水路运输不得配装仓面，公路运输应当覆盖严密，捆扎牢固。运输途中如有丢失，协助承运单位认真查找，并立即报当地公安机关和药品监督管理部门。

六、冷链运输

国内外对冷链的定义有着不同的解释。美国注射剂协会技术报告 PDATR39《Cold Chain Guidance for Medical Product：Maintaining the Quality of Temperature－Sensitive Medicinal Products Through the Transportation Environment》对冷链给出了明确定义：冷链是指药品在从制造商经过中间接收商到最终用户之间的一系列运输活动，确保对温度敏感药品的储存和运输条件符合批准的标准。在运输过程中，维持温度处于受控状态，确保产品质量被保持有效。2001 年《中华人民共和国国家标准物流术语》对冷链的定义：是指根据物的特性，为保持其品质而采用的从生产到消费的过程中始终处于低温状态的物流网络。

从前面这些规范列出的定义可以看出，冷链（cold chain）指的是某些特殊的生物制品和药品在经过收购、加工、灭活后，在产品加工、贮藏、运输、分销和零售、使用过程中，其各个环节始终处于产品所必需的特定低温环境下，减少损耗，防止污染和变质，以保证药品安全的特殊供应链系统。药品冷链物流以生物制品为主，具体包括：疫苗类、血液制品、血浆代用品、生物反应调节剂、生物诊断试剂酶类制剂、肠内肠外营养制剂试剂、活性较高的生化制剂等。药品冷链物流活动的客体是药品，物流活动的特殊性在于必须确保全程低温，不允许出现冷链断链。药品冷链具有多批次、小批量、不可预测、质量标准要求高、监测难度大、物流成本高的特点，冷链的应用范围不仅仅对药品经营企业有要求，对于药品运输企业和药品生产企业、药品使用单位也都提出了要求。

我国医药冷链物流行业起步晚，发展慢，标准安全体系不健全，在数量与服务能力上远远落后于生物药品产业的发展。新版 GSP 以附录的形式，对冷藏、冷冻药品的储存与运输管理提出了要求，提高了对冷藏、冷冻药品的储运设施设备的要求，特别规定了此类药品在运输、收货等环节的交接程序和温度监测、跟踪、查验等要求，强化了高风险品种的质量保障能力，体现了对医药冷链管理系统空前的重视。

药品作为直接作用于人体的特殊商品，其安全性在任何情况下都不能忽视。尤其随着温度敏感性药品比例的增多和市场规模的扩大，药品冷链物流水平的提高刻不容缓。随着生活水平的不断提高，人们对疫苗、血液制品等冷藏药品的需求量也逐渐增大，对药品冷链物流的依赖程度也逐渐增强。由于冷藏药品的特殊性，药品冷链物流较之普通物流在储存、包装、运输等各环节都要符合严格的规范要求，这就决定了药品冷链物流活动的高风险性和风险管理的复杂性。所以企业使用冷链物流，国家加强对冷链物流的监管，可以达到有效控制风险，保证药品安全的目的。

药品流通过程中涉及冷链问题的有两大领域：一个是药品在药品生产企业、药品经营企业、药品使用单位三大环节的冷链管理；另一个是药品运输企业在物流过程中的冷链管理。冷链管理范围涉及药品生产企业、药品运输企业、药品经营企业和药品使用单位。同样，从环节上来看，药品冷链管理包括药品生产、制造工厂内储存、发货、运输（可能是各类不同交通方式的组合）、货物暂存、接受、储存、配送、使用等。图 9－14 以流程图的方式，列举了一个药品的冷链覆盖范围。

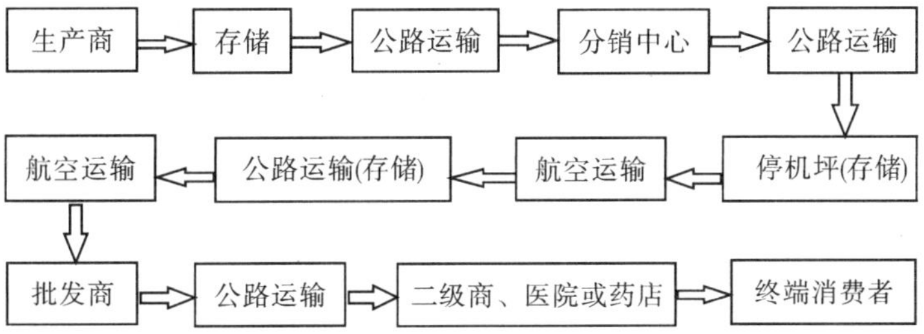

图 9－14　药品冷链范围概览

扫码“学一学”

第三节　药品出库、运输与配送体系建设

一、新版 GSP 对于药品出库运输配送体系的要求

药品的出库是药品仓库业务的最后一个环节，是防止不合格药品进入市场的重要关卡。药品运输是关系到药品质量的一个不可忽视的重要环节，药品经营企业要严格做好药品出库运输工作，确保药品的质量合格。

新版 GSP 加强了对药品出库运输配送环节的管理。针对药品经营行为不规范、购销渠道不清、票据管理混乱等问题，新修订药品 GSP 明确要求药品购销过程必须如实开具发票，出库运输药品必须有随货同行单（票）并在收货环节查验，物流活动要做到票、账、货一致，以达到规范药品经营行为，维护药品市场秩序的目的。针对委托第三方运输，新修订药品 GSP 要求委托方应当考察承运方的运输能力和相关质量保证条件，签订明确质量责任的委托协议，并要求通过记录实现运输过程的质量追踪，强化了企业质量责任意识，提高了风险控制能力。新版 GSP 是我国药品质量管理体系和医药物流体系一个历史性的重大进步。新版 GSP 明确提出的法规将有助于解决冷链环节中的很多问题，并将推动专业的流通企业往更加专业的方向发展。不仅如此，新版 GSP 对药品冷链物流以及运输等提出了新要求，且基本与国际接轨。在此基础上，如果人力保障机制、运行机制、上下游的联动机制能有效建立，药品冷链将会有更大的发展空间。

二、体系建设的作用及意义

加强药品出库运输配送环节的管理，使企业的操作运行更为规范化，可以有效地提高药品经营企业的素质，规范药品经营行为，保障药品质量安全。

GSP 的修订是我国药品流通监管政策的一次较大调整，是对药品经营活动所应具备的条件和规范要求的一次较大提升。与 2000 年版 GSP 相比，新版 GSP 对企业经营质量管理要求明显提高，有效增强了流通环节药品质量风险控制能力。

三、体系建设的方法

企业应从以下几方面着手，建立一个符合新版 GSP 要求的出库、运输与配送体系。

（一）选择合适的配送商

企业委托其他单位运输药品的，应当对承运方运输药品的质量保障能力进行审计，索取运输车辆的相关资料，符合本规范运输设施设备条件和要求的方可委托。企业应对配送商的运输能力和质量保证能力进行审计，审计时要求配送商提供运输车辆的相关资料，包括配送商的资质、设备设施配备情况以及证实其质量保证情况的资料。

因为药品属于严格管制的特殊商品，而且由于质量方面的特殊原因，对于运输商有很多的特殊要求，所以药品运输商的选择要遵循合规、全面、慎重的原则来选择，需要考虑如下要素。

1. 运输商资质的评估 承担药品运输的单位，应该是合法的运输单位，具有营业执照、税务登记证、机构代码等证件资质。如果承担运输的药品包含精神药品等特药产品，还需要具有特药运输资质。

2. 运输商经济实力的评估 承担药品运输的单位应该具有比较强的经济实力。因为大部分药品都是高附加值的产品，而且运输过程中比其他普通商品更容易受损害，所以运输商要具备较高的损害赔偿能力。

3. 运输商硬件设施的评估 选择合格药品运输商的关键要素。药品是特殊的商品，运输环节的规范操作对于保证药品质量具有关键意义。尤其是注射药品、生物制品等对温度敏感的药品，需要冷链运输，所以要求运输商具有满足特殊运输要求的运输工具，例如冷藏箱或冷藏车等设备。另外，药品企业也可以自己采购冷藏箱，并编号处理，在和药品运输企业的协议中，对这些属于药品企业自有的设备如何管理，应进行明确规定。

4. 运输商网络覆盖的评估 随着药品覆盖范围的扩大，药品被运输到世界的任何一个角落。选择一个药品运输商，要充分考虑这个运输商服务网络的覆盖范围，尤其是运输商和其他配套运输商（例如航空公司、铁路运输公司、海运公司、其他货代）的合作关系和协调能力。

5. 运输商后续服务的评估 一旦选择一个的运输商，药品企业要获得持续、稳定的货物运输服务。因此说，运输商的持续提供合格服务的能力、投诉和退货的处理能力，也应该是考虑的要素之一。

6. 运输商质量体系和综合管理能力的评估 一般而言，药品生产企业和药品经营企业只能在自己公司范围内执行严格的质量管理体系。一旦药品进入物流系统，要获得规范的运输服务，必须要考察药品运输商的质量体系和管理体系的运行水平。考察方面可以是现场审计，也可以是偶尔的现场采访，也可以是问卷审计。

7. 运输商提供服务价格的考虑 随着市场竞争程度的加剧，很多药品的利润越来越低。为了维持企业的生存，在选择物流供应商方面，价格因素也是要考虑的。对于普药产品和重量较重的产品（例如大容量注射剂产品），这个因素影响越来越明显。

除上述考虑点之外，还需要包括其他和药品运输相关的因素。

（二）签订配送服务协议

企业委托运输药品应当与承运方签订运输协议，明确药品质量责任、遵守运输操作规程和在途时限等内容。签订运输协议，规定双方的责任和义务，是对双方的保障和约束。尤其是对于承运方，必须确保具备相应的运输能力，严格遵守运输规程及时限。

1. 经过前期沟通、现场审计或者问卷审计、内部评估和最后决策，才能最后确定合格运输商的选择结果。一旦确定药品的合格运输商，根据 GSP 的要求，应该和每个运输商签订运输配送服务协议。这份协议的格式可以采用药品经营企业的格式，也可以采用运输服务商的格式，也可以双方协调确定。应该主要包含如下内容。

（1）协议签署的双方信息。

（2）协议确定的服务内容，对于特殊药品，必须着重说明。

（3）协议的开始时间和结束时间。

（4）服务结果，提醒也要考虑价格随着整体社会物价调整的情况。

（5）协议中包含的质量协议部分，必须由药品经营企业的质量部进行审核和评估。

（6）争议解决、协调方式。

（7）法律诉讼解决、协调方式。

2. 另外，协议必须明确规定，药品运输商必须接受如下条款。

（1）定期接受药品委托运输人的定期审计。

（2）配合政府药品管理机构的调查工作。

（3）配合并执行 GSP 对药品运输的相关要求。

（三）完善相关制度

1. 药品出库管理制度　企业要制定药品出库管理制度，即出库检查与复核的管理制度，制定合理的药品出库与复核的管理程序，明确相关人员的质量责任。药品出库复核应当建立记录，包括购货单位、药品的通用名称、剂型、规格、数量、批号、有效期、生产厂商、出库日期、质量状况和复核人员等内容。药品出库时必须进行复核和质量检查，填写药品出库复核记录，确保发运无误且过程可以追溯。复核和检查时，应按销售记录对实物进行质量检查和数量、项目的核对，做到出库药品质量合格且与销售记录相符。药品出库复核记录的栏目设置要详细、全面，便于追查所有药品的出库发出情况。

2. 冷链运输管理制度　新版 GSP 对药品经营企业的软硬件提出了更高的要求，要求企业必须建立与经营规模和品种相适应的冷库，并配备用于冷库整体环境温度 24 小时自动监测系统。同时加大对药品运输过程中对温度控制的要求，并尽快普及“RFID”冷温度管理系统，保证药品流通全过程的温度监控。

3. 药品运输商的审计制度　基于风险评估和法规要求，选择合格的药品运输商。建立药品运输商的审计制度，签订书面协议，规范双方的行为。对药品运输商进行现场审计或者调查问卷，是确保运输商的行为符合预期要求的有效手段之一。药品经营企业应该建立书面的运输服务商审计管理规程，以及书面的协议，并详细规定相关内容。

4. 药品储存、发货、运输、配送、收货、验收管理制度　针对药品涉及储存、发货、运输、配送、收货、验收等环节，建立完善、详细、符合 GSP 要求的书面规定，并对相关岗位员工进行持续培训，定期考核，以确保培训效果符合要求。

5. 药品运输商年度回顾制度　每年岁末或者下一年的年初，应该对过去一年涉及药品运输商的各类记录和质量管理情况（例如投诉、退货、调货、换货等）进行回顾，重新对运输商进行评估，并督促药品运输商加强管理，改正不能满足药品法规和 GSP 规定的行为。

扫码“练一练”

（田丽娟　陈玉文　史红静）

第十章　销售与售后服务

药品销售和售后服务是药品经营的最后环节，也是药品经营企业实现利润的环节，从此，药品将转入消费者手中，这个环节是联系药品生产和消费的环节，药品质量的优劣将得到真正意义上的验证，新版 GSP 为此做了严格的规范。

扫码“学一学”

第一节　销　售

药品的销售包括两种方式：①药品批发企业将药品销售给零售企业或医院；②零售企业将药品直接销售给患者。药品经营企业可以通过制定不同的销售方案，实现药品由商家到消费者的转移，无论采用何种销售方式，一旦销售成功，对于销售企业来说，药品在本企业的质量管理就告一段落。

一、药品批发企业销售管理

按照《药品管理法》和《新版药品经营质量管理规范》要求，药品批发企业必须保证销售行为的合法性：一是要保证销售对象的合法性，二是要保证销售行为的合法性。同时要提供合法票据，并做好销售记录。

（一）药品批发企业销售药品的基本原则

1. 严格遵守《药品管理法》《药品管理法实施条例》《药品经营质量管理规范等》（新版 GSP）等法律法规，依法经营。

2. 严格按照《药品经营许可证》《营业执照》核准的经营方式和经营范围从事经营活动。

3. 不得将药品销售给未获得《药品经营（生产）许可证》《医疗机构执业许可证》及营业执照的单位和个人。

4. 不得将药品销售给直接使用者和患者。

5. 不得参与非法药品市场或其他违法的药品推销活动。

6. 不得冒用其他企业名义销售药品。

（二）销售人员的管理

这里所指的药品销售人员是指药品经营企业中直接从事药品批发业务的工作人员。销售人员的素质决定了 GSP 和国家有关药品管理法律法规能否落实到位，销售过程中药品质量能否得到保障。

成功的医药经营企业营销队伍一般都具有专业化、高素质的突出特点，关于药品销售人员应当具备什么样的素质，在第三章中有过详细的阐述，在这里我们强调以下内容。

1. 资质与学历　批发企业的销售人员应具有药学或相关学科中专（含）以上的文化程度，且应经岗位培训和地市级（含）以上药品监督管理部门考试合格后，取得岗位合格证书，方可上岗。一切与药品销售相关人员应接受公司质量管理部门人员的培训，培训内容应该包括相关法律法规、新版 GSP 法规、药品专业知识及技能、质量管理制度、职责及岗位操作规程等。另外，还应掌握一定的产品知识、消费心理学知识、有关营销的知识等。

2. 质量职责　对于销售人员来说，严格执行证照审核制度，不得向证照不全，非法药品生产经营单位销售药品。销售前对购货单位的证明文件、采购人员及提货人员的身份证明进行核实。此外还应当严格审核购货单位的生产范围、经营范围或者诊疗范围，并按照相应的范围销售药品。销售特殊药品必须依照有关规定办理，做到手续完备。销售药品要正确介绍其性质、性能、用途、注意事项等，对用户负责；严格执行“先进先销、近期先销”的原则，对长时间不动销、少动销或效期近的药品积极采取措施并及时向部门负责人和有关部门反映汇报。如果遇到质量可疑的药品或接到企业有关药品质量问题的通知单后，要立即停止销售，依据处理程序及时办理，严禁出售有质量问题的药品。注意收集有关药品不良反应的信息，并及时反映。

3. 工作规范　对于销售人员来说，首先必须做好市场预测，定期分析药品供求情况，根据市场需求组织货源，按市场需求和必备药品目录，备齐品种，备足货源，保持合理库存。严格遵守和执行国家药品的广告和价格的法律法规，不做药品功效的虚假宣传和广告。

（三）销售对象合法性管理

新版 GSP 第八十九和九十条规定：“企业应当将药品销售给合法的购货单位，并对购货单位的证明文件、采购人员及提货人员的身份证明进行核实，保证药品销售流向真实、合法。企业应当严格审核购货单位的生产范围、经营范围或者诊疗范围，并按照相应的范围销售药品。”

1. 购货单位资质合法性审查　药品批发企业采购药品，必须按照《新版药品经营质量管理规范》要求对购货单位的资质进行真实性、有效性审核，以确保药品销售渠道的合法性和购货单位购货行为的真实性，防止向非法渠道销售药品或发生假借、挂靠购货单位资质骗购或骗提药品的事故，尤其是防范不法分子假借购货单位资质骗购国家有专门管理要求的药品的行为。

购货单位合法资质的审核包括药品生产企业、药品经营企业和医疗机构的合法资质的审查，购货单位采购人员、提货人员的身份确认等。企业销售人员应当按照《药品销售的管理制度》的规定索取购货单位有关资质证明。资质证明要求在有效期内并加盖企业公章原印章，上报质量管理部门进行审核，以此确认购货单位合法资格并销售药品。不同采购客户所要求的资质证明见表 10－1。

表 10－1　购货单位资质一览表

客户类型	所需资质证明	检查要点
药品生产企业	《药品生产许可证》《营业执照》《药品生产质量管理规范认证证书》	要求在有效期内，加盖企业原印章，并上报质量管理部门进行审核
药品经营企业	《药品经营许可证》《营业执照》《药品经营质量管理规范认证证书》	要求同上，采购的药品应当在其药品经营范围内
医疗机构	《医疗机构执业许可证》；营利性医疗机构应当同时索取其《营业执照》；军队所属医疗机构、疗养机构等需要采购药品的应当有其主管部门的相关证明	采购的药品应当与其执业许可载明的诊疗科目相适应；其他要求同药品生产企业
高等院校、科研机构	单位的合法资质证明及主管部门的相关批准证明	要求同药品生产企业

2. 购货单位采购人员、提货人员审查

（1）购货单位的采购人员是指经购货单位法定代表人授权，负责上门向本企业洽谈采购业务及处理相关事宜的人员。

（2）购货单位提货人员是指经购货单位法定代表人授权，代表购货单位上门提取所采购的药品并履行签收手续的人员。

（3）购货单位上门自提药品需要购货单位采购人员和提货人员的身份证明，购货单位法人授权委托书。

（4）供货方直接将药品送达购货单位仓库的，不需要提供提货人员的相关资料。

（5）通过物流配送，需购货单位到物流公司自行提取药品的，供货方应当提供经过审核的购货单位提货人员的相关资质证明复印件给物流配送企业备案，避免发生错付或药品丢失等事故。

在资质审核时一定要注意各资质材料是否存在变更，如有变更，一定提供变更文件副本变更记录栏。

3. 药品销售客户资质的控制

（1）计算机系统的控制　质量管理部门通过相关网站查询，或与购货单位进行电话核实，确认其合法资格后，将审核合格的购货单位相关信息作为基础数据输入计算机系统，由计算机系统进行控制，当购货单位资质过期或超出其药品经营范围时，计算机系统应当拒绝销售订单的生成并明示原因。

（2）资质档案的建立　批发企业应当对购货单位建立档案，档案内容应当包括各种资质证明文件、审核的相关记录、对购货单位信誉及评估记录等，以便日后资质审核以及产品追溯。

（四）特殊药品和专门管理药品的销售

特殊药品就是指在使用时如果处理不当，会给人体造成巨大伤害的药品，必须对其经营使用进行严格的监督管理。国家对麻醉药品、精神药品、医疗用毒性药品、放射性药品，实行特殊管理。另外，在新版 GSP 中对国家有专门管理要求的药品定义：国家对蛋白同化制剂、肽类激素、含特殊药品复方制剂等品种实施特殊监管措施的药品。此类药品性质特殊，管理不当容易造成重大安全隐患，故国家专门对其进行管理。

1. 麻醉药品和精神药品的销售　麻醉药品是指连续使用后易产生依赖性，能成瘾癖的药品。麻醉药品的品种范围包括：阿片类、可卡因类、大麻类、合成类及药品监督管理部门指定其他易成瘾癖的药品、药用植物及其制剂。精神药品是指直接作用于中枢神经系统，使之兴奋或抑制，连续使用能产生依赖性的药品。依据精神药品使人体产生的依赖性和危害人体健康的程度分为一类和二类。这些药物根据药理作用分属于抗精神病药、抗抑郁药、抗焦虑药、抗躁狂药等。

国家对麻醉药品和精神药品实行定点经营制度。全国性批发企业可以向区域性批发企业，或者经批准可以向取得麻醉药品和第一类精神药品使用资格的医疗机构以及依照《麻醉药品和精神药品管理条例》规定批准的其他单位销售麻醉药品和第一类精神药品。

全国性批发企业向取得麻醉药品和第一类精神药品使用资格的医疗机构销售麻醉药品和第一类精神药品，应当经医疗机构所在地省、自治区、直辖市人民政府药品监督管理部门批准。全国性批发企业和区域性批发企业可以从事第二类精神药品批发业务。区域性批发企业可以向本省、自治区、直辖市行政区域内取得麻醉药品和第一类精神药品使用资格的医疗机构销售麻醉药品和第一类精神药品；由于特殊地理位置的原因，需要就近向其他省、自治区、直辖市行政区域内取得麻醉药品和第一类精神药品使用资格的医疗机构销售的，应当经企业所在地省、自治区、直辖市人民政府药品监督管理部门批准。全国性批发企业和区域性批发企业向医疗机构销售麻醉药品和第一类精神药品，应当将药品送至医疗机构。医疗机构不得自行提货。

麻醉药品和精神药品批发企业必须设置具有相应储藏条件的专用仓库或专柜，双人双锁保管，专账记录，账物相符，并指定专职人员承担麻醉药品的储运和销售工作，验发要实行双人验发制度，麻醉药品和精神药品的标签，必须印有规定的标志。出口麻醉药品和精神药品必须持有国务院药品监督管理部门发给的《出口准许证》。

2. 医疗用毒性药品的销售　医疗用毒性药品是指毒性剧烈，治疗剂量和中毒剂量相近，使用不当会致人中毒或死亡的药品。毒性药品的收购、经营，由各级医药管理部门指定的药品经营单位负责；配方用药由国营药店、医疗单位负责，其他任何单位或者个人均不得从事毒性药品的收购、经营和配方业务。

科研和教学单位所需的毒性药品，必须持本单位的证明信，经单位所在地县以上卫生行政部门批准后，供应部门方能发售。群众自配民间单、秘、验方需用毒性中药，购买时要持有本单位或者城市街道办事处、乡（镇）人民政府的证明信，供应部门方可发售。每次购用量不得超过 2 日极量。经营医疗用毒性药品的批发企业必须设置具有相应储藏条件的专用仓库或专柜，双人双锁保管，专账记录，账物相符，并指定专职人员承担药品的储运和销售工作，验发要实行双人验发制度，医疗用毒性药品的标签，必须印有规定的标志。

3. 放射性药品的销售　放射性药品是指用于临床诊断或治疗的放射线核素制剂或者其标记药物。包括裂变制品、推照制品、加速器制品、放射性同位素发生器及其配套药盒、放射性免疫分析药盒等。放射性药品可分为两类：一类为放射性同位素，本身是药物的主要成分，如碘化钠中的 ^{131}I，是利用 ^{131}I 本身的生理、生化或理化特性以达到诊断被标记药物本身的目的；另一类是放射性同位素标记的药物，其示踪作用是通过被标记药物本身的代谢过程来体现的。

放射性药品的生产、供销业务由国家能源局统一管理。放射性药品的生产、经营单位和医疗单位凭省、自治区、直辖市卫生行政部门发给的《放射性药品生产企业许可证》《放射性药品经营企业许可证》，医疗单位凭省、自治区、直辖市公安、环保和卫生行政部门联合发给的《放射性药品使用许可证》，申请办理订货。

放射性药品的进出口业务，由商贸部指定的单位，按照国家有关对外贸易的规定办理。进出口放射性药品，应当报国家卫生和计划生育委员会审批同意后，方得办理进出口手续。进口的放射性药品品种，必须符合我国的药品标准或者其他药用要求。

4. 有专门管理要求药品的销售　国家有专门管理要求的药品包括：蛋白同化制剂、肽类激素、含特殊药品复方制剂等品种。

（1）销售蛋白同化制剂肽类激素药品　销售蛋白同化制剂肽类激素药品的企业，应依法取得蛋白同化制剂肽类激素经营资格，同时具备以下条件：①蛋白化制剂肽类激素的销售客户必须具有合法资质，应有“药品经营许可证”“营业执照”或“医疗机构执业许可证”，同时在其经营范围中有蛋白同化制剂肽类激素内容；②销售蛋白同化制剂肽类激素时，应当核实购买方资质证明材料、采购人员身份证明等情况，无误后方可销售，并跟踪核实药品送货交接情况，核实记录应当保存至超过蛋白同化制剂、肽类激素有效期后 2 年，但不得少于5年；③除胰岛素外，不得将蛋白同化制剂或者其他肽类激素类品种销售给药品零售企业。

（2）销售含特殊药品复方制剂 含特殊药品复方制剂主要是指含麻黄碱类复方制剂、含可待因复方口服溶液、复方地芬诺酯片和复方甘草片。

按照新版GSP的要求建立客户档案，核实并留存销方资质证明复印件、采购人员法人委托书和身份证明复印件、核实记录等；指定专人负责销售、出库验收、签订买卖合同等。

必须严格按照《关于规范药品购销中票据管理有关问题的通知》（国食药监安〔2009〕283号）规定开具、索要销售票据，核实购买付款的单位、金额与销售票据载明的单位、金额必须一致。

严格执行出库复核制度，认真核对实物与销售出库单是否相符，并确保药品送达购买方《药品经营许可证》所载明的仓库地址、药品零售企业注册地址，或者医疗机构的药库。药品送达后，购买方应查验货物，无误后由入库员在随货同行单上签字。随货同行单原件留存，复印件加盖公章后及时返回销售方。

销售含特殊药品复方制剂时，如发现购买方资质可疑的，应立即报请所在地设区市药品监督管理部门协助核实；发现采购人员身份可疑的，应立即报请所在地县级以上（含县级）公安机关协助核实。

（3）终止妊娠的药品（不包括避孕药品） 必须在医生指导和监护下，仅限于在获准施行终止妊娠手术的医疗保健机构和计划生育技术服务机构使用。

药品生产、批发企业不得将终止妊娠药品销售给未获得施行终止妊娠手术资格的机构和个人。

（五）销售记录与发票管理

新版GSP明确规定了销售过程要做到票、账、货、款四要素一致，同时为了规范长期存在的销售过程中的票据管理混乱，引入和强化了计算机管理，使得销售过程的信息更易于追踪和管理，以达到规范药品经营行为，维护药品市场秩序的目的。

1. 销售凭证的管理 新版GSP加强了对发票的管理。药品销售应如实开具正规发票凭证，做到票、帐、货款相符。在药品销售过程中伴随着大量的发票凭证和记录的传递，企业应加强销售发票凭证记录的管理。各种发票凭证印刷均应由指定部门负责办理，发票式样各联颜色区别必须统一，建立并严格执行发票凭证的领用、保管制度，防止凭证的流散和丢失。作为GSP软件管理的一部分，销售发票凭证和记录应便于质量跟踪，销售凭证的填制必须清楚，字体规范内容完整。同一商品的名称及计量单位必须统一不得任意涂改。并建立凭证的管理及复核制度，防止销售差错。记录内容应逐项填写，不得缺项，并按照有关要求年限保存备查。企业应明确规定销售凭证的流转程序与交接手续制度，确保凭证迅速、准确、畅通地传递。发票应按规定保存。

2. 记录的管理 销售记录是企业销售药品活动的真实记录，能够确保企业药品销售行为真实、安全和可追溯。当药品发生质量问题时，能够保证快速、准确追踪药品的销售流向，实现药品的有效召回或追回，最大限度地避免存在质量问题药品可能造成的危害，有效防范质量风险。销售记录应当在企业销售订单确定并真实实现时，由计算机系统根据基础数据库自动生成。

企业应当按相关规定建立销售记录，销售记录应记载药品的通用名称、剂型、规格、批号、有效期、生产厂商、购货单位、销售数量、单价、金额、销售日期等项目内容。中药材/中药饮片销售记录应当包括品名、规格、产地、购货单位、销售数量、单价、金额、销售日期等内容；如果发生药品直调的，应当建立专门的销售记录。销售记录和发票应按企业“销售记录和发票管理制度”的规定进行保存。销售记录应保存至药品有效期后1年，但不得少于5年。

二、药品零售企业销售管理

药品零售是企业营业人员与顾客沟通，提供质量合格的药品和药学服务的过程，也是药品零售企业实现经济效益和社会价值的集中体现。销售管理是质量体系最为重要的环节，企业在药品销售时应树立以消费者为中心、诚信经营的理念，严格遵守国家法律、法规和有关规定，履行有关管理制度和服务规程，确保公众用药安全、有效。本部分主要介绍：在营业场所明示企业合法资质、营业人员佩戴证件上岗、销售药品义务性和禁止性规定，销售凭证等。

（一）基本要求

1. 依法经营　零售企业销售药品要严格遵守有关法律、法规和制度，正确介绍药品的性能、用途、禁忌及注意事项。禁止销售假药、劣药，不得采用有奖销售或礼品销售等方式。

2. 悬挂证照　在正常的营业中，应在营业场所的显著位置挂牌明示“三证”：《药品经营许可证》、营业执照、执业药师注册证。药品零售企业应当依据本规范在店堂显著位置悬挂上述相关文件，明示于众，尤其是在岗执业的执业药师应当挂牌明示。

《药品经营许可证》所载明的行政许可事项应与企业实际情况一致，包括：企业的名称、企业法定代表人、企业负责人、质量管理负责人、经营方式、经营范围、注册地址、仓库地址（包括增减仓库）、许可期限。许可事项各项内容不能擅自变更，许可证应按规定在效期到期前依法定程序履行换证手续。

企业应当按照依法核准的经营方式和经营范围销售药品，既不能超范围经营，也不能擅自改变经营方式。

3. 挂牌执业　为使消费者享有充分知情权，便于药品选购与用药咨询，确保上岗人员规范地履行岗位职责，企业应当在有关管理制度中明确营业人员佩戴工作牌上岗，对营业人员进行相关培训，强化岗位职责与责任。营业人员上岗均应佩戴有照片、姓名、岗位等内容的工作牌，明示岗位和技术资质情况。比如，值班经理、收银员、调剂员、营业员等。执业药师药学技术人员还应当标明技术资质，比如，执业药师、主管药师、药师、药剂士，或中级医药商品购销员、初级中药调剂员等，工作牌上应有本企业的统一标识。企业对工作牌发放情况应登记存档。

（二）营业人员的管理

这里的营业人员指的是在药品零售企业中将药品直接销售给使用者或患者的销售人员。与药品批发企业中销售人员的重要性一样，药品零售企业中高素质的营业员是消费者安全用药的重要保障，是药品质量重要的维护者。

对于药品零售企业的营业人员的要求，仍然要强调以下内容。

1. 知识和学历　药品零售企业的营业人员应具有高中或中专（含）以上学历，医药相关专业，且应经岗位培训和地市级（含）以上药品监督管理部门考试合格后，取得岗位合格证书，方可上岗。一切与药品销售相关人员应接受岗前培训和继续培训，培训内容应该包括相关法律法规、新版 GSP 法规、药品专业知识及技能、营销学相关知识，熟识质量管理制度、职责及岗位操作规程等。另外还应具备较强的语言表达能力和沟通协调能力等。企业应当为销售特殊管理的药品、国家有专门管理要求的药品、冷藏药品的人员接受相应培训提供提供条件，使其掌握相关法律法规和知识。

2. 质量职责 对于营业员来说，对本人负责保管范围内的效期药品质量，每月检查一次。对易受潮、霉变及近效期（6 个月）药品要进行检查、关注和及时报告，做到不合格药品不上柜、不出售。无论仓库或柜台按放药品位置，还是柜台销售药品应有利于“易变先出”“先进先出”“近期先出”。销售二类精神药品按《精神药品管理办法》执行，凭盖有医院公章的医生处方，每次限量供量，处方留存 2 年（应注明发票号码）。对于所出售的药品，必须向客户认真交代其使用和保存事项，尤其是外用药、消毒杀虫等药品必须当场交代注意事项，告之购物者切勿内服。注意收集药品不良反应信息，发现情况应及时准确上报。

3. 工作规范 对于营业员来说，按药品陈列细则搞好药品分类摆放，保持店内、外卫生；严格遵守和执行国家药品的广告和价格的法律法规，不做药品功效的虚假宣传和广告。药品有货有样，明码标价，特殊药品专柜存放，药品做到先进先出，近期先出，确保质量。掌握所经营药品的品名、别名、规格、性能、用途作用、用法、价格及药品一般保管使用知识，接待顾客主动热情，主动介绍药品用途和服用方法，耐心周到，规范服务和营业用语。严格遵守企业规章制度，坚守岗位，站好柜台，穿统一工作服，保持整洁，佩戴胸卡。严格进货手续，货到后及时验收、变价、记卡，发现问题及时联系查处。每月全面盘点一次，做到账货相符，对有问题的药品要查明原因及时汇报。及时做好各种报表，严格执行交接班手续，有关业务凭证妥善保管，不得丢失。在药品储存和陈列的区域不存放与经营活动无关的物品及私人物品，在工作区域内不得有影响药品质量和安全的行为。

（三）处方药品和非处方药品的销售

我国实行处方药与非处方药分类管理，根据药品品种、规格、适应证、剂量及给药途径不同，对药品分别按处方药与非处方药进行管理。处方药必须凭执业医师或执业助理医师处方才可调配、购买和使用；非处方药不需要凭执业医师或执业助理医师处方即可自行判断、购买和使用。

1. 处方药的销售 企业应制定严格的药品销售管理制度，营业期间应保证有执业药师在岗，负责对医生处方的审核、核对及安全用药指导。

（1）处方药的销售应当满足的原则　处方必须经过执业药师审核、核对后方可销售；处方药不得开架自选，必须凭医师处方进行销售；医师处方必须真实有效；对处方所列药品不得擅自更改或代用；对有配伍禁忌或超剂量的处方，应当拒绝调配、销售，必要时，需经原处方医生更正或重新签字方可调配和销售。

（2）处方调配应严格执行的操作规程要求　规定必须做皮试的药品，处方医师是否注明过敏试验及结果的判定；处方用药与临床诊断的相符性；剂量、用法的正确性；选用剂型与给药途径的合理性；是否有重复给药现象；是否有潜在临床意义的药物相互作用和配伍禁忌；其他用药不适宜情况。处方调配流程见图 10－1。

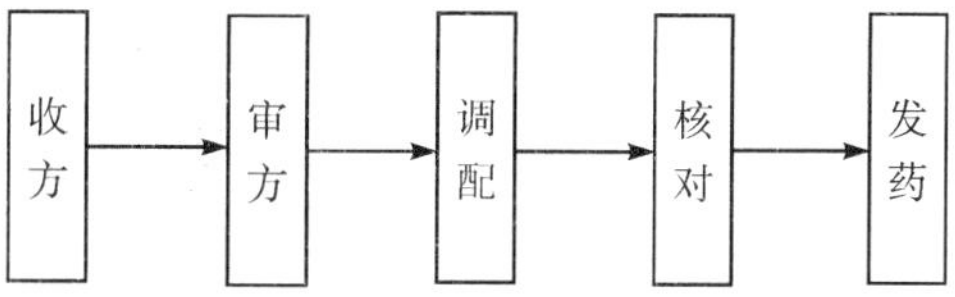

图 10－1　处方药调配流程图

（3）准确调配药品，做到“四查十对”　查处方，对科别、姓名、年龄；查药品，对药名、剂型、规格、数量；查配伍禁忌，对药品性状、用法用量；查用药合理性，对临床诊断。

（4）处方用量的规定　处方一般不得超过 7 日用量；急诊处方一般不得超过 3 日用量；对于某些慢性病、老年病或特殊情况，处方用量可适当延长，但医师应当注明理由。特殊药品的处方剂量应当严格按照国家有关规定执行。国家有专门管理要求的药品不得超数量销售。

（5）处方审核、调配　处方审核、调配人员应当在处方上签全姓名或加盖专用签章，按照有关规定保存处方或其复印件，以便于实施售后服务和追溯管理。

（6）处方保存　企业应按有关规定保存处方，其中：普通处方保存期限不低于 1 年，医疗用毒性药品、第二类精神药品处方保存期限不低于 2 年，麻醉药品（仅限罂粟壳）处方保存期限不低于 3 年。处方保存期满后，经主要负责人批准、登记备案，方可销毁。

2. 非处方药的销售　非处方药是指不需要凭执业医师或执业助理医师处方，消费者即可自行判断、购买和使用的药品。非处方药又称为柜台发售药品（over the counter drug），简称“OTC 药”。根据药品的安全性，非处方药分为甲、乙两类。经营处方药、非处方药的批发企业和经营处方药、甲类非处方药的零售企业必须具有《药品经营企业许可证》。经省级药品监督管理部门或其授权的药品监督管理部门批准的其他商业企业可以零售乙类非处方药。

（1）处方药和非处方药应陈列，并有处方药、非处方药专用标识。

（2）非处方药可不凭处方出售。但如顾客要求，执业药师或药师应负责对药品的购买和使用进行指导。

（3）零售乙类非处方药的商业企业必须配备专职的具有高中以上文化程度，经专业培训后，由省级药品监督管理部门或其授权的药品监督管理部门考核合格并取得上岗证的人员。

（四）近效期药品的销售

新版 GSP 第一百六十七条明确规定：“销售近效期药品应向顾客告知有效期。”

针对有效期药品的管理，要建立有效期药品管理制度，以加强对有效期药品的销售管理，保证先进先售，近期先售。对于近效期的药品，要按月填报效期报表。

（五）中药饮片的销售

中药饮片在我国已被广泛使用，随之而来在销售中出现的问题也越来越多。为此国家陆续出台了众多文件以规范中药饮片的销售，药品零售企业在销售中药饮片和提供代煎服务的过程中，也应按照相关要求执行。

销售中药饮片做到计量准确，计量器具要由计量管理单位定期校验，不合格的不得使用。调配中药饮片应遵守有关调剂规程，调配前核准定盘星，一方多剂，应采用递减分戥法，并开药应分别称取；贵重细料药、毒性药应选择适当戥秤，按剂准确称取并分别单包。处方中应先煎、后下、包煎、烊化、另煎、冲服及鲜药品种，应按剂单包并注明用法，每剂调配后应经复核人员复核无误后方可发给患者，并详细告知煎服方法及注意事项。

（六）拆零药品的销售

企业应当建立相关的拆零药品管理制度、操作规程及岗位职责，对负责拆零销售的人员进行岗前培训，内容包括相关法规、药品拆零管理制度、药品拆零程序、药品拆零销售记录及有关销售知识。

药品拆零应在专用场所进行，企业应设置专用柜台或工作区，药品拆零及调配工具应放置在清洁的容器内，拆零的工作台及工具保持清洁、卫生，防止交叉污染。常用的工具有医用手套、锥子、剪刀、钥匙、带盖磁盘等。药品拆零操作前工作人员应对操作台面、药品拆零工具及手部进行消毒、清洁。多品种药品拆零销售时，不应同时操作，每个品种操作结束应进行清场，内容包括：核对药品原包装、拆零药品包装、拆零药品数量、与拆零记录是否相符，多余的拆零包装应按规程管控。

拆零药品的包装应安全、洁净并持续处于清洁控制的状态。拆零包装上应注明拆零药品的品名、规格、数量、用法、用量、批号、有效期以及药店名称等内容。拆零应提供药品说明书原件或复印件。另外，拆零销售期间保留原包装和说明书。

企业计算机系统应当依据基础数据库自动生成单独的药品拆零销售记录，内容包括拆零起始日期、药品的通用名称、规格、批号、生产厂商、有效期、销售数量、销售日期、经手人及复核人等。

（七）特殊管理药品及国家有专门管理要求药品的销售

企业应当确保特殊管理药品和有专门管理要求的药品严格按国家有关规定销售，防止流入非法渠道。

1. 禁售药品　下列特殊管理的药品不得在零售企业出售。

（1）麻醉药品。

（2）第一类精神药品。

（3）终止妊娠药品。

（4）蛋白同化制剂。

（5）肽类激素品种。

（6）药品类易制毒化学品。

（7）放射性药品。

（8）疫苗。

2. 限售药品　下列药品在零售企业应按照相关管理规定及要求限制出售。

（1）医疗用毒性药品　定点药店供应和调配毒性药品，凭盖有医生所在的医疗单位公章的正式处方。每次处方计量不超过 2 日极量。调配处方时，必须认真负责，计量准确，按医嘱注明要求，并有配方人员及具有药师以上技术职称的复核人员签名盖章后方可发出。对未注明“生用”的毒性中药，应当做炮制品。如处方出现疑问是，必须经原处方医生重新审定后再进行调配。处方一次有效，取药后处方保存 2 年备查。

科研和教学单位所需的毒性药品，必须持本单位的证明信，经单位所在地县级以上药品监督管理部门批准后，药品经营企业的供应部门方能发售。群众自配民间单、秘、验方需用毒性中药，购买时要持有本单位或者城市街道办事处、乡（镇）人民政府的证明信，供应部门方可发售。每次购买量不得超过2日极量。

（2）第二类精神药品　经药品监督管理部门批准，实行统一进货、统一调配、统一管理的药品零售连锁企业可以从事第二类精神药品零售业务。

第二类精神药品零售企业应当凭执业医师出具的处方，按规定的剂量销售，并将处方保存2年备查；禁止超剂量或者无处方，销售第二类精神药品；禁止向未成年人销售第二类精神药品。

（3）蛋白同化制剂和肽类激素以外按兴奋剂管理的药品　在开展药品零售企业分级管理试点的地区，三级零售企业可以销售蛋白同化制剂和肽类激素以外按兴奋剂管理的药品。除胰岛素外，药品零售企业不得经营蛋白同化制剂或者其他肽类激素。蛋白同化制剂和肽类激素以外按兴奋剂管理的药品的销售按处方药进行销售。

（4）含麻醉药品的复方制剂　凡根据国家药品监督管理部门“关于含麻醉药品复方制剂管理的通知”列入此类要求的药品，可在三级零售企业按处方药进行销售。

（5）含麻黄碱类复方制剂　单位剂量麻黄碱类药物含量大于30mg（不含30mg）的含麻黄碱类复方制剂，列入必须凭处方销售的处方药管理。

医疗机构应当严格按照《处方管理办法》开具处方。

药品零售企业必须凭执业医师开具的处方销售上述药品。药品零售企业销售含麻黄碱类复方制剂，应当查验购买者的身份证，并对其姓名和身份证号码予以登记。除处方药按处方剂量销售外，一次销售不得超过2个最小包装。

药品零售企业不得开架销售含麻黄碱类复方制剂，应当设置专柜由专人管理、专册登记，登记内容包括药品名称、规格、销售数量、生产企业、生产批号、购买人姓名、身份证号码。

药品零售企业发现超过正常医疗需求，大量、多次购买含麻黄碱类复方制剂的，应当立即向当地药监部门和公安机关报告。

（八）销售凭证的管理

为确保消费者的权益和销售药品的可追溯性，依据《药品流通监督管理办法》第十一条规定：“药品零售企业销售药品时，应当开具标明药品名称、生产厂商、数量、价格、批号等内容的销售凭证。”

企业应在记录和凭证的有关管理制度中明确对销售票据的管理要求和操作程序，销售票据应当依据计算机系统基础数据生成，销售票据打印后，系统自动生成销售记录，包括通用名称、规格、剂型、批号、有效期、生产厂商、购货单位、销售数量、单价、金额、销售日期等内容，销售记录项目按有关要求保存。

（九）广告与宣传的管理

药品零售企业广告宣传应当严格执行国家有关广告管理的规定。如：处方药不得在零售企业店堂内进行广告宣传；非处方药根据在店堂内进行广告宣传时，应符合《广告法》《药品管理法》《药品管理法实施条例》《药品广告审查发布标准》的要求；所有店堂内外的药品灯箱广告均类似药品在大众媒体的广告，要严格依法进行审批，取得药品广告批准文号后方可进行展示和宣传。

（十）电子监管的管理

企业应当在制度、程序上对实施电子监管的药品做出相关规定，建立系统相关功能，对实施电子监管的药品，按规定进行药品电子监管码扫码，在售出时将数据上传至中国药品电子监管网系统平台。企业对未按规定加印或加贴中国药品电子监管码，或监管码的印刷不符合规定要求的，监管码信息与药品包装信息不符的，应当及时报质量管理部门（人员）处理，必要时向当地药品监督管理部门报告。

目前药品零售企业在销售第二类精神药品、血液制品、中药注射剂、基本药物全品种、含麻黄碱类复方制剂、含可待因复方口服溶液及含地芬诺酯复方制剂药品时，必须按照相关要求进行扫码上传。

扫码“学一学”

第二节　售后服务

售后服务，是企业对售出药品进行质量信息收集和处理的过程，目的是最大限度地防范药品质量问题或安全隐患，避免、降低可能或已经对顾客和社会造成的损伤和影响。药品是特殊的商品，其质量不但同药品的研制、生产有关，而且储存养护、运输过程中如果处置不当也会给药品质量造成很大影响。因此药品经营企业应建立一套良好的售后服务制服体系，确保退回药品的质量和安全。

一、退货管理

新版 GSP 加强了对退货的管理，对于实属商品质量问题应无条件退货，并详细登记退货记录，包括药品批号、品名、退货原因、退货单位或姓名、联系电话等。企业应建立药品退货和收回的书面程序并有记录，保证产品的可追溯性。退货环节要保证药品的质量与安全，仓库收到退货药品，应立即校清品名、规格、数量、包装，将签收回单送交业务部门，业务部门查清回单后，查明退货原因，并通知质量管理部门检验后，向业务部门提供检验情况，由业务部门入账。

企业对售后质量退货情况，可用商品质量退货率进行内部考核具体计算方式如下。

商品质量退货率 =（销退额 + 换货额 + 返工额 + 退修额）/ 销售总额 × 100%。

另外，新版 GSP 规定药品零售企业出售的药品，除药品质量原因外，药品一经售出，不得退换。

二、用户质量投诉管理

针对用户的质量投诉，企业要认真对待和处理。要查清每一个用户投诉的质量问题，认真查找出现问题的原因，找到相关部门和人员的责任，并采取必要的措施，给用户一个满意的答复，同时也据此了解企业质量管理的薄弱环节，并加强管理。

1. 用户投诉管理规程　企业要按照质量管理制度的要求，制定用户质量投诉的管理规程，内容应该包括投诉渠道及方式、档案记录、调查与评估、处理措施、反馈和跟踪等。一旦接收到用户诉讼，企业应配备经过培训的专业人负责售后投诉的管理，进行投诉调查处理，处理后的投诉及处理结果等信息应记入公司投诉档案，以便查询和跟踪。

2. 用户投诉档案　企业还要建立用户投诉档案。用户关于质量的函电、来访，必须登记备案，及时回复处理，并将投诉的时间、问题、内容、调查过程及处理结果等留档备查，以便于质量回顾。

3. 用户投诉记录　每一投诉应有书面记录，保存在用户投诉档案内。书面记录内容应包括：药品名称、规格、批号，投诉人姓名、投诉的内容和性质以及对投诉的答复。如果进行调查，书面记录应包括调查结果及采取的措施；如果不进行调查，则应有认为不必进行调查的原因以及对此做出决定的负责人签字。

有关药品投诉的书面记录在药品有效期到期后至少再保存 1 年或在收到投诉意见后保存 1 年，两者中选择较长保存时间。没有规定有效期的药品，则药品投诉记录应在该药品销售后保存 3 年。

三、药品追回管理

（一）药品追回概念

新版 GSP 第一百七十六条规定：“企业发现已售出药品有严重质量问题，应当及时采取措施追回药品并做好记录，同时向药品监督管理部门报告。”

药品严重质量问题：内部或外部信息发现的可能对公众用药安全造成严重后果的情形。内部信息来源是指企业通过对库存药品检查、养护、出库复核、陈列检查等环节获取质量信息。外部信息主要来源于药品质量公告、监管部门公布的信息、客户投诉举报、客户通报信息等。

（二）企业应对药品追回的措施

药品追回应该是药品经营企业在经营过程中发现的质量问题而主动向销售客户追回产品的行为。企业应当建立相关的制度、程序、职责，并进行相关培训等。

发现问题药品，企业应采取以下措施。

1. 及时采取措施追回药品。

2. 立即停止销售该药品。

3. 如药品严重质量问题源于药品生产企业或者供货商的原因，应告知其有关信息，防止问题药品继续在市场扩散。

4. 及时向药品监督管理部门报告并按其要求对问题药品实施控制。

5. 做好并保存问题药品有关进、销、存、追溯、控制的记录，配合药品生产企业和药品监督管理部门进行有关追溯和控制工作。

6. 查明造成药品严重质量问题的原因，分清责任，杜绝问题的再发生。

四、药品召回管理

（一）药品召回的内涵

药品召回是指药品生产企业按照规定的程序收回已上市销售的存在安全隐患的药品的行为。这里的存在安全隐患主要是指以下情况。

1. 药品分析测试结果异常，或者已经对患者产生危害的。

2. 集中出现药品不良事件的。

3. 药品生产过程不符合药品 GMP 要求，可能影响药品质量安全的。

4. 药品包装标签说明书内容或者设计印制存在缺陷，影响用药安全的。

5. 因安全原因撤市，需要收回已上市销售药品的。

6. 其他原因可能对人体健康产生危害的。

经营企业应当根据原国家食品药品监督管理局相关的药品召回管理办法成立专门的药

品召回组织机构，该部门协助药品生产企业履行召回义务，按照召回计划的要求及时传达、反馈药品召回信息，控制和收回存在安全隐患的药品。

（二）药品召回的类别

药品召回的等级一般分成三个级别。

1. **一级召回**　使用该药品可能引起严重健康损害或者死亡。

药品存在质量缺陷可能或已经对本公司的信誉或经济利益造成损失。

2. **二级召回**　使用该药品可能引起暂时的或者可逆的健康损害。

药品存在质量缺陷可能或已经对本公司的信誉或经济利益造成损失。

3. **三级召回**　使用该药品一般不会引起健康损害。

药品存在质量缺陷可能或已经对本公司的信誉或经济利益造成损失。

按照规定，一级召回时限应在 24 小时以内全面展开药品召回工作。二级召回时限应在 48 小时以内全面展开药品召回工作。三级召回时限应在 72 小时以内全面展开药品召回工作。

（三）药品召回与药品追回辨析

问题药品召回不同于药品追回，前者是指药品存在安全隐患而由生产企业启动的，属于行政行为；后者既可以由药品生产企业启动，也可以由药品经营企业启动，属于企业行为。两者的区别具体见表 10－2。

表 10－2　药品召回与追回的区别

条款	第一百八十一条	第一百八十条
关键词	药品召回	药品追回
依据	《药品召回管理办法》 企业药品召回制度、程序	企业药品追回制度、程序
主体	药品生产企业	药品零售企业
原因	控制存在安全隐患的药品	发现有严重质量问题的药品
要求	依法履行召回、建立召回记录	采取措施追回，做好追回记录
性质	被动	主动

无论是批发企业还是零售企业，都要重视药品安全隐患的问题，做好处理有质量问题的药品召回工作，所有的召回工作应建立召回记录。

（四）药品召回的应对程序

依据有关规定，药品经营企业应当协助药品生产企业履行召回义务，按照召回计划的要求及时传达、反馈药品召回信息，控制和收回存在安全隐患的药品。

药品经营企业发现所经营的药品存在安全隐患的，应当立即停止销售该药品，通知药品生产企业或者供货单位，并向药品监督管理部门报告。应当建立和保存完整的购销记录，保证销售药品的可溯源性。为最大限度地降低流通中存在安全隐患药品的风险，企业应建立相关管理制度和工作流程，在接到药品监督部门责令召回或厂家主动召回通知时，应按通知要求，迅速配合药品监督部门或协助厂家完成召回计划，采取有效的措施：立即停售该药品，尽力追回售出药品，控制剩余和追回药品，及时向药监部门或厂家反馈有关进、销、存和追回药品信息等。

企业对于协助药品生产企业履行召回存在安全隐患药品的过程、结果，应建立相关证明和记录，包括：①药品召回通知书与立即停售的证明；②反馈药品进、销、存的证明（票、账、系统数据）；③追回药品记录（名称、厂家、批号、规格、单位、数量、顾客姓名、联系方式、追回原因、经手人等）；④追回药品与剩余药品控制记录（名称、厂家、批号、规格、单位、数量、控制方式、控制原因、经手人等）；⑤生产厂家出具的药品召回凭证。

扫码“学一学”

第三节　药品不良反应监测和报告

药品批发和零售企业还应当按照国家有关药品不良反应报告制度的规定配备专职或兼职人员协助国家进行药品不良反应监测和报告工作，收集、报告药品不良反应信息。

一、药品不良反应的概念

药品不良反应（简称 ADR）是指合格药品在正常用法用量下出现的与用药目的无关的或意外的有害反应。对于那些有意或无意的超剂量、错误用药，或者管理差错产生的后果，都不属于药品不良反应，都不在监测范围之内。

药品不良反应监测报告制度的目的就是为了更科学地指导合理用药，保障上市药品的安全有效。药品不良反应报告制度是国际上通行的科学、规范的制度。

二、我国的药品 ADR 监测体系

目前，全国 ADR 监测体系网络初步形成，建立了药品不良反应信息通报制度，首批发布了乙双吗啉片等五种药品的不良反应情况，建立了全国 ADR 报告制度，ADR 报告数量和质量明显提高。对确认发生严重药品不良反应的药品，国家食品药品监督管理总局根据《药品管理法》可以采取责令生产企业修改药品说明书，增加黑框警示和停止生产、销售、使用的紧急控制措施；地方药品监督管理部门根据《药品管理法》可以采取停止生产、销售、使用的紧急控制措施。

三、药品经营企业药品不良反应报告制度的建立

由于受到当今科技水平的限制，实际上，药品在人体中所进行的各种复杂的代谢过程并不能完全为我们所掌握，因此，药品经营企业必须对药品质量投诉和药品的不良反应引起高度的重视，这不仅对用户负责，也是本企业必须履行的义务，企业必须有部门、有人员，定程序、定职责，有制度、有记录来做好这个工作。

（一）不良反应监测部门、人员

药品经营企业质量管理部门应设专门处理药品不良反应的部门，如果药品经营企业规模比较小，也可以由质量管理部门指定专人负责这个工作。这些机构和人员负责药品不良反应监测，处理和记录，搜集、汇总各种药品不良反应信息。尤其是医药零售企业，直接与消费者接触，对于消费者在使用过程中出现的质量问题和不良反应，应及时向质量管理部门汇报，经质量管理部门调查汇总后，向当地药品监督管理部门报告。大众自行购用的非处方药品发生的不良反应，一经发现，应按规定报告。

（二）不良反应报告制度

企业应当建立不良反应报告制度，规定不良反应信息接收和整理、不良反应评估与整

理、不良反应的报告等活动管理。不良反应的记录和评估可参考如下信息。

1. 患者信息 包括患者姓名、性别、年龄、体重、个人不良反应史、家庭药物不良反应情况、联系方式、所患疾病、用药基本信息。

2. 不良反应信息描述

（1）不良反应的表现 可包括临床检验情况。

（2）不良反应及时处理方式。

（3）不良反应的结果 治愈、好转、后遗症、死亡等。

（4）对原疾病的影响情况 不明显、延长病程、病情加重、导致后遗症等。

（5）合并用药情况。

3. 关联性评估

（1）关联性登记 肯定、很可能、可能、不太可能、未评估、无法评估等。

（2）关联性评估应由专业机构和人员进行 生产企业的专门不良反应评价部门、省级 ADR 监测机构或者国家 ADR 中心等，都可以单独记录。

（3）合并用药情况引入不良反应的药物的原因。

扫码“练一练”

（三）不良反应记录管理

企业一经发现可疑药品不良反应，应当详细记录、调查，填写《可疑药品不良反应报告表》后按规定报告，并在药品经营企业的药品不良反应监测报告机构应有相应的记录和存档。

（俞双燕　于培明　钱　炎）

第十一章　计算机信息化管理

随着计算机信息化管理在药品经营企业的全面应用，计算机化系统运行可靠性、稳定性等问题就成为药品经营企业在实施 GSP 管理中必须面对的问题，新版 GSP 要求药品经营企业全面实施计算机信息化管理，着重强调计算机管理的设施、网络环境、数据库及应用软件功能等要求。因此，药品经营企业应当建立符合药品经营全过程管理及质量控制要求的计算机系统，实现药品质量的可追溯性，并满足药品监管部门药品电子监管的实施条件。

第一节　计算机系统概述

扫码“学一学”

新版 GSP 规定，企业应当能够建立符合经营全过程管理及质量控制要求的计算机系统，实现药品质量的可追溯，并满足药品电子监管的实施条件。下面将简单介绍药品经营企业计算机系统。

一、计算机系统的组成

药品经营企业的标准系统由业务 ERP（Enterprise Resource Planning）、仓库管理系统、运输管理系统、温湿度监测系统组成。

1. 业务 ERP　管理企业采购、销售、库存、人事绩效考核、财务等方面的软件系统，统称为 ERP。

2. 仓库管理系统（Warehouse Management System，WMS）　专门用于物流基地，智能仓储管理的软件系统，主要由软件和相应的硬件设施组成。

3. 运输管理系统（Transportation Management System，TMS）　专门用于物流基地，车辆智能调度的运输管理系统，主要由软件和相应的硬件设施组成。

4. 温湿度监测系统　主要是通过在仓库的各个监测点安装“温湿度传感器”采集数据，通过有线或者无线的方式传输数据到计算机，配合相应的软件和报警设备实现监测功能。

计算机系统必须涵盖的环节：采购、收货与验货、仓储（温湿度监测、养护、效期管理）、销售、出库复核、运输记录。

计算机系统的核心功能主要包括：权限控制、业务流程管控、数据真实可追溯、支持电子监管，系统可升级对接监管平台。其中，系统可升级对接监管平台中的数据库和应用软件要求主要包括以下三点：①供应商资格认定。企业应当将审核合格的供货单位、购货单位及经营品种等信息录入系统，建立质量管理基础数据库并有效运用。②质量管理基础数据。该数据包括供货单位、购货单位、经营品种、供货单位销售人员资质、购货单位采购人员资质及提货人员资质等相关内容，且该数据与对应的供货单位、购货单位以及购销药品的合法性、有效性相关联，与供货单位或购货单位的经营范围相对应，由系统进行自动跟踪、识别与控制。③系统对接近失效的质量管理基础数据进行提示、预警，提醒相关部门及岗位人员及时索取、更新相关资料；任何质量管理基础数据失效时，系统都自动锁定与该数据相关的业务功能，直至数据更新和生效后，相关功能方可恢复。

二、新版 GSP 对药品经营企业计算机系统的要求

第五十七条　企业应当建立能够符合经营全过程管理及质量控制要求的计算机系统，实现药品质量可追溯。

第五十八条　企业计算机系统应当符合以下要求：

（一）有支持系统正常运行的服务器和终端机；

（二）有安全稳定的网络环境，有固定接入互联网的方式和安全可靠的信息平台；

（三）有实现部门之间、岗位之间信息传输和数据共享的局域网；

（四）有药品经营业务票据自动生成、打印和管理功能；

（五）有符合本规范要求及企业管理实际需要的应用软件和相关数据库。

第五十九条　各类数据的录入、修改、保存等操作应当符合授权范围、操作规程和管理制度的要求，保证数据原始、真实、准确、安全和可追溯。

第六十条　计算机系统运行中涉及企业经营和管理的数据应当采用安全、可靠的方式储存并按日备份，备份数据应当存放在安全场所，记录类数据的保存时限应当符合本规范第四十二条要求。

三、计算机系统在药品经营企业中的作用

1. 降低成本，提高效率　计算机进行数据的处理，其速度是人的几百倍、几千倍，药品经营企业管理信息系统的建立可以极大地减少人力资源的投入，信息化使产品销售和服务的时间缩短，从而大大节约了时间成本。

2. 提高质量，促进销售　计算机化管理强调标准化、规范化、系统化、程序化，可以减少甚至替代大量不必要的手工操作，最大限度地消除不确定因素，使服务质量得到有效控制和提高，计算机系统建设将使企业服务的潜在客户市场不断扩大，销售渠道和手段进一步多样化，并使企业从以事务为中心的传统管理模式向以客户为中心的管理模式转换成为可能，不断增进用户满意度。

3. 提高医药企业管理水平　计算机系统使管理者对企业内部和外部信息的掌握更加完备、及时、准确，并实现企业上下级之间、各部门之间、内外部之间的实时沟通，使企业通过对信息流的管理实现对物流、资金流的更有效管理。

扫码“学一学”

第二节　药品经营企业计算机系统的管理

一、电子数据管理

电子记录（Electronic Records）是指使用计算机数据处理系统、照相技术或其他可靠方式记录的数据资料。新版 GSP 中的电子记录分为两类：①计算机化系统自动生成的记录；②药品经营各环节的操作人员手动录入数据形成的记录。其中，第二类记录主要包括基础数据和不能自动采集，必须经由操作人员手动从终端录入的数据。

1. 与传统纸质记录相比，电子数据具有以下优势。

（1）采集的数据更完整，产品质量的追溯性更强。

（2）数据易进行统计分析。GSP 记录有助于质量追溯和质量系统的持续改进。计算机化系统自动采集的数据可直接由数据软件处理，高效可靠。

（3）检索方便，速度快捷。计算机化系统的优点在于检索速度快且方便。

（4）记录真实可靠。为避免电子记录的变更、替代或伪造，各类数据的录入、修改、保存等操作应当符合授权范围、操作规程和管理制度的要求，保证数据的原始、真实、准确、安全和可追溯，且记录的保存应根据操作规程由专门人员及时备份。

（5）计算机系统识别性极强。计算机系统应能自动识别零售门店的经营范围，拒绝超出经营范围配送订单的生成。

（6）计算机系统应能自动识别购货单位的法定资质，拒绝超出经营方式或经营范围销售订单的生成。

2. 电子记录的管理原则应当和纸质管理记录一致，应当符合 GSP 管理标准，具体管理措施如下。

（1）生成电子记录的计算机化系统必须经过验证，其后的运行状态应当和验证过的状态一致。

（2）生成和管理电子记录的系统应该是封闭的系统（Closed System）。该系统应该为不同的管理人员和使用人员设置不同的权限。只有经授权的人员方可使用电子数据处理系统，输入或更改数据，且更改和删除数据应当有记录；应当使用密码或其他方式控制系统的登录；关键数据输入后，应由他人独立复核。

（3）在药品经营和质量管理过程中，计算机化系统所获得的电子记录要保持真实、准确、完整。

（4）改动电子记录时，不能覆盖改动前的信息，即系统必须将改动前的信息完整保留，且改动人需准确填写改动的原因并签名，该信息同时保留在数据库中。用电子方法保存的批记录，应当采用磁带、缩微胶卷、纸质副本或其他方法进行备份，以确保记录的安全，且数据资料在保存期内便于查阅。

（5）计算机化系统在获得权限之后，能够拷贝、转存、发送数据。由计算机化系统自动获取的数据形成的记录，应按时间顺序存储。在遭遇断电或其他突发事故后，记录的内容能够立即恢复并且不失真。

（6）应重视电子记录系统的开发者、维护者和使用者的学历、资历培训经历和经验，其所具备的资历保证其胜任工作。同时，企业负责信息管理的部门应当履行以下职责：负责系统硬件和软件的安装、测试及网络维护；负责系统数据库管理和数据备份；负责培训、指导相关岗位人员使用系统；负责系统程序的运行及维护管理；负责系统网络以及数据的安全管理；保证系统日志的完整性；负责建立系统硬件和软件管理档案。

企业经营和管理的数据应当在计算机系统中储存并按日备份，备份数据应当存放在安全场所，防止与服务器同时遭遇灾害造成损坏或丢失。记录及凭证应当至少保存 5 年。疫苗、特殊管理的药品的记录及凭证按相关规定保存。①疫苗：超过有效期 2 年。②麻醉药品和精神药品：自药品有效期期满之日起不少于 5 年。③易制毒化学品：有效期期满之日起不少于 2 年。随着科学技术的进步，尤其是计算机的普及和应用，一些药品仓库已开发了智能型检测监控系统，运用电子计算机进行温湿度管理，用来检测、记录、报警、监控库房的温湿度。

二、电子监管系统管理

电子记录的管理原则应当和纸质管理记录一致，应当符合 GSP 管理标准，具体管理措施如下。

1. 企业应当严格按照管理制度和操作规程进行系统数据的录入、修改和保存，以保证各类记录的原始、真实、准确、安全和可追溯。

2. 各操作岗位通过输入用户名、密码等身份确认方式登录系统，并在权限范围内录入或查询数据，未经批准不得修改数据信息。

3. 修改各类业务经营数据时，操作人员在职责范围内提出申请，经质量管理人员审核批准后方可修改，修改的原因和过程在系统中予以记录。

4. 系统对各岗位操作人员姓名的记录，根据专有用户名及密码自动生成，不得采用手工编辑或菜单选择等方式录入。

5. 系统操作、数据记录的日期和时间由系统自动生成，不得采用手工编辑、菜单选择等方式录入。

6. 质量管理基础数据是企业合法经营的基本保障，必须由专门的质量管理人员对相关资料审核合格后，据实确认和更新，更新时间由系统自动生成。

7. 其他岗位人员只能按规定的权限，查询、使用质量管理基础数据，不能修改数据的任何内容。

8. 企业应当根据计算机管理制度对系统各类记录和数据进行安全管理：采用安全、可靠的方式存储、备份；按日备份数据；备份记录和数据的介质存放于安全场所，防止与服务器同时遭遇灾害造成损坏或丢失。

扫码“学一学”

第三节　计算机系统在药品经营企业中的应用

计算机信息化可以帮助企业有效地掌握有关业务信息，在药品流通过程中，有效防止药品的污染、混淆与差错，更好地实施新版 GSP，提高企业管理水平和工作效率，降低人工成本，提高企业的经济效益。目前，药品经营企业基本建立了计算机管理系统对业务流程工作进行管理。

一、计算机系统的主要应用

计算机系统在药品经营企业中主要应用于下几个方面。

1. 采购　药品的采购订单应当依据计算机管理系统建立的质量管理基础数据制定。系统对各购货单位的法定资质能自动识别、审核，系统拒绝任何无质量管理基础数据支持的任何采购订单的生成。系统对各供货单位的法定资质能够自动审核，拒绝超出经营范围、经营方式的采购行为发生。

采购员凭密码登录、系统自动控制权限。采购订单确认后，自动生成采购记录，没有质量保证的协议不能生成采购计划，系统拒绝生成计划时应显示原因。

2. 收货　药品到货时，系统应支持收货人员查询采购订单，对照随货同行单（票）及实物确认相关信息无误后，方可进行收获系统支持收货人员查询到货品种和供应商的基础信息，支持收货人员记录相关到货信息。核对确认到货信息后，提交验收组验收。

3. 验收　验收人员对照系统信息提示进行药品实物验收，对照药品实物在系统采购记录的基础上录入药品批号、生产日期、有效期、到货数量、验收合格数量、验收结果等内容，系统自动显示验收记录和验收员姓名。确认后，系统生成验收记录。验收结束后系统可打印或输入入库指令，通知仓库入库。系统根据药品的管理类别及储存特性，自动提示相应的储存库区。

4. 养护　系统应当依据质量管理基础数据库和养护制度及验收记录，对库存药品按期自动生成养护工作计划，提示养护人员对库存药品进行有序、合理的养护，系统可自动提示养护工作进度。

5. 效期管理　系统应当对库存药品的有效期进行自动跟踪和控制，具备近效期预警提示、超有效期自动锁定及停售等功能。

企业应建立“近效期停销制”，判断近效期销售的合理性和可预期的危害，近效期预警的期限应根据企业在供应链所处的位置、销售对象、药品正常使用完毕的合理期限来综合评估。

6. 销售　药品批发企业销售药品时，系统根据质量管理基础数据及库存记录生产销售订单，系统拒绝无质量管理基础数据或无有效库存数据支持的任何订单的生成。系统对购货单位的法定资质能够自动识别并审核，防止超出经营方式或经营范围的销售行为的发生。销售订单确认后，系统自动生成销售记录。

7. 出库　企业应当将确认后的销售数据传输至仓储部门提示出库及复核、依据销售开票指令，系统自动生成出库指令，打印出库单或生成拣货任务，跟踪拣货出库进程，复核人员在专用界面上进行复核操作，支持生成相应的质量复核结果，标明复核人员姓名，系统自动生成出库复核记录。

8. 退回　药品批发企业的系统对销后退回的药品应当具有以下功能。

（1）处理销后退回药品时，能够调出原对应的销售、出库记录。

（2）对应的销售、出库复核记录与销后退回药品实物信息一致方可收货、验收，并依据原销售、出库复核记录数据以及验收情况，生成销后退回验收记录。

（3）退回药品实物与原记录不符，或退回药品数量超出原销售数量时，系统应拒绝药品退回操作。

（4）系统不支持对原始销售记录的任何更改。

9. 有疑问药品控制　系统应当对经营过程中发现的质量有疑问药品进行控制。

（1）各岗位人员发现质量有疑问药品，按照本岗位操作权限实施锁定，并通知质量管理人员。

（2）被锁定药品由质量管理人员确认，不属于质量问题的，解除锁定，属于不合格药品的，由系统生成不合格记录。

（3）系统对不合格药品的处理过程、处理结果进行记录，并跟踪处理结果。

10. 运输　系统应当对药品运输的在途时间进行跟踪管理，记录发运记录，建立运输记录；对有运输时限要求的应当提示、警示相关部门及岗位人员。

二、计算机系统的操作规程

以下分别就药品批发与零售两类企业计算机系统操作（管理）规程实例，进一步说明计算机系统在GSP管理等工作的具体应用。举例如下。

案例一

药品批发企业计算机系统操作规程

1. 目的　为规范企业各岗位的计算机操作，保证计算机系统的安全性，确保药品质量可追溯性。

2. 依据　《2019 版药品管理法（修订草案)》、新版 GSP 及其附录。

3. 适用范围　适用于企业计算机系统操作过程的控制管理。

4. 责任者　信息管理人员、质量管理部门、采购供应部门、储运部门对本规程的实施负责。

5. 内容

5.1 计算机系统由信息管理员负责管理，负责系统硬件和软件的安装、测试及网络维护，系统程序的运行及维护，系统网络以及数据的安全管理和其他日常管理工作。其他人员未经授权不得进行本岗位的操作。

5.2 系统操作权限及密码的设置

5.2.1 质量管理部门依据各岗位的质量职责和岗位操作规程，制定或审核各岗位相关人员的系统操作权限，交由信息管理员设定并设置密码。

5.2.2 各操作岗位及相关人员只能通过输入各自的用户名及密码的身份确认方式登录，在设定的权限范围内录入、查询数据。

5.2.3 各相关人员要保管好自己的密码，不得相互借用，否则，要为因此发生的越权、越岗操作行为负全责。

5.2.4 信息管理员收回或者更改相关人员的系统操作权限时，必须经质量管理部审核。

5.3 质量管理基础数据的操作

5.3.1 质量管理基础数据包括供货单位及购货单位、经营品种、供货单位销售人员等相关内容。

5.3.2 质量管理基础数据由质量管理部指派质量管理员专人负责审核、录入、修改及锁定。

5.4 药品采购的操作

5.4.1 首营企业和首营品种的申报：采购员登录系统后，在系统中填报首营企业、首营品种审批表，录入相关资质资料数据，并将所需相关资质材料交质量管理部审核，审核合格后，质量管理员在系统中录入相关数据信息后确认审核，系统提醒企业质量负责人，后者在系统中确认批准后，所报信息资料数据进入系统质量管理基础数据库。

5.4.2 药品的采购订单必须依据系统数据库生成，采购员根据业务经营需要从系统选择供货单位和品种，系统能对各供货单位的法定资质进行自动识别、审核，拒绝出现超出经营方式或经营范围的订单生成，也能对药品品种的合法性进行自动识别，拒绝法定资质不符规定的品种进入订单。

5.4.3 采购订单确认后，系统自动生成采购记录。

5.5 药品的收货和验收操作

5.5.1 药品到货时，收货员登录系统，在系统中调出采购记录，对照实物、随货凭据等确认相关信息后，方可收货，并在系统录入批号、数量等相关信息后，系统生成入库验收通知单。

5.5.2 验收员按照规定进行药品的质量验收，对照药品实物按药品验收操作规程进行验收，确认后系统自动生成验收记录。

5.6 药品的入库储存和养护操作

5.6.1 药品保管员登录系统，对经验收合格的药品进行入库确认，系统按照药品的管理类别及储存特性，自动提示相应的储存库区，并形成有效库存记录。

5.6.2 系统依据质量管理基础数据和养护制度，对库存药品按自动生成养护工作计划，并提示养护员对库存药品进行有序、合理养护。

5.6.3 系统根据药品有效期的数据信息设定，对库存药品的有效期进行自动跟踪和控制，对近效期药品进行提示预警、超过有效期的药品自动锁定停销，养护员依据提示对近效期药品进行重点养护，采购、销售人员对滞销效期药品进行及时处理货促销。

5.7 药品销售及出库的操作

5.7.1 销售药品时，销售员登录系统后，录入销货单位和药品品种后生成需要的药品销售订单，系统依据质量管理基础数据及药品有效库存数据，拒绝无药品品种或有效销售单位数据销售订单的生成，拒绝各购货单位超出经营方式或经营范围的销售订单生成，拒绝无有效库存数据支持的销售订单生成，销售订单确认后系统自动生成销售记录。

5.7.2 销售订单确认后，系统会将确认后的销售数据传输至仓储部门，并提示保管员出库及出库复核。

5.7.3 保管员登录系统，并打印药品销售出库单，依据出库单办理药品出库，复核员依据销售出库单对出库药品实物进行逐件复核后，在系统中确认，系统自动生成出库复核记录。

5.8 药品退货的操作

5.8.1 药品销售退货。

5.8.1.1 销后的药品须退回时，销售员应依据实际情况予以办理，销售员登录系统，在系统中制作药品销售退货通知单，系统将依据原销售单和出库复核记录数据自动核对，拒绝非本企业售出药品品种或批号的销售退货通知单生成，系统不支持对原始销售数据的任何更改。

5.8.1.2 销售退货通知单确认后，将自动提示收货员收货，收货员依据系统中的销售退货通知单，核对退货药品实物，一致无误后收货，并在系统中确认。

5.8.1.3 收货确认后，系统将提示验收员对销售退货药品进行验收，验收员按照验收操作规程完成验收，并系统确认后生成销售退货药品验收记录。

5.8.1.4 验收员验收确认后，系统将通知仓储保管员入库、财务部依据系统生成的入库单过账。

5.8.2 采购退货的操作

5.8.2.1 采购员登录系统，在系统中制作采购退货通知单，系统将依据原始药品入库单和库存药品的数据自动核对后生成采购退货通知单，并根据需要提示相关部门负责人同意确认后生效。

5.8.2.2 采购退货通知单确认后，系统将数据传输给储运部，提示保管员进行退货药品出库操作，保管员、复核员按照药品出库复核操作规程完成操作后，在系统中确认，运输员根据确认的出库单办理运输。

5.8.2.3 财务部从系统中打印采购退货单做账。

5.9 系统对经营过程中发现的质量有疑问的药品的控制

5.9.1 各岗位对质量有疑问药品，应按照本岗位的操作权限实施锁定，并及时通知质量管理部。

5.9.2 质量管理人员接到各岗位通知后及时检查进行质量确认，经确认不属于质量问题的解除锁定，属于不合格药品的由系统生成不合格药品记录。

5.9.3 系统对质量不合格药品的处理过程，处理结果进行记录，跟踪处理结果。

5.10 系统对药品运输的在途时间进行自动跟踪，对有运输时限要求的应当提示，警告相关部门及岗位，系统应按照新版 GSP 要求，生成药品运输记录。

案例二

药品零售企业计算机系统操作规程

根据《药品管理法》《药品经营质量管理规范》的要求，并结合实际工作的需要，确保计算机系统稳定、准确运行，保证经营药品质量，制定本规程。

1. 目的　通过制定计算机系统的操作和管理操作规程，有效控制计算机系统的操作和管理符合质量规定的要求。

2. 适用范围　适用于计算机系统的操作和管理全过程。

3. 责任者　门店验收、陈列检查、收营员、系统管理员等相关人员。

4. 管理程序

4.1. 计算机系统管理规程

4.1.1 采用计算机管理软件系统，将 GSP 规范贯穿药店的药品经营质量管理过程，运用该系统对药品的购进、验收、养护、销售、查询进行记录和管理，对质量情况能够进行及时准确的记录，实现质量管理工作的科学信息化。

4.1.2 质量负责人指定专门的系统管理员，定期对计算机的硬件及软件进行维护，确保系统准确无误运行。依据各质量岗位的工作职责，授予相关人员的系统操作权限并设置登录名和码，根据系统设定的质量工作岗位及操作流程，按时做好各项质量工作。任何人不得越权、越岗操作。质量负责人有权根据各部门人员配置的变化而收回或更改相关人员的系统操作权限。

4.1.3 各质量岗位系统操作员对自己的操作行为负责。认真学习《药品管理法》《药品经营质量管理规范》及其实施细则、《互联网信息服务管理办法》、互联网药品信息服务管理暂行规定》等有关的法律法规。规范操作相应的管理软件。

4.1.4 计算机及相应外设异常时，应及时通报系统管理员和质量管理负责人进行检查维修，如果软件发生异常应先检测操作系统、参数文件等是否正常；如果是硬件故障应及时进行硬件修理和更换；除系统管理员和质量管理负责人外严禁其他人员自行处理异常现象。

4.1.5 网络发生异常时应立即上报质量管理人员，同时找出发生异常的因素，明确因素后立即进行处理；进行异常处理时应在尽可能保证整体网络不损坏的前提下进行；因网络故障丢失或毁坏的数据，在系统恢复正常后应立即补上，以保证网络数据的连续性和准确性。

4.2 计算机操作规程

4.2.1 质量负责人不定期举行各种形式的经营计算机信息系统知识培训，整体提高员工的计算机及业务操作水平；定期检查系统和数据库安全性，做好各项数据备份工作，一旦发现有不安全的现象时，应立即上报总部并详细记录；每月对各项质量工作进行抽查，通过平台直接将自己的管理贯彻到最终的实际工作上去。

4.2.2 各质量岗位操作人员利用软件系统，及时准确掌握药品的购进、验收、养护、销售及特殊药品管理的过程，并自动生成符合GSP规范的工作纪录性文件，确保各项质量工作记录真实、准确、按时完成。对于有电子监管要求的药品按药品电子监管管理制度执行。

4.2.3 各岗位的电脑操作员要爱惜设备，对药店商业资料要保密，在未经负责人同意许可之下，不得擅自从网络系统内复制或打印任何文件或资料；不得使用非使用的任何硬盘、U盘、光盘等存储介质在系统内的机器上使用。

4.2.4 计算机系统管理员负责记录公司所有操作员及其使用电脑、附属设施的购买、使用和维修情况，建立专门档案统一管理。定期对计算机的硬件进行检测，并对其数据、病毒进行检测和清理，保证系统进行正常运行。

扫码“练一练”

（于培明　肖凤霞　吴志鹏）

扫码“学一学”

第十二章　各国药品 GSP 认证及特点介绍

一、不同国家、地区和组织的 GDP 认证简介

对于药品经营企业的监督和管理，每个国家都会出台不同的质量管理规范等法律法规来规范企业的经营行为。其中中国和日本均称之为 GSP（Good Supply Practice），而欧盟、美国和 WTO 称之为 GDP（Good Distribution Practice），主要针对药品批发企业。其中欧盟和 WTO 最早提出了 GDP 的概念，各国 GDP 认证实施及其后续监管也有很大的不同。

二、不同国家、地区和组织的 GDP 认证流程及法规

1. 欧盟　为了欧盟内部的统一性，欧洲药品管理局（EMA）对 GDP 检查流程和检查人员的资质做出了统一的规定，具体流程如下：首先由药品批发企业提出 GDP 认证申请，欧洲药品管理局对认证申请及资料进行审查。申请通过后认证检查机构会对药企进行现场检查，检查员做好准备工作，检查主管机构与申请人进行首次会议，确定工作方案，然后开始详细的现场检查，最后在末次会议上报告所有检查情况。对于检查合格的企业自最后一次检查 90 天内发放认证证书，相反则给出不合格报告。其中欧盟没有对零售药房进行 GDP 认证的规定。

欧洲早在 1994 年就推出 GDP，经过不断地探索，几经修改，目前使用的是 2013 版 GDP。同时，欧盟为 GDP 检查设计了一整套法律法规，其中包括《药品分销质量管理规范检查规程（人用药）》《药品分销质量管理规范证书签发与更新（人用药）》《对批发企业实施检查的检查员培训与资质指南》等。

2. 英国　英国 GDP 认证主要参照欧盟的标准进行，由医药健康管理机构（Medicines and Healthcare Products Regulatory Agency，MHRA）直接负责 GDP 认证，药品批发企业按照规定流程提出申请，MHRA 在 90 天内会对申请做出评价，检查之后申请人会收到一份报告，当检查员认为申请人对报告中的问题一一做出修正后，MHRA 会同意申请人的注册申请，同时发给批发许可证和 GDP 认证证书。

3. 美国　美国各项条例和法律法规中都没有出现 GDP 的规定，根据《联邦食品、药品、化妆品法》，药品批发企业必须有许可证才能经营。美国各州的药房理事会（Board of Pharmacy，BP）负责药品批发许可工作，药品批发企业首先需向 BP 提出申请，BP 或者其指定的第三方机构对资料进行审查，并进行现场检查，对符合条件的企业发放许可证。药品批发企业在每一个经营场所的活动都需要取得 BP 的认可，每年都要更新自己的证书。同时，在申领许可证之前，药品批发企业每个设施都要经过 BP 或者其认证的第三方机构的检查，设施的检查频次由 BP 确定，但不得低于 3 年一次。美国零售药房的注册申请流程类似于批发企业。

虽然美国没有 GDP 认证，但是有类似的认证项目，即药品分销企业认证（Verified - Accredited Wholesale Distributors，VAWD）。VAWD 由药房理事联合会（National Association of Board of pharmacy，NABP）从 2004 年起推行，一出台就受到了美国食品和药物管理局的大力支持，此项认证旨在阻止假劣药品进入美国医药分销的各个环节，保障民众的用药

安全。

要获得 VAWD 认证，企业首先要提出申请，提交相关材料并交纳费用，NABP 负责对企业各项情况进行审查，其中包括许可证和授权人核查，NABP 数据库（NABP Clearing-house）筛查相关信息，企业犯罪和经济背景核查，根据 VAWD 标准审查企业程序和政策，现场检查等。VAWD 认证并没有证书，检查合格的企业将有资格使用 VAWD 标志，每年 NABP 都会对认证企业进行评估，3 年进行一次现场检查。

4. 中国港澳台地区　我国港澳台地区各项法律法规文件中均未出现 GDP 相关条文，药品监管部门对医药企业利用发放牌照或许可证等手段进行监管。同时在这三个地区，药房和批发商实行分类管理制度。牌照有效期为 1 年。台湾地区目前还没有出台 GDP 相关规范以及 GDP 认证制度，仅将 GDP 认证作为推荐项目，但在未来会逐步重视并将 GDP 认证上升为强制规范，并将药厂 GSP 与 GDP 结合。

扫码“练一练”

（于　泳）

附录　药品经营质量管理规范

《药品经营质量管理规范》

（2000 年 4 月 30 日原国家药品监督管理局局令第 20 号公布　2012 年 11 月 6 日原卫生部部务会议第一次修订　2015 年 5 月 18 日国家食品药品监督管理总局局务会议第二次修订　根据 2016 年 6 月 30 日国家食品药品监督管理总局局务会议《关于修改〈药品经营质量管理规范〉的决定》修正）

第一章　总　则

第一条　为加强药品经营质量管理，规范药品经营行为，保障人体用药安全、有效，根据《中华人民共和国药品管理法》、《中华人民共和国药品管理法实施条例》，制定本规范。

第二条　本规范是药品经营管理和质量控制的基本准则。

企业应当在药品采购、储存、销售、运输等环节采取有效的质量控制措施，确保药品质量，并按照国家有关要求建立药品追溯系统，实现药品可追溯。

第三条　药品经营企业应当严格执行本规范。

药品生产企业销售药品、药品流通过程中其他涉及储存与运输药品的，也应当符合本规范相关要求。

第四条　药品经营企业应当坚持诚实守信，依法经营。禁止任何虚假、欺骗行为。

第二章　药品批发的质量管理

第一节　质量管理体系

第五条　企业应当依据有关法律法规及本规范的要求建立质量管理体系，确定质量方针，制定质量管理体系文件，开展质量策划、质量控制、质量保证、质量改进和质量风险管理等活动。

第六条　企业制定的质量方针文件应当明确企业总的质量目标和要求，并贯彻到药品经营活动的全过程。

第七条　企业质量管理体系应当与其经营范围和规模相适应，包括组织机构、人员、设施设备、质量管理体系文件及相应的计算机系统等。

第八条　企业应当定期以及在质量管理体系关键要素发生重大变化时，组织开展内审。

第九条　企业应当对内审的情况进行分析，依据分析结论制定相应的质量管理体系改进措施，不断提高质量控制水平，保证质量管理体系持续有效运行。

第十条　企业应当采用前瞻或者回顾的方式，对药品流通过程中的质量风险进行评估、控制、沟通和审核。

第十一条　企业应当对药品供货单位、购货单位的质量管理体系进行评价，确认其质量保证能力和质量信誉，必要时进行实地考察。

第十二条　企业应当全员参与质量管理。各部门、岗位人员应当正确理解并履行职责，承担相应质量责任。

第二节　组织机构与质量管理职责

第十三条　企业应当设立与其经营活动和质量管理相适应的组织机构或者岗位，明确规定其职责、权限及相互关系。

第十四条　企业负责人是药品质量的主要责任人，全面负责企业日常管理，负责提供必要的条件，保证质量管理部门和质量管理人员有效履行职责，确保企业实现质量目标并按照本规范要求经营药品。

第十五条　企业质量负责人应当由高层管理人员担任，全面负责药品质量管理工作，独立履行职责，在企业内部对药品质量管理具有裁决权。

第十六条　企业应当设立质量管理部门，有效开展质量管理工作。质量管理部门的职责不得由其他部门及人员履行。

第十七条　质量管理部门应当履行以下职责：

（一）督促相关部门和岗位人员执行药品管理的法律法规及本规范；

（二）组织制订质量管理体系文件，并指导、监督文件的执行；

（三）负责对供货单位和购货单位的合法性、购进药品的合法性以及供货单位销售人员、购货单位采购人员的合法资格进行审核，并根据审核内容的变化进行动态管理；

（四）负责质量信息的收集和管理，并建立药品质量档案；

（五）负责药品的验收，指导并监督药品采购、储存、养护、销售、退货、运输等环节的质量管理工作；

（六）负责不合格药品的确认，对不合格药品的处理过程实施监督；

（七）负责药品质量投诉和质量事故的调查、处理及报告；

（八）负责假劣药品的报告；

（九）负责药品质量查询；

（十）负责指导设定计算机系统质量控制功能；

（十一）负责计算机系统操作权限的审核和质量管理基础数据的建立及更新；

（十二）组织验证、校准相关设施设备；

（十三）负责药品召回的管理；

（十四）负责药品不良反应的报告；

（十五）组织质量管理体系的内审和风险评估；

（十六）组织对药品供货单位及购货单位质量管理体系和服务质量的考察和评价；

（十七）组织对被委托运输的承运方运输条件和质量保障能力的审查；

（十八）协助开展质量管理教育和培训；

（十九）其他应当由质量管理部门履行的职责。

第三节　人员与培训

第十八条　企业从事药品经营和质量管理工作的人员，应当符合有关法律法规及本规范规定的资格要求，不得有相关法律法规禁止从业的情形。

第十九条　企业负责人应当具有大学专科以上学历或者中级以上专业技术职称，经过基本的药学专业知识培训，熟悉有关药品管理的法律法规及本规范。

第二十条 企业质量负责人应当具有大学本科以上学历、执业药师资格和 3 年以上药品经营质量管理工作经历，在质量管理工作中具备正确判断和保障实施的能力。

第二十一条 企业质量管理部门负责人应当具有执业药师资格和 3 年以上药品经营质量管理工作经历，能独立解决经营过程中的质量问题。

第二十二条 企业应当配备符合以下资格要求的质量管理、验收及养护等岗位人员：

（一）从事质量管理工作的，应当具有药学中专或者医学、生物、化学等相关专业大学专科以上学历或者具有药学初级以上专业技术职称。

（二）从事验收、养护工作的，应当具有药学或者医学、生物、化学等相关专业中专以上学历或者具有药学初级以上专业技术职称。

（三）从事中药材、中药饮片验收工作的，应当具有中药学专业中专以上学历或者具有中药学中级以上专业技术职称；从事中药材、中药饮片养护工作的，应当具有中药学专业中专以上学历或者具有中药学初级以上专业技术职称；直接收购地产中药材的，验收人员应当具有中药学中级以上专业技术职称。

从事疫苗配送的，还应当配备 2 名以上专业技术人员专门负责疫苗质量管理和验收工作。专业技术人员应当具有预防医学、药学、微生物学或者医学等专业本科以上学历及中级以上专业技术职称，并有 3 年以上从事疫苗管理或者技术工作经历。

第二十三条 从事质量管理、验收工作的人员应当在职在岗，不得兼职其他业务工作。

第二十四条 从事采购工作的人员应当具有药学或者医学、生物、化学等相关专业中专以上学历，从事销售、储存等工作的人员应当具有高中以上文化程度。

第二十五条 企业应当对各岗位人员进行与其职责和工作内容相关的岗前培训和继续培训，以符合本规范要求。

第二十六条 培训内容应当包括相关法律法规、药品专业知识及技能、质量管理制度、职责及岗位操作规程等。

第二十七条 企业应当按照培训管理制度制定年度培训计划并开展培训，使相关人员能正确理解并履行职责。培训工作应当做好记录并建立档案。

第二十八条 从事特殊管理的药品和冷藏冷冻药品的储存、运输等工作的人员，应当接受相关法律法规和专业知识培训并经考核合格后方可上岗。

第二十九条 企业应当制定员工个人卫生管理制度，储存、运输等岗位人员的着装应当符合劳动保护和产品防护的要求。

第三十条 质量管理、验收、养护、储存等直接接触药品岗位的人员应当进行岗前及年度健康检查，并建立健康档案。患有传染病或者其他可能污染药品的疾病的，不得从事直接接触药品的工作。身体条件不符合相应岗位特定要求的，不得从事相关工作。

第四节 质量管理体系文件

第三十一条 企业制定质量管理体系文件应当符合企业实际。文件包括质量管理制度、部门及岗位职责、操作规程、档案、报告、记录和凭证等。

第三十二条 文件的起草、修订、审核、批准、分发、保管，以及修改、撤销、替换、销毁等应当按照文件管理操作规程进行，并保存相关记录。

第三十三条 文件应当标明题目、种类、目的以及文件编号和版本号。文字应当准确、清晰、易懂。

文件应当分类存放，便于查阅。

第三十四条　企业应当定期审核、修订文件，使用的文件应当为现行有效的文本，已废止或者失效的文件除留档备查外，不得在工作现场出现。

第三十五条　企业应当保证各岗位获得与其工作内容相对应的必要文件，并严格按照规定开展工作。

第三十六条　质量管理制度应当包括以下内容：

（一）质量管理体系内审的规定；

（二）质量否决权的规定；

（三）质量管理文件的管理；

（四）质量信息的管理；

（五）供货单位、购货单位、供货单位销售人员及购货单位采购人员等资格审核的规定；

（六）药品采购、收货、验收、储存、养护、销售、出库、运输的管理；

（七）特殊管理的药品的规定；

（八）药品有效期的管理；

（九）不合格药品、药品销毁的管理；

（十）药品退货的管理；

（十一）药品召回的管理；

（十二）质量查询的管理；

（十三）质量事故、质量投诉的管理；

（十四）药品不良反应报告的规定；

（十五）环境卫生、人员健康的规定；

（十六）质量方面的教育、培训及考核的规定；

（十七）设施设备保管和维护的管理；

（十八）设施设备验证和校准的管理；

（十九）记录和凭证的管理；

（二十）计算机系统的管理；

（二十一）药品追溯的规定；

（二十二）其他应当规定的内容。

第三十七条　部门及岗位职责应当包括：

（一）质量管理、采购、储存、销售、运输、财务和信息管理等部门职责；

（二）企业负责人、质量负责人及质量管理、采购、储存、销售、运输、财务和信息管理等部门负责人的岗位职责；

（三）质量管理、采购、收货、验收、储存、养护、销售、出库复核、运输、财务、信息管理等岗位职责；

（四）与药品经营相关的其他岗位职责。

第三十八条　企业应当制定药品采购、收货、验收、储存、养护、销售、出库复核、运输等环节及计算机系统的操作规程。

第三十九条　企业应当建立药品采购、验收、养护、销售、出库复核、销后退回和购进退出、运输、储运温湿度监测、不合格药品处理等相关记录，做到真实、完整、准确、有效和可追溯。

第四十条 通过计算机系统记录数据时，有关人员应当按照操作规程，通过授权及密码登录后方可进行数据的录入或者复核；数据的更改应当经质量管理部门审核并在其监督下进行，更改过程应当留有记录。

第四十一条 书面记录及凭证应当及时填写，并做到字迹清晰，不得随意涂改，不得撕毁。更改记录的，应当注明理由、日期并签名，保持原有信息清晰可辨。

第四十二条 记录及凭证应当至少保存 5 年。疫苗、特殊管理的药品的记录及凭证按相关规定保存。

第五节 设施与设备

第四十三条 企业应当具有与其药品经营范围、经营规模相适应的经营场所和库房。

第四十四条 库房的选址、设计、布局、建造、改造和维护应当符合药品储存的要求，防止药品的污染、交叉污染、混淆和差错。

第四十五条 药品储存作业区、辅助作业区应当与办公区和生活区分开一定距离或者有隔离措施。

第四十六条 库房的规模及条件应当满足药品的合理、安全储存，并达到以下要求，便于开展储存作业：

（一）库房内外环境整洁，无污染源，库区地面硬化或者绿化；

（二）库房内墙、顶光洁，地面平整，门窗结构严密；

（三）库房有可靠的安全防护措施，能够对无关人员进入实行可控管理，防止药品被盗、替换或者混入假药；

（四）有防止室外装卸、搬运、接收、发运等作业受异常天气影响的措施。

第四十七条 库房应当配备以下设施设备：

（一）药品与地面之间有效隔离的设备；

（二）避光、通风、防潮、防虫、防鼠等设备；

（三）有效调控温湿度及室内外空气交换的设备；

（四）自动监测、记录库房温湿度的设备；

（五）符合储存作业要求的照明设备；

（六）用于零货拣选、拼箱发货操作及复核的作业区域和设备；

（七）包装物料的存放场所；

（八）验收、发货、退货的专用场所；

（九）不合格药品专用存放场所；

（十）经营特殊管理的药品有符合国家规定的储存设施。

第四十八条 经营中药材、中药饮片的，应当有专用的库房和养护工作场所，直接收购地产中药材的应当设置中药样品室（柜）。

第四十九条 储存、运输冷藏、冷冻药品的，应当配备以下设施设备：

（一）与其经营规模和品种相适应的冷库，储存疫苗的应当配备两个以上独立冷库；

（二）用于冷库温度自动监测、显示、记录、调控、报警的设备；

（三）冷库制冷设备的备用发电机组或者双回路供电系统；

（四）对有特殊低温要求的药品，应当配备符合其储存要求的设施设备；

（五）冷藏车及车载冷藏箱或者保温箱等设备。

第五十条 运输药品应当使用封闭式货物运输工具。

第五十一条　运输冷藏、冷冻药品的冷藏车及车载冷藏箱、保温箱应当符合药品运输过程中对温度控制的要求。冷藏车具有自动调控温度、显示温度、存储和读取温度监测数据的功能；冷藏箱及保温箱具有外部显示和采集箱体内温度数据的功能。

第五十二条　储存、运输设施设备的定期检查、清洁和维护应当由专人负责，并建立记录和档案。

第六节　校准与验证

第五十三条　企业应当按照国家有关规定，对计量器具、温湿度监测设备等定期进行校准或者检定。

企业应当对冷库、储运温湿度监测系统以及冷藏运输等设施设备进行使用前验证、定期验证及停用时间超过规定时限的验证。

第五十四条　企业应当根据相关验证管理制度，形成验证控制文件，包括验证方案、报告、评价、偏差处理和预防措施等。

第五十五条　验证应当按照预先确定和批准的方案实施，验证报告应当经过审核和批准，验证文件应当存档。

第五十六条　企业应当根据验证确定的参数及条件，正确、合理使用相关设施设备。

第七节　计算机系统

第五十七条　企业应当建立能够符合经营全过程管理及质量控制要求的计算机系统，实现药品可追溯。

第五十八条　企业计算机系统应当符合以下要求：

（一）有支持系统正常运行的服务器和终端机；

（二）有安全、稳定的网络环境，有固定接入互联网的方式和安全可靠的信息平台；

（三）有实现部门之间、岗位之间信息传输和数据共享的局域网；

（四）有药品经营业务票据生成、打印和管理功能；

（五）有符合本规范要求及企业管理实际需要的应用软件和相关数据库。

第五十九条　各类数据的录入、修改、保存等操作应当符合授权范围、操作规程和管理制度的要求，保证数据原始、真实、准确、安全和可追溯。

第六十条　计算机系统运行中涉及企业经营和管理的数据应当采用安全、可靠的方式储存并按日备份，备份数据应当存放在安全场所，记录类数据的保存时限应当符合本规范第四十二条的要求。

第八节　采　购

第六十一条　企业的采购活动应当符合以下要求：

（一）确定供货单位的合法资格；

（二）确定所购入药品的合法性；

（三）核实供货单位销售人员的合法资格；

（四）与供货单位签订质量保证协议。

采购中涉及的首营企业、首营品种，采购部门应当填写相关申请表格，经过质量管理部门和企业质量负责人的审核批准。必要时应当组织实地考察，对供货单位质量管理体系进行评价。

第六十二条　对首营企业的审核，应当查验加盖其公章原印章的以下资料，确认真实、有效：

（一）《药品生产许可证》或者《药品经营许可证》复印件；

（二）营业执照、税务登记、组织机构代码的证件复印件，及上一年度企业年度报告公示情况；

（三）《药品生产质量管理规范》认证证书或者《药品经营质量管理规范》认证证书复印件；

（四）相关印章、随货同行单（票）样式；

（五）开户户名、开户银行及账号。

第六十三条 采购首营品种应当审核药品的合法性，索取加盖供货单位公章原印章的药品生产或者进口批准证明文件复印件并予以审核，审核无误的方可采购。

以上资料应当归入药品质量档案。

第六十四条 企业应当核实、留存供货单位销售人员以下资料：

（一）加盖供货单位公章原印章的销售人员身份证复印件；

（二）加盖供货单位公章原印章和法定代表人印章或者签名的授权书，授权书应当载明被授权人姓名、身份证号码，以及授权销售的品种、地域、期限；

（三）供货单位及供货品种相关资料。

第六十五条 企业与供货单位签订的质量保证协议至少包括以下内容：

（一）明确双方质量责任；

（二）供货单位应当提供符合规定的资料且对其真实性、有效性负责；

（三）供货单位应当按照国家规定开具发票；

（四）药品质量符合药品标准等有关要求；

（五）药品包装、标签、说明书符合有关规定；

（六）药品运输的质量保证及责任；

（七）质量保证协议的有效期限。

第六十六条 采购药品时，企业应当向供货单位索取发票。发票应当列明药品的通用名称、规格、单位、数量、单价、金额等；不能全部列明的，应当附《销售货物或者提供应税劳务清单》，并加盖供货单位发票专用章原印章、注明税票号码。

第六十七条 发票上的购、销单位名称及金额、品名应当与付款流向及金额、品名一致，并与财务账目内容相对应。发票按有关规定保存。

第六十八条 采购药品应当建立采购记录。采购记录应当有药品的通用名称、剂型、规格、生产厂商、供货单位、数量、价格、购货日期等内容，采购中药材、中药饮片的还应当标明产地。

第六十九条 发生灾情、疫情、突发事件或者临床紧急救治等特殊情况，以及其他符合国家有关规定的情形，企业可采用直调方式购销药品，将已采购的药品不入本企业仓库，直接从供货单位发送到购货单位，并建立专门的采购记录，保证有效的质量跟踪和追溯。

第七十条 采购特殊管理的药品，应当严格按照国家有关规定进行。

第七十一条 企业应当定期对药品采购的整体情况进行综合质量评审，建立药品质量评审和供货单位质量档案，并进行动态跟踪管理。

第九节 收货与验收

第七十二条 企业应当按照规定的程序和要求对到货药品逐批进行收货、验收，防止不合格药品入库。

第七十三条 药品到货时，收货人员应当核实运输方式是否符合要求，并对照随货同行单（票）和采购记录核对药品，做到票、账、货相符。

随货同行单（票）应当包括供货单位、生产厂商、药品的通用名称、剂型、规格、批号、数量、收货单位、收货地址、发货日期等内容，并加盖供货单位药品出库专用章原印章。

第七十四条 冷藏、冷冻药品到货时，应当对其运输方式及运输过程的温度记录、运输时间等质量控制状况进行重点检查并记录。不符合温度要求的应当拒收。

第七十五条 收货人员对符合收货要求的药品，应当按品种特性要求放于相应待验区域，或者设置状态标志，通知验收。冷藏、冷冻药品应当在冷库内待验。

第七十六条 验收药品应当按照药品批号查验同批号的检验报告书。供货单位为批发企业的，检验报告书应当加盖其质量管理专用章原印章。检验报告书的传递和保存可以采用电子数据形式，但应当保证其合法性和有效性。

第七十七条 企业应当按照验收规定，对每次到货药品进行逐批抽样验收，抽取的样品应当具有代表性：

（一）同一批号的药品应当至少检查一个最小包装，但生产企业有特殊质量控制要求或者打开最小包装可能影响药品质量的，可不打开最小包装；

（二）破损、污染、渗液、封条损坏等包装异常以及零货、拼箱的，应当开箱检查至最小包装；

（三）外包装及封签完整的原料药、实施批签发管理的生物制品，可不开箱检查。

第七十八条 验收人员应当对抽样药品的外观、包装、标签、说明书以及相关的证明文件等逐一进行检查、核对；验收结束后，应当将抽取的完好样品放回原包装箱，加封并标示。

第七十九条 特殊管理的药品应当按照相关规定在专库或者专区内验收。

第八十条 验收药品应当做好验收记录，包括药品的通用名称、剂型、规格、批准文号、批号、生产日期、有效期、生产厂商、供货单位、到货数量、到货日期、验收合格数量、验收结果等内容。验收人员应当在验收记录上签署姓名和验收日期。

中药材验收记录应当包括品名、产地、供货单位、到货数量、验收合格数量等内容。中药饮片验收记录应当包括品名、规格、批号、产地、生产日期、生产厂商、供货单位、到货数量、验收合格数量等内容，实施批准文号管理的中药饮片还应当记录批准文号。

验收不合格的还应当注明不合格事项及处置措施。

第八十一条 企业应当建立库存记录，验收合格的药品应当及时入库登记；验收不合格的，不得入库，并由质量管理部门处理。

第八十二条 企业按本规范第六十九条规定进行药品直调的，可委托购货单位进行药品验收。购货单位应当严格按照本规范的要求验收药品，并建立专门的直调药品验收记录。验收当日应当将验收记录相关信息传递给直调企业。

第十节 储存与养护

第八十三条 企业应当根据药品的质量特性对药品进行合理储存，并符合以下要求：

（一）按包装标示的温度要求储存药品，包装上没有标示具体温度的，按照《中华人民共和国药典》规定的贮藏要求进行储存；

（二）储存药品相对湿度为35%－75%；

（三）在人工作业的库房储存药品，按质量状态实行色标管理，合格药品为绿色，不合格药品为红色，待确定药品为黄色；

（四）储存药品应当按照要求采取避光、遮光、通风、防潮、防虫、防鼠等措施；

（五）搬运和堆码药品应当严格按照外包装标示要求规范操作，堆码高度符合包装图示要求，避免损坏药品包装；

（六）药品按批号堆码，不同批号的药品不得混垛，垛间距不小于 5 厘米，与库房内墙、顶、温度调控设备及管道等设施间距不小于 30 厘米，与地面间距不小于 10 厘米；

（七）药品与非药品、外用药与其他药品分开存放，中药材和中药饮片分库存放；

（八）特殊管理的药品应当按照国家有关规定储存；

（九）拆除外包装的零货药品应当集中存放；

（十）储存药品的货架、托盘等设施设备应当保持清洁，无破损和杂物堆放；

（十一）未经批准的人员不得进入储存作业区，储存作业区内的人员不得有影响药品质量和安全的行为；

（十二）药品储存作业区内不得存放与储存管理无关的物品。

第八十四条 养护人员应当根据库房条件、外部环境、药品质量特性等对药品进行养护，主要内容是：

（一）指导和督促储存人员对药品进行合理储存与作业。

（二）检查并改善储存条件、防护措施、卫生环境。

（三）对库房温湿度进行有效监测、调控。

（四）按照养护计划对库存药品的外观、包装等质量状况进行检查，并建立养护记录；对储存条件有特殊要求的或者有效期较短的品种应当进行重点养护。

（五）发现有问题的药品应当及时在计算机系统中锁定和记录，并通知质量管理部门处理。

（六）对中药材和中药饮片应当按其特性采取有效方法进行养护并记录，所采取的养护方法不得对药品造成污染。

（七）定期汇总、分析养护信息。

第八十五条 企业应当采用计算机系统对库存药品的有效期进行自动跟踪和控制，采取近效期预警及超过有效期自动锁定等措施，防止过期药品销售。

第八十六条 药品因破损而导致液体、气体、粉末泄漏时，应当迅速采取安全处理措施，防止对储存环境和其他药品造成污染。

第八十七条 对质量可疑的药品应当立即采取停售措施，并在计算机系统中锁定，同时报告质量管理部门确认。对存在质量问题的药品应当采取以下措施：

（一）存放于标志明显的专用场所，并有效隔离，不得销售；

（二）怀疑为假药的，及时报告食品药品监督管理部门；

（三）属于特殊管理的药品，按照国家有关规定处理；

（四）不合格药品的处理过程应当有完整的手续和记录；

（五）对不合格药品应当查明并分析原因，及时采取预防措施。

第八十八条 企业应当对库存药品定期盘点，做到账、货相符。

第十一节　销　售

第八十九条 企业应当将药品销售给合法的购货单位，并对购货单位的证明文件、采购人员及提货人员的身份证明进行核实，保证药品销售流向真实、合法。

第九十条　企业应当严格审核购货单位的生产范围、经营范围或者诊疗范围，并按照相应的范围销售药品。

第九十一条　企业销售药品，应当如实开具发票，做到票、账、货、款一致。

第九十二条　企业应当做好药品销售记录。销售记录应当包括药品的通用名称、规格、剂型、批号、有效期、生产厂商、购货单位、销售数量、单价、金额、销售日期等内容。按照本规范第六十九条规定进行药品直调的，应当建立专门的销售记录。

中药材销售记录应当包括品名、规格、产地、购货单位、销售数量、单价、金额、销售日期等内容；中药饮片销售记录应当包括品名、规格、批号、产地、生产厂商、购货单位、销售数量、单价、金额、销售日期等内容。

第九十三条　销售特殊管理的药品以及国家有专门管理要求的药品，应当严格按照国家有关规定执行。

第十二节　出　库

第九十四条　出库时应当对照销售记录进行复核。发现以下情况不得出库，并报告质量管理部门处理：

（一）药品包装出现破损、污染、封口不牢、衬垫不实、封条损坏等问题；

（二）包装内有异常响动或者液体渗漏；

（三）标签脱落、字迹模糊不清或者标识内容与实物不符；

（四）药品已超过有效期；

（五）其他异常情况的药品。

第九十五条　药品出库复核应当建立记录，包括购货单位、药品的通用名称、剂型、规格、数量、批号、有效期、生产厂商、出库日期、质量状况和复核人员等内容。

第九十六条　特殊管理的药品出库应当按照有关规定进行复核。

第九十七条　药品拼箱发货的代用包装箱应当有醒目的拼箱标志。

第九十八条　药品出库时，应当附加盖企业药品出库专用章原印章的随货同行单（票）。

企业按照本规范第六十九条规定直调药品的，直调药品出库时，由供货单位开具两份随货同行单（票），分别发往直调企业和购货单位。随货同行单（票）的内容应当符合本规范第七十三条第二款的要求，还应当标明直调企业名称。

第九十九条　冷藏、冷冻药品的装箱、装车等项作业，应当由专人负责并符合以下要求：

（一）车载冷藏箱或者保温箱在使用前应当达到相应的温度要求；

（二）应当在冷藏环境下完成冷藏、冷冻药品的装箱、封箱工作；

（三）装车前应当检查冷藏车辆的启动、运行状态，达到规定温度后方可装车；

（四）启运时应当做好运输记录，内容包括运输工具和启运时间等。

第十三节　运输与配送

第一百条　企业应当按照质量管理制度的要求，严格执行运输操作规程，并采取有效措施保证运输过程中的药品质量与安全。

第一百零一条　运输药品，应当根据药品的包装、质量特性并针对车况、道路、天气等因素，选用适宜的运输工具，采取相应措施防止出现破损、污染等问题。

第一百零二条 发运药品时，应当检查运输工具，发现运输条件不符合规定的，不得发运。运输药品过程中，运载工具应当保持密闭。

第一百零三条 企业应当严格按照外包装标示的要求搬运、装卸药品。

第一百零四条 企业应当根据药品的温度控制要求，在运输过程中采取必要的保温或者冷藏、冷冻措施。

运输过程中，药品不得直接接触冰袋、冰排等蓄冷剂，防止对药品质量造成影响。

第一百零五条 在冷藏、冷冻药品运输途中，应当实时监测并记录冷藏车、冷藏箱或者保温箱内的温度数据。

第一百零六条 企业应当制定冷藏、冷冻药品运输应急预案，对运输途中可能发生的设备故障、异常天气影响、交通拥堵等突发事件，能够采取相应的应对措施。

第一百零七条 企业委托其他单位运输药品的，应当对承运方运输药品的质量保障能力进行审计，索取运输车辆的相关资料，符合本规范运输设施设备条件和要求的方可委托。

第一百零八条 企业委托运输药品应当与承运方签订运输协议，明确药品质量责任、遵守运输操作规程和在途时限等内容。

第一百零九条 企业委托运输药品应当有记录，实现运输过程的质量追溯。记录至少包括发货时间、发货地址、收货单位、收货地址、货单号、药品件数、运输方式、委托经办人、承运单位，采用车辆运输的还应当载明车牌号，并留存驾驶人员的驾驶证复印件。记录应当至少保存 5 年。

第一百一十条 已装车的药品应当及时发运并尽快送达。委托运输的，企业应当要求并监督承运方严格履行委托运输协议，防止因在途时间过长影响药品质量。

第一百一十一条 企业应当采取运输安全管理措施，防止在运输过程中发生药品盗抢、遗失、调换等事故。

第一百一十二条 特殊管理的药品的运输应当符合国家有关规定。

第十四节 售后管理

第一百一十三条 企业应当加强对退货的管理，保证退货环节药品的质量和安全，防止混入假冒药品。

第一百一十四条 企业应当按照质量管理制度的要求，制定投诉管理操作规程，内容包括投诉渠道及方式、档案记录、调查与评估、处理措施、反馈和事后跟踪等。

第一百一十五条 企业应当配备专职或者兼职人员负责售后投诉管理，对投诉的质量问题查明原因，采取有效措施及时处理和反馈，并做好记录，必要时应当通知供货单位及药品生产企业。

第一百一十六条 企业应当及时将投诉及处理结果等信息记入档案，以便查询和跟踪。

第一百一十七条 企业发现已售出药品有严重质量问题，应当立即通知购货单位停售、追回并做好记录，同时向食品药品监督管理部门报告。

第一百一十八条 企业应当协助药品生产企业履行召回义务，按照召回计划的要求及时传达、反馈药品召回信息，控制和收回存在安全隐患的药品，并建立药品召回记录。

第一百一十九条 企业质量管理部门应当配备专职或者兼职人员，按照国家有关规定承担药品不良反应监测和报告工作。

第三章　药品零售的质量管理

第一节　质量管理与职责

第一百二十条　企业应当按照有关法律法规及本规范的要求制定质量管理文件，开展质量管理活动，确保药品质量。

第一百二十一条　企业应当具有与其经营范围和规模相适应的经营条件，包括组织机构、人员、设施设备、质量管理文件，并按照规定设置计算机系统。

第一百二十二条　企业负责人是药品质量的主要责任人，负责企业日常管理，负责提供必要的条件，保证质量管理部门和质量管理人员有效履行职责，确保企业按照本规范要求经营药品。

第一百二十三条　企业应当设置质量管理部门或者配备质量管理人员，履行以下职责：

（一）督促相关部门和岗位人员执行药品管理的法律法规及本规范；

（二）组织制订质量管理文件，并指导、监督文件的执行；

（三）负责对供货单位及其销售人员资格证明的审核；

（四）负责对所采购药品合法性的审核；

（五）负责药品的验收，指导并监督药品采购、储存、陈列、销售等环节的质量管理工作；

（六）负责药品质量查询及质量信息管理；

（七）负责药品质量投诉和质量事故的调查、处理及报告；

（八）负责对不合格药品的确认及处理；

（九）负责假劣药品的报告；

（十）负责药品不良反应的报告；

（十一）开展药品质量管理教育和培训；

（十二）负责计算机系统操作权限的审核、控制及质量管理基础数据的维护；

（十三）负责组织计量器具的校准及检定工作；

（十四）指导并监督药学服务工作；

（十五）其他应当由质量管理部门或者质量管理人员履行的职责。

第二节　人员管理

第一百二十四条　企业从事药品经营和质量管理工作的人员，应当符合有关法律法规及本规范规定的资格要求，不得有相关法律法规禁止从业的情形。

第一百二十五条　企业法定代表人或者企业负责人应当具备执业药师资格。

企业应当按照国家有关规定配备执业药师，负责处方审核，指导合理用药。

第一百二十六条　质量管理、验收、采购人员应当具有药学或者医学、生物、化学等相关专业学历或者具有药学专业技术职称。从事中药饮片质量管理、验收、采购人员应当具有中药学中专以上学历或者具有中药学专业初级以上专业技术职称。

营业员应当具有高中以上文化程度或者符合省级食品药品监督管理部门规定的条件。中药饮片调剂人员应当具有中药学中专以上学历或者具备中药调剂员资格。

第一百二十七条　企业各岗位人员应当接受相关法律法规及药品专业知识与技能的岗前培训和继续培训，以符合本规范要求。

第一百二十八条　企业应当按照培训管理制度制定年度培训计划并开展培训，使相关人员能正确理解并履行职责。培训工作应当做好记录并建立档案。

第一百二十九条 企业应当为销售特殊管理的药品、国家有专门管理要求的药品、冷藏药品的人员接受相应培训提供条件，使其掌握相关法律法规和专业知识。

第一百三十条 在营业场所内，企业工作人员应当穿着整洁、卫生的工作服。

第一百三十一条 企业应当对直接接触药品岗位的人员进行岗前及年度健康检查，并建立健康档案。患有传染病或者其他可能污染药品的疾病的，不得从事直接接触药品的工作。

第一百三十二条 在药品储存、陈列等区域不得存放与经营活动无关的物品及私人用品，在工作区域内不得有影响药品质量和安全的行为。

第三节 文 件

第一百三十三条 企业应当按照有关法律法规及本规范规定，制定符合企业实际的质量管理文件。文件包括质量管理制度、岗位职责、操作规程、档案、记录和凭证等，并对质量管理文件定期审核、及时修订。

第一百三十四条 企业应当采取措施确保各岗位人员正确理解质量管理文件的内容，保证质量管理文件有效执行。

第一百三十五条 药品零售质量管理制度应当包括以下内容：

（一）药品采购、验收、陈列、销售等环节的管理，设置库房的还应当包括储存、养护的管理；

（二）供货单位和采购品种的审核；

（三）处方药销售的管理；

（四）药品拆零的管理；

（五）特殊管理的药品和国家有专门管理要求的药品的管理；

（六）记录和凭证的管理；

（七）收集和查询质量信息的管理；

（八）质量事故、质量投诉的管理；

（九）中药饮片处方审核、调配、核对的管理；

（十）药品有效期的管理；

（十一）不合格药品、药品销毁的管理；

（十二）环境卫生、人员健康的规定；

（十三）提供用药咨询、指导合理用药等药学服务的管理；

（十四）人员培训及考核的规定；

（十五）药品不良反应报告的规定；

（十六）计算机系统的管理；

（十七）药品追溯的规定；

（十八）其他应当规定的内容。

第一百三十六条 企业应当明确企业负责人、质量管理、采购、验收、营业员以及处方审核、调配等岗位的职责，设置库房的还应当包括储存、养护等岗位职责。

第一百三十七条 质量管理岗位、处方审核岗位的职责不得由其他岗位人员代为履行。

第一百三十八条 药品零售操作规程应当包括：

（一）药品采购、验收、销售；

（二）处方审核、调配、核对；

（三）中药饮片处方审核、调配、核对；

（四）药品拆零销售；

（五）特殊管理的药品和国家有专门管理要求的药品的销售；

（六）营业场所药品陈列及检查；

（七）营业场所冷藏药品的存放；

（八）计算机系统的操作和管理；

（九）设置库房的还应当包括储存和养护的操作规程。

第一百三十九条　企业应当建立药品采购、验收、销售、陈列检查、温湿度监测、不合格药品处理等相关记录，做到真实、完整、准确、有效和可追溯。

第一百四十条　记录及相关凭证应当至少保存5年。特殊管理的药品的记录及凭证按相关规定保存。

第一百四十一条　通过计算机系统记录数据时，相关岗位人员应当按照操作规程，通过授权及密码登录计算机系统，进行数据的录入，保证数据原始、真实、准确、安全和可追溯。

第一百四十二条　电子记录数据应当以安全、可靠方式定期备份。

第四节　设施与设备

第一百四十三条　企业的营业场所应当与其药品经营范围、经营规模相适应，并与药品储存、办公、生活辅助及其他区域分开。

第一百四十四条　营业场所应当具有相应设施或者采取其他有效措施，避免药品受室外环境的影响，并做到宽敞、明亮、整洁、卫生。

第一百四十五条　营业场所应当有以下营业设备：

（一）货架和柜台；

（二）监测、调控温度的设备；

（三）经营中药饮片的，有存放饮片和处方调配的设备；

（四）经营冷藏药品的，有专用冷藏设备；

（五）经营第二类精神药品、毒性中药品种和罂粟壳的，有符合安全规定的专用存放设备；

（六）药品拆零销售所需的调配工具、包装用品。

第一百四十六条　企业应当建立能够符合经营和质量管理要求的计算机系统，并满足药品追溯的要求。

第一百四十七条　企业设置库房的，应当做到库房内墙、顶光洁，地面平整，门窗结构严密；有可靠的安全防护、防盗等措施。

第一百四十八条　仓库应当有以下设施设备：

（一）药品与地面之间有效隔离的设备；

（二）避光、通风、防潮、防虫、防鼠等设备；

（三）有效监测和调控温湿度的设备；

（四）符合储存作业要求的照明设备；

（五）验收专用场所；

（六）不合格药品专用存放场所；

（七）经营冷藏药品的，有与其经营品种及经营规模相适应的专用设备。

第一百四十九条 经营特殊管理的药品应当有符合国家规定的储存设施。

第一百五十条 储存中药饮片应当设立专用库房。

第一百五十一条 企业应当按照国家有关规定，对计量器具、温湿度监测设备等定期进行校准或者检定。

第五节 采购与验收

第一百五十二条 企业采购药品，应当符合本规范第二章第八节的相关规定。

第一百五十三条 药品到货时，收货人员应当按采购记录，对照供货单位的随货同行单（票）核实药品实物，做到票、账、货相符。

第一百五十四条 企业应当按规定的程序和要求对到货药品逐批进行验收，并按照本规范第八十条规定做好验收记录。

验收抽取的样品应当具有代表性。

第一百五十五条 冷藏药品到货时，应当按照本规范第七十四条规定进行检查。

第一百五十六条 验收药品应当按照本规范第七十六条规定查验药品检验报告书。

第一百五十七条 特殊管理的药品应当按照相关规定进行验收。

第一百五十八条 验收合格的药品应当及时入库或者上架，验收不合格的，不得入库或者上架，并报告质量管理人员处理。

第六节 陈列与储存

第一百五十九条 企业应当对营业场所温度进行监测和调控，以使营业场所的温度符合常温要求。

第一百六十条 企业应当定期进行卫生检查，保持环境整洁。存放、陈列药品的设备应当保持清洁卫生，不得放置与销售活动无关的物品，并采取防虫、防鼠等措施，防止污染药品。

第一百六十一条 药品的陈列应当符合以下要求：

（一）按剂型、用途以及储存要求分类陈列，并设置醒目标志，类别标签字迹清晰、放置准确。

（二）药品放置于货架（柜），摆放整齐有序，避免阳光直射。

（三）处方药、非处方药分区陈列，并有处方药、非处方药专用标识。

（四）处方药不得采用开架自选的方式陈列和销售。

（五）外用药与其他药品分开摆放。

（六）拆零销售的药品集中存放于拆零专柜或者专区。

（七）第二类精神药品、毒性中药品种和罂粟壳不得陈列。

（八）冷藏药品放置在冷藏设备中，按规定对温度进行监测和记录，并保证存放温度符合要求。

（九）中药饮片柜斗谱的书写应当正名正字；装斗前应当复核，防止错斗、串斗；应当定期清斗，防止饮片生虫、发霉、变质；不同批号的饮片装斗前应当清斗并记录。

（十）经营非药品应当设置专区，与药品区域明显隔离，并有醒目标志。

第一百六十二条 企业应当定期对陈列、存放的药品进行检查，重点检查拆零药品和易变质、近效期、摆放时间较长的药品以及中药饮片。发现有质量疑问的药品应当及时撤柜，停止销售，由质量管理人员确认和处理，并保留相关记录。